テキストライブラリ 心理学のポテンシャル 6

ポテンシャル
社会心理学

岡 隆・坂本 真士 編

psychologia potentia est

サイエンス社

監修のことば

　21世紀の心理学は前世期後半の認知革命以来の大きな変換期を迎えている。その特徴は現実社会への接近および周辺の他領域との融合であろう。

　インターネットの急速な発展により，居ながらにして世界中の情報を手にすることができる現代においては，リアリティをいかに維持するかが大きな課題である。その一方で身近には未曾有な大災害が起こり，人間の手ではコントロールが困難な不測の事態に備える必要が生じてきている。インターネットは人々に全能感を与え，大災害は人々に慢性的な不安を喚起する。このような現代に生きる者には，心についての深い理解は緊急の課題といえよう。

　こうした課題の解決に心理学は大きく貢献することができる。実験心理学は，情報の獲得，処理，そして行動に至る広範な知識を提供することで，生活のリアリティについての基盤を与え，その経験の原理を理解させる。臨床心理学的知見は慢性的な不安をはじめとする，現代の心の危機についての多様な，そして精緻な対処法を教える。

　本ライブラリは，急速に変化しつつある現代社会に即応した心理学の現状を，わかりやすく大学生に伝えるための教科書が必要とされている，という思いから構想されたものである。

　本ライブラリの特長は以下のようにまとめられる。①半期の授業を意識し，コンパクトに最新の知見を含む内容をわかりやすくまとめている。②読者として初学者を想定し，初歩から専門的な内容までを示すことで，この本だけで内容が理解できるようになっている。③情報を羅列した参考書ではなく，読むことで内容が理解できる独習書になっている。④多様な心理学の領域が示す「人間観」を知ることで，実社会における人間理解も深くなるように構成されている。つまり，社会に出てからも役に立つことを意識している。

　本ライブラリが心理学教育に少しでも貢献できることを願っている。

　　　　　　　　　　　　　　　　　　　　　監修者　厳島行雄
　　　　　　　　　　　　　　　　　　　　　　　　　横田正夫
　　　　　　　　　　　　　　　　　　　　　　　　　羽生和紀

まえがき

　「人間は本来社会的動物である」と言ったのは，古代ギリシャの哲学者アリストテレスで，それは紀元前328年の『政治学』の中でのことでした。彼はまた，「社会に参加しない人がいれば，そのような人は獣か神のいずれかである」とも言っています。私たちは，日常，他の人々から影響を受け，それと同時に，それらの人々に影響を与えながら生活しています。社会心理学は，このような人と人との社会的影響のあり方を科学的な方法で明らかにしていこうとする学問領域と言うことができます。

　社会心理学は，心理学や社会学や政治学や経済学などのさまざまな学問領域が出会う複合領域と定義されたことがあります。『社会心理学（*Social psychology*）』というタイトルのテキストがイギリスとアメリカで刊行されたのは1世紀ほど前のことですが，社会心理学という複合領域には，さまざまな学問的背景をもった研究者が流入してきました。そのため，社会心理学が研究の対象とする範囲はきわめて広く，個人の水準から，対人関係の水準，集団・集合，社会，文化の水準にまでわたり，基礎的な研究から応用的な研究にまでまたがっています。ありとあらゆる人間の営みが，その研究対象となっていると言ってよいでしょう。

　社会心理学が1つの学問領域として認知されるようになったのは半世紀ほど前のことですが，それから今日まで社会心理学はアクティブな科学として常に変化し，発展しています。人間の営みは広範で複雑で多様で際限がなく，それを対象とする社会心理学では，常に新しい発見がなされ，それを説明するための新しい理論が構築されています。社会，世界は刻一刻と変化し，次々に新しい問題を突きつけてきます。社会心理学は，このような現実の諸問題に取り組み，その問題の本質を見極め，その問題の解決に果敢に挑むことが求められています。

　本書は，このようなアクティブな社会心理学の入り口に立つ初学者が，その基本的な発見や概念や理論を，私たちの日常に具体的に関連づけながら理解す

ることを目的に執筆されました。本書は,「テキストライブラリ　心理学のポテンシャル」の一巻です。冒頭,社会心理学はさまざまな学問領域が出会う領域であると述べましたが,その源流は心理学です。社会心理学は,さまざまな心理学の基本的な概念や理論を借用して発展してきた,少なくとも半世紀前まではそうであったと言ってよいでしょう。そのため,社会心理学の基本的な概念や理論をよりよく理解するためには,それら基礎的な心理学,また,パーソナリティ心理学,臨床心理学などさまざまな心理学の隣接領域と関連づけることが大切でしょう。本書を「テキストライブラリ　心理学のポテンシャル」の他の巻と並行して学ぶことによって,心理学全体への理解がより一層深まることでしょう。

　本書は,とくに現実の問題に関連づけて具体的に理解するということに力点を置きました。本書の中にも具体的な事例は多く含んだつもりですが,DVD 教材『ビジュアル社会心理学入門』(安藤清志監修,サン・エデュケーショナル刊行)を副教材として視聴すると,本書の内容のいくつかを映像を通してより具体的に理解できるように工夫してあります。株式会社サン・エデュケーショナルの代表取締役の西沢隆雄氏には,本書と DVD 教材を関連づけることについて快くご許可いただきました。ここに記して感謝いたします。

　本書の各章の終わりには,その章の内容を,現実の問題とのかかわりで考えるための「練習問題」を 3 つから 4 つ設けています。社会心理学がアクティブな学問であるということは,社会心理学が,複雑に変化する人間と社会とともに常に新しい問題にチャレンジしているということも意味します。複雑な現実の問題には,何か 1 つの正しい解決法,正解,正答というものを見出すことができません。本書の練習問題の多くは,明確な「正解」が存在しないものとなっています。周りの人との議論の契機としていただき,現実の問題の複雑さを味わっていただきたいと思います。

　最後になりましたが,ライブラリ監修者の厳島行雄・横田正夫・羽生和紀の各先生方に厚く御礼申し上げます。また,サイエンス社編集部の清水匡太氏にも深く感謝いたします。

平成 30 年 8 月　　　　　　　　　　　　　　　　　　執筆者一同

目 次

まえがき ……………………………………………………………… i

第 1 章　社会心理学とは　1

1.1　社会心理学とは …………………………………………… 2
1.2　社会心理学の研究領域 …………………………………… 3
1.3　社会心理学の研究方法 …………………………………… 7
1.4　まとめ ……………………………………………………… 14
　　　練習問題 ……………………………………………………… 15
　　　参考図書 ……………………………………………………… 15

第 2 章　社会的自己　17

2.1　はじめに …………………………………………………… 18
2.2　自己概念 …………………………………………………… 18
2.3　自己意識 …………………………………………………… 20
2.4　自己評価 …………………………………………………… 24
2.5　自己呈示 …………………………………………………… 27
2.6　おわりに …………………………………………………… 29
　　　練習問題 ……………………………………………………… 30
　　　参考図書 ……………………………………………………… 32

第 3 章　社会的認知　33

3.1　社会的知覚 ………………………………………………… 34
3.2　対人認知の手がかり——印象形成 ……………………… 35
3.3　行動の解釈と帰属過程 …………………………………… 39

3.4 ステレオタイプの影響 …………………………………… 47
　　練習問題 ……………………………………………………… 55
　　参考図書 ……………………………………………………… 56

第4章　対人的影響とコミュニケーション　57

　　4.1 対人的影響 ……………………………………………… 58
　　4.2 対人的影響によって生じる現象 ……………………… 62
　　4.3 説得的コミュニケーション …………………………… 68
　　4.4 説得過程を規定する要因 ……………………………… 69
　　練習問題 ……………………………………………………… 75
　　参考図書 ……………………………………………………… 75

第5章　対人関係　77

　　5.1 対人関係の始まり，出会い …………………………… 78
　　5.2 対人関係の形成と発展 ………………………………… 86
　　5.3 関係の維持と崩壊 ……………………………………… 93
　　5.4 おわりに ………………………………………………… 100
　　練習問題 ……………………………………………………… 101
　　参考図書 ……………………………………………………… 101

第6章　向社会的行動：援助行動　103

　　6.1 援助行動とは …………………………………………… 104
　　6.2 援助者の心理 …………………………………………… 107
　　6.3 援助行動の主な影響要因 ……………………………… 111
　　6.4 被援助者の心理 ………………………………………… 117
　　練習問題 ……………………………………………………… 124
　　参考図書 ……………………………………………………… 124

第7章 反社会的行動：攻撃行動　125

7.1 反社会的行動，そして攻撃行動とは……………………… 126
7.2 攻撃を促す要因——個人差要因と環境要因…………… 132
7.3 攻撃と怒りの関係…………………………………………… 144
練習問題 ……………………………………………………… 146
参考図書 ……………………………………………………… 146

第8章 個人と集団　149

8.1 集団の機能と構造…………………………………………… 150
8.2 集団の影響…………………………………………………… 156
8.3 集団の意思決定……………………………………………… 160
8.4 葛藤と協力…………………………………………………… 166
練習問題 ……………………………………………………… 174
参考図書 ……………………………………………………… 174

第9章 組織と人間　177

9.1 仕事の動機づけ……………………………………………… 178
9.2 管理者のリーダーシップ…………………………………… 182
9.3 職務ストレスとメンタルヘルス…………………………… 189
練習問題 ……………………………………………………… 197
参考図書 ……………………………………………………… 197

第10章 集合行動　199

10.1 集合行動の定義……………………………………………… 200
10.2 集合行動の事例……………………………………………… 202
10.3 個人的要因…………………………………………………… 206
10.4 状況的要因…………………………………………………… 208

　　　　　　　　　　　目　次

 10.5 環境的要因 ……………………………………… 211
 10.6 インターネットと集合行動 …………………… 215
 練 習 問 題 …………………………………………………… 218
 参 考 図 書 …………………………………………………… 218

コラム1 文　　化 ………………………………………… 221
コラム2 進　　化 ………………………………………… 226
コラム3 健　　康 ………………………………………… 231

引 用 文 献 …………………………………………………… 235
人 名 索 引 …………………………………………………… 257
事 項 索 引 …………………………………………………… 261
執筆者紹介 …………………………………………………… 266

社会心理学とは

　私たちは，人から影響を受け，そして人に影響を与えて生活しているが，社会心理学はこの，人と人との影響（相互作用）の与え方を研究する学問である。よって社会心理学は，私たちの日常生活とも密接に関連するが，科学的な方法でアプローチするために，方法論上，さまざまな工夫がなされている。本章では，第2章以降を学習する前に，社会心理学の概略を理解し，研究の方法論について学習する。

1.1 社会心理学とは

　私たちは，他者からさまざまな影響を受け，そしてさまざまな影響を他者に与えて生活している。例として大学で授業を受ける場面を考えてみよう。学生は，担当する教員の授業内容だけでなく，教員の性別や容貌，服装などからも影響を受ける。これらは，認知される対象となる他者からの直接的な影響だが，間接的な影響もある。たとえば，他者に関する第三者の評価（その教員の人柄に関する噂など）からも影響を受ける（「3.2　対人認知の手がかり」を参照）。もし，学生同士の話の中で，その教員の趣味が自分と共通していたり，高校の先輩だとわかったりすれば，その教員に対して親近感をもつかもしれない。

　これは，他者に関する情報が，その他者に対する認知に影響を与える例だが，授業を受けるという場面においては，その場における環境からの影響も考えられる。たとえば，その教員に対して良い印象をもち真面目に授業を聴こうとしていても，一緒に受講した友人たちが真面目に授業を聴いていないと，その影響を受けて，授業中に私語をしたり授業をサボったりするようになるかもしれない。そして一部の学生の不真面目な言動は，同じ教室にいる他の学生に伝染し，教室全体が騒がしくなるかもしれない。

　このように，私たちは他者から影響を受け，そして意図しようがしまいが他者に影響を与えて生活しているが，これこそが社会心理学の研究対象である。言い換えれば，私たちは，日常生活の中で互いに影響を与え合って生活しているが，その人と人との影響のあり方を科学的な方法で明らかにしていくのが**社会心理学**（social psychology）である。"社会"心理学と聞くと，「現代社会」や「社会現象」という言葉を思い浮かべ，社会心理学は社会全体を単位として研究する学問だと思う人もいるかもしれない。確かに，この後述べるようにそのような面もあるのだが，social dance を社交ダンスと訳すように，social のもう一つの側面は「社交」である。つまり，社会心理学は，人と人との付き合いに関する学問でもある。

1.2 社会心理学の研究領域

ここまで述べたように，社会心理学は人と人との相互作用（社会的相互作用；social interaction）のあり方を研究対象とするが，一口に「相互作用のあり方」といってもその研究対象となる範囲はかなり広い。以降，「個人」「対人行動と対人関係」「集団」「社会」の4つに分けて説明しよう。

1.2.1 個　人

人と人との相互作用のあり方は，相互作用をする「個人」に注目して研究することができる。たとえば，先述した授業場面のように，私たちは，相互作用する他者の性別や容貌，服装などを手がかりに，その人に対するイメージを形成することがある。たとえば「女性」や「服装が地味だ」というような情報から，その人に対し画一的なイメージを割り当ててしまうことがあるが，これは**ステレオタイプ的判断**とよばれる（「第3章　社会的認知」を参照）。また，直接会ったことのない人に対しても，その人に対する他の人の評価をもとに，その人のイメージを形成することがある。これらは，相互作用する他者に対するイメージを速やかに作ることが私たちにとって重要であるために起きていると考えられている。このように相互作用する他者がどのような人なのかを理解しようとすること（**対人認知**）や，さらには自分が自分自身をどのようにとらえるか（**自己認知**）は，私たちが他者に対してどう行動するかに関して重要な役割を果たしている。

本書においては，おもに社会的自己（第2章）と社会的認知（第3章）で，「個人」の視点からの社会的相互作用に関して行われた研究を取り上げている。

1.2.2 対人行動と対人関係

社会心理学では，個人の心理過程をもとにして，社会的な状況での対人行動や人間関係も研究の対象とする。先の例では，教員との間に何らかの共通点を見出すことで親近感をもつ可能性が述べられていたが，一般に，他者との間に類似点を見出すことで他者に対する好意度が高まりやすいといわれている

(「5.1.4　類似性」を参照)。なお，人がどのような他者に対して魅力を感じるのかについて，社会心理学では「**対人魅力**」というテーマで研究が行われている(「5.1　対人関係の始まり，出会い」を参照)。

　他にも，対人行動と対人関係に関する重要な研究テーマとして，**援助行動**があげられる。援助行動をするかしないかに関わる要因として個人のレベルに注目すると，普段から人助けをしやすいかどうかという個人差(例：共感性の高さ)を考えることができる。しかし，援助行動は，個人差ばかりで決まるものではなく，その場の状況(状況的要因)も人の援助行動に影響を与える。たとえば，周囲に見知らぬ人が多くいると，援助行動をとりにくくなることが知られている(**傍観者効果**)。対人行動は，必ずしもその人の属性だけによって決まるわけではなく，その場の状況とその人の属性との両方から影響を受けるのである。

　対人行動と対人関係に関して本書では，対人的影響とコミュニケーション(第4章)，対人関係(第5章)，向社会的行動：援助行動(第6章)，反社会的行動：攻撃行動(第7章)でおもに取り上げている。

1.2.3　集　　団

　個人が集団を形成した場合，その集団における人の行動は，対人行動の単純な寄せ集めとはならない。それは集団から個人が影響を受けているからである。そのため社会心理学では，集団に関しても研究対象としている。

　個人が集団から受ける影響について，先の例では，自分は真面目に授業を聴こうとしているのに，同じ授業をとっている友人たちの影響を受け不真面目な受講態度をとってしまう可能性が指摘されていた。これは社会心理学で**同調**として研究されている，集団から受ける対人的な影響である。この場合，友人集団からの影響を受け，仲間はずれにされたくないという思いから，自分の欲求(授業を聴きたい)と異なる行動をとってしまったわけである。

　他にも集団から受ける影響としては，一人で仕事をするときよりも集団で取り組んだほうが仕事がはかどるという現象(**社会的促進**)や，集団で取り組み個人の成果が問われないときに，仕事の手を抜く現象(**社会的手抜き**)が知ら

れている。また，集団で議論することによって，個別に意思決定する場合よりも，極端な意思決定がなされることがある（**集団分極化**）。つまり，集団で話し合いをすることによって，一人で判断する場合に比べて，よりリスクをとる危険な意思決定をしたり，逆により安全を志向した意思決定をしたりすることがある。このような現象について，本書では個人と集団（第8章）や組織と人間（第9章）でおもに取り上げる。

1.2.4 社　　会

　他者からの影響を考える際,「対人行動と対人関係」や「集団」では，多くの場合，具体的な他者の影響を考えてきた。たとえば，援助行動においては，困っている人への援助行動を決定する際に,「その場に居合わせた人々の行動」からどのような影響を受けるかを検討している。また，社会的促進や社会的手抜きでは，実験手続き上は実際に存在しないとしても，実験参加者にとっては「自分とともに同じ場所にいるリアルな他者」からの影響を受けて，遂行の量や質が変わってきているのである。

　しかし，私たちの対人行動は，具体的でない，不特定多数の他者からも影響を受ける。先の例で，教員の人柄に関する噂（**流言**）によって教員に対する認知が影響を受ける可能性が述べられていたように，広く社会に流布する噂や口コミによって人の行動は影響を受ける。同様の例は，**流行**や**パニック**にもみられる。流行やパニックによって，私たちはある行動に駆り立てられ（たとえば，商品を買いに行く），その行動自体がマスメディアに取り上げられたりインターネットで拡散したりして，さらなる流行やパニックを生じさせることがある（マスメディアの影響）。このような社会からの，そして社会への影響を，社会心理学では社会のレベルで研究する。これらについて，本書では集合行動（第10章）で取り上げる。

1.2.5　社会心理学研究の広がり

　社会心理学の研究は，社会心理学および周辺研究領域の進展とともに広がってきている。まず，文化による違いを取り扱ってきた点である。社会心理学は

アメリカを中心に発展してきた（詳しくは，吉森，2002を参照）。そのため，社会心理学は，アメリカを中心とする欧米で共有されてきた人間観を暗黙の前提としていた。社会心理学が日本をはじめとする文化圏，とくに東洋文化圏にも広がると，欧米での研究とは異なる研究結果も報告されるようになり，文化の影響が注目されるようになった。そして文化差を考慮に入れた研究が行われるようになり，文化差がなぜ生じたのかを説明する研究が発表されるようになってきた（代表例として，Markus & Kitayama, 1991）。本書では，このことについてコラム1で説明されている。

　次に，進化の視点を取り入れた社会心理学研究である。私たちは，物事を理解しようとするときに「どうして」という疑問を発し，その答えを探そうとする。たとえば，恋愛に興味をもった人は，「どうして人は人を好きになるのだろうか」という疑問を抱くだろう。この「どうして」という疑問は2つの形，すなわち「どのようにして（how）」と「なぜ（why）」に分けることができるが，社会心理学が長らく取り組んできたのは前者である。つまり，「どのような心理的過程を経て，人を好きになっていくのか」とか，「どのような条件が人を好きにさせるのか」といった問いに対する答えを，対人魅力や身近な人間関係などの研究テーマのもとで実証的に探ってきた。これは，社会心理学が実証性を重視する学問であるために，実証に適した問いの立て方をすることが求められたからである。もちろん，このような問いの立て方をすることで，人の対人行動に関して多くの知見を得ることができたが，人々が知りたい本質的な問い（「なぜ？」）に対する答えを避けてきたともいえる。この点に光を当てたのが，進化という視点である。進化心理学については，本書ではコラム2で説明されている。

　最後は，社会心理学と周辺領域とのコラボレーションである。すでに述べたように，社会心理学は人と人との相互作用を扱う学問である。社会心理学は，通常，健常者を研究の対象とし，実験では大学生をおもな対象として研究が進められてきた。しかし，人と人との相互作用やそれに関する問題は，健常者や大学生以外でももちろん重要な研究課題となっており，社会心理学以外のさまざまな学問領域で研究されてきた。たとえば，心の問題を抱えた人の社会的相

互作用は臨床心理学（clinical psychology）や異常心理学（abnormal psychology）という領域で長らく研究されてきた。しかし，心理学が誕生してから100年以上が経ち，それぞれの学問領域が発展し知見を蓄えてきた現代，社会心理学と隣接する学問領域がそれぞれの知見，理論，方法論を持ち寄ることで新たな学問領域が生まれつつある。たとえば，発達的要因を取り入れた発達社会心理学（例：高田，2004），教育における問題を社会心理学の視点から扱う教育社会心理学（例：桜井，1995），自己や他者認知，対人関係など社会心理学の概念や視点から心の問題を扱う臨床社会心理学（坂本ら，2007）などである。本書では，コラム3で心の健康との関係を扱う。

1.3 社会心理学の研究方法

　社会心理学の研究方法としては大きく分けて**相関的研究**（correlational study）と**実験的研究**（experimental study）がある。相関的研究では，質問紙調査や観察などによって2つの変数を測定・数値化して，1つの変数が変化するにつれ，もう一方の変数がどのように変化するのかを調べる。これに対し，実験的研究では，いくつかの条件を設定し，少数の変数を系統的に変化させ（この変数を**独立変数**（independent variable）という），それがその変数の影響を受けると考えられる変数（**従属変数**（dependent variable）という）にどのような影響を与えるかを調べる。

　暴力映像を視聴することによって，攻撃性に変化が現れるのかを調べる研究を例にして説明しよう。

1.3.1　相関的研究

　観察対象者は幼稚園児30名とする。まず，暴力映像の視聴時間を調べる必要がある。そのため，親に質問紙調査を実施し，園児が観察当日の前1週間にどのようなテレビ番組やビデオを，どのくらいの時間視聴したかを記入してもらう。後日，番組やビデオの内容から暴力映像と判定されたものの視聴時間を各園児ごとに算出し，これを暴力映像視聴の指標とする。一方の攻撃性の指標

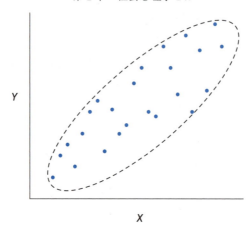

図 1.1　X と Y の間に正の相関がある場合の散布図

は以下のようにして測定する。観察当日，ビデオカメラを園内に設置し，園児たちの様子を一定時間記録する。その後，ビデオの内容を解析し，各園児に攻撃行動が何回観察されたかをカウントし，これを攻撃性の指標とする。そして暴力映像視聴の指標と攻撃性の指標との間の相関関係を検討する。仮に，両者の間に図 1.1 のように，右肩上がりの関係性がみられれば（これを正の相関関係という），暴力映像の視聴時間が長いほど，攻撃行動をとりやすいと考えることができる。

相関的研究は，研究の初期では変数間の関係に関して貴重な資料を提供する。たとえば，暴力映像と攻撃性に関して，正の相関がみられたならば，両者の間に何らかの関連性があることが示唆されたことになり，どのような関係かを調べるなど，さらに研究を進めていくことが有望だと考えることができる。

しかし，相関的研究は，2つの変数間（仮に X と Y としよう）に有意な関連性がみられたからといって，その間に因果関係があると断定してはいけない。相関係数からわかるのは2つの変数の間の関連性の強さであり，どのような関係性があるのかはわからない。たとえば，変数 X と Y の間に有意な相関があったとしても，変数間の関係性としては少なくとも3つの可能性がある（図 1.2）。

まず，X が原因，Y が結果という可能性である（1）。次はその逆，つまり，

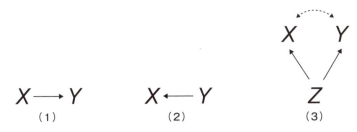

図 1.2　X と Y の間に正の相関があることから考えられる X と Y の関係性

Y が原因で X が結果という可能性である（2）。そして3つめは，測定していなかった別の要因 Z が存在し，これが X と Y の共通の原因となっている場合である（3）。Z により X も Y も発生するので，結果的に X と Y とが同時に発生しやすくなり，X と Y の相関が見出された，というものである。暴力映像と攻撃行動に関する先ほどの例では，たとえば「Z＝親の攻撃性」が考えられよう。この親が攻撃的な性格ならば，それは何らかの形で子どもの攻撃性に影響を与えるだろう（$Z \to Y$）。たとえば，子どもは，親が自分の要求を通す手段として暴力を用いたことをモデリング学習し，自分の要求を通すためなら暴力を用いてもよいと思い実行するかもしれない。また，親と子が一緒になってテレビを見ることで，親の暴力番組を子どもも視聴してしまうかもしれない（$Z \to X$）。このように，「$Z \to X$」と「$Z \to Y$」の関係があるために，X と Y との間に直接の関係性がなくても，相関が高くなってしまうことがある。

したがって，相関的研究ではどのようにしてその現象が生じたのかに関する十分な答えを得ることはできない。因果関係がわからなければ，その事象を十分理解したことにならない。そのため以下のように実験的研究を行い，因果関係を調べるのである。

1.3.2　実験的研究

図 1.3 をみながら実験的研究を説明していこう。この実験では仮に，ある幼稚園で園児30名を対象に実験をするものとする。サイコロを振り，偶数ならば実験群，奇数ならば統制群に園児を割り振る（無作為配置）。その後，独立変数を操作する。実験群の園児には暴力映像としてあるバイオレンス映画の1

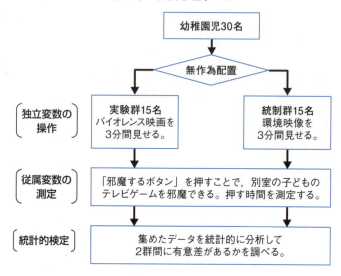

図 1.3　暴力映像が攻撃行動に与える影響を調べるための実験例

シーンを，統制群の園児には環境映像を，いずれも同じ時間（3分）見てもらう。つぎに，両群の園児とも別室に案内され同一の実験設定におかれる。園児には，別室でテレビゲームをやっている子どもがいて（実際はいない），園児の目の前にある装置のボタンを押すことで，別室で遊んでいる子どものテレビ画面が見えづらくなりその子のゲームの邪魔をすることができると説明される。ここで，何秒間その「邪魔するボタン」を押したかが測定され，攻撃性の指標（従属変数）とされる。統制群 15 名と実験群 15 名との間でボタンを押した時間を統計的に比較し（この場合，通常は t 検定を行う），両群に有意差がみられるかどうかを検討する。

　この実験的研究で**統制群**（control group）と**実験群**（experimental group）とを比較した場合，両者の違いは実験操作のみである。したがって，仮に従属変数に有意な差がみられた場合，その差は実験操作の違いによって生じたことになる。つまり，結果（従属変数）が生じた原因として，実験操作（独立変数）を特定することができ，そこから独立変数と従属変数の間に因果関係が存在することを示すことができる。ただし，実験的研究によってこのような因果関係を主張するためには，以下のような点に注意を払う必要がある。

まず**無作為配置**（random assignment）が重要となる。ここで無作為配置を理解するために，無作為でない配置とは何かを示す。無作為でない配置とは，たとえば，群を「『バラ組の 15 名』と『サクラ組の 15 名』」で分けたり，「幼稚園の『東側に住む 15 名』と『西側に住む 15 名』」で分けたりすることである。このような配置の仕方は，分けられた 2 つのグループに何らかの質的な差異があると解釈する余地を残す。たとえば，バラ組とサクラ組とで普段から雰囲気が異なり（たとえば，サクラ組のほうがのんびりしている），それが結果に影響を与えたかもしれない。また，幼稚園の東西で環境が異なり，東側には気性の荒い人たちが多く，西側には穏やかな人が多く住んでいるかもしれない。このような可能性の余地を残すと，因果関係を 1 つに特定することはできない。すなわち，クラスの雰囲気や居住地による違いといった属性が結果に影響したのであって，独立操作の影響はそれと比べて小さかった，という解釈の余地を残す。このような別解釈をなくすためには，2 つの群に質的な差異がないことが重要であり，そのように主張するためには，無作為配置という手続きが最適なのである。

次に大切なのは，独立変数の設定である。この「独立変数」という名称だが，これは「実験群と統制群を，実験者が環境とは独立に操作している」という意味である。裏を返せば環境とは独立に操作できない変数もあり，代表例として「性別」や「パーソナリティ」があげられる（性別やパーソナリティを実験者が変えることはできない）。よって性差の影響を調べる際に，「性別を独立変数とする」というのは正確ではない。この場合は，厳密には「独立変数」ではなく「説明変数」，「従属変数」ではなく「目的変数」を使うのが正しい。話を戻すと，独立変数として統制群を設けるからこそ，それと比較することで実験操作の効果（この例では暴力映像視聴の効果）を調べることができる。

なお，性別やパーソナリティが，人の対人行動に及ぼす影響を調べたい場合もあるだろう（これは**準実験的研究**（quasi-experimental study）とよばれる）。このような場合は，性別やパーソナリティを測定して統計的に目的変数との関係を調べるとか，性別やパーソナリティの得点で分けた 2 群を独立変数のように扱って実験を行い，目的変数との関係を統計的に調べることになる。ただし，

統計的に有意な結果が出ても，測定していない他の変数が影響を与えた可能性を否定できない。よって，因果関係は「示唆」されるに留まる。

1.3.3 研究における注意点

最後に，相関的研究，実験的研究の別によらず，社会心理学研究において重要な点を指摘しておく。

1. 概念的定義と操作的定義

概念的定義（conceptual definition）とは辞書的な定義のことであるが，これだけでは実証的な研究につながらない。攻撃性や暴力映像という概念はあっても，何をもって攻撃性や暴力映像とするのかが決められないと，実証的に検討することはできない。**操作的定義**（operational definition）とは，ある概念が扱う事象を生起させる条件を作り出す手続き，および概念が扱う事象を測定によって定義することである。先ほどの例でいうと，「暴力映像」に関して，相関的研究では「1週間に視聴した番組やビデオを測定すること」によって，実験的研究では「バイオレンス映画の1シーンを見せるという手続き」によって，それぞれ操作的に定義していた。このように操作的定義は実証的な研究には欠かせないが，操作的定義が概念的定義と合致していること（つまり操作的定義の妥当性があること）がよい研究のためには重要である。

2. ディセプション，デブリーフィング

社会心理学の実験では，実験の目的を実験参加者に悟られないようにすることが大切である。有名なアッシュ（Asch, S. E.）の同調実験では，実験参加者には視覚の実験であると説明されるが，実は実験参加者以外は全員，実験協力者（サクラ）であった。実験では，1本の線分（標準刺激）と，3本の長さの違う線分（比較刺激）とがともに呈示される（図1.4）。そして，3本の線分のうち，1本の線分と長さの等しいものの番号を声に出して答えるというものであった。見た目にも違いがはっきりしており正答するのは容易なはずだが，サクラは全員，正解とは異なる，同じ番号の線分を一致する長さの線分として答えた。この実験では，本物の実験参加者は最後から2番目に答えることになっていた。あなたがこの実験の参加者だとしたら，このような状況で，果たし

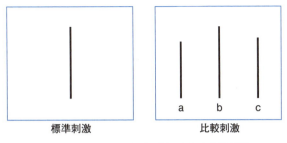

図 1.4　アッシュの実験で用いられた視覚刺激

て正しい答えを言えるだろうか。実験では，一見して正答が明らかな課題であるにもかかわらず，実験参加者は約3分の1のケースで多数派と一致する誤った番号を答えていた。

　この実験では，同調について調べる目的であったのに，実験参加者に対しては視覚の実験と称していたため，実験参加者をだましていたことになる。実験参加者をだますのはよいことではないが，本来の研究目的を最初から告げてしまうと，同調について調べる実験として成立しない。このように，社会心理学では実験の本当の目的を告げずに実験をすることがある（これを**ディセプション**（deception）という）。ディセプションを用いた実験では，実験終了後に，実験参加者に対して実験の本当の目的や意義を誠実に伝え，ディセプションを用いる必要があったことを説明し，実験参加者の理解を得る必要がある。これを**デブリーフィング**（debriefing）という。

3. 実験者効果，要求特性

　社会心理学実験で注意しておきたい点として，実験者効果と要求特性がある。実験者が実験の仮説を知っていると，実験参加者が仮説通りに振る舞った場合，実験者は，意識するしないにかかわらず，実験参加者に対し好ましい行動をとってしまい（たとえば，肯いたり満足そうな顔をしたりする），それが実験参加者の行動に影響を与えてしまうかもしれない。これは**実験者効果**（experimenter effect）とよばれる。同様のことは実験参加者にも発生し得る。すなわち，実験を受けている間に実験参加者が実験の意図に気づいてしまい，それが実験参加者の行動に影響してしまう可能性である（これを**要求特性**（demand characteristic）という）。実験者効果や要求特性は，科学的研究を行う上で好ましいものではなく，研究者は極力排除するよう努める必要がある。たとえば実験者効果を減らすためには，研究者が実験者を務めるのではなく，実験手続きをマニュアル化し，仮説を知らない第三者に実験を実施してもらうことが有効であろう。また，要求特性を減らすためには，実験参加者が実験の仮説に気づかないように，実験の設定を工夫する必要がある（ディセプションもその一つの手段である）。

4. 倫理的な問題

最後に，実験の倫理的な問題にふれておきたい。心理学に限らず，人を対象とした実験には高い倫理的ハードルが求められている。かつては，科学的な知識の追究に比べて倫理的な側面が比較的軽視されており，実験参加者に苦痛をもたらすような実験も行われていた。しかし，時代とともに，人を対象とした研究の倫理に関する意識が高まってきた。現在では，多くの研究機関において研究倫理を審査する委員会が組織され，倫理的基準を満たしているかどうかや，研究によってもたらされるメリットとデメリットなどを研究ごとに審査している。

1.4 まとめ

ここまでみてきたように，社会心理学では，個人から社会という広い範囲で私たちの日常生活に注目する。しかし，ただ単に日常生活に注目して，人の行動にコメントするのでは社会心理学ではない。社会心理学では，理論をもとに予測を立て，実験や調査によって客観的なデータを集め，人の社会的相互作用に関する理論的説明を追究する。以降の章で，具体的な研究例をみていくことにしよう。

●練習問題

1. 今日,今まで過ごした時間で,どのような対人相互作用を受けそして与えてきたのか,議論してみよう。その際,個人,対人行動と対人関係,集団,社会に分けて考えてみよう。
2. 問題となっている(あるいは興味のある)社会現象を1つあげ,社会心理学の4領域(個人,対人行動と対人関係,集団,社会)では,その問題をどのように記述できるか,考えてみよう。
3. 本書のこれ以降の章で扱われている概念の中から1つを取り上げ,その概念的定義をあげてみよう。また,その概念に関する研究を探し,その研究ではどのような操作的定義として扱われているのか,調べよう。

●参考図書

安藤清志・村田光二・沼崎　誠(編)(2009).　新版 社会心理学研究入門　東京大学出版会

　社会心理学の研究法に関して詳しく書かれている。卒業論文などで研究を企画,実施するために,この本は読んでおきたい。

アロンソン,E.　岡　隆(訳)(2014).　ザ・ソーシャル・アニマル[第11版]──人と世界を読み解く社会心理学への招待──　サイエンス社

　1972年の初版から続く社会心理学に関する名著の最新版。近年の社会心理学における研究トピックも網羅されている。

古畑和孝・岡　隆(編)(2002).　社会心理学小辞典[増補版]　有斐閣

　社会心理学に関する用語を調べるためにこの本は必須である。Wikipediaなどインターネットからでも調べることができるが,専門家による説明であることが保証されている辞典を情報源として用いたい。

山岸俊男(編)(2001).　社会心理学キーワード　有斐閣

　本書は社会心理学に関する代表的な理論や概念,研究内容を取り上げ,解説している。社会心理学の全体像を把握するために便利である。

吉森　護(2002).　アナトミア社会心理学──社会心理学のこれまでとこれから──　北大路書房

　個人から社会までの幅広い領域をカバーする社会心理学が,いかにして現在あるような「社会心理学」に発展してきたか。やや専門的であるが,この本を読むことで,社会心理学発展の背景を知り社会心理学に対する理解を深めることができる。

2 社会的自己

　あなたは，自分がどのような人間だと思っているだろうか？　どのような性格をもち，どのような能力があり，どのようなスキルをもっている人間なのだろうか？　また，それはどうすればわかるのだろうか？　そして，あなたは周りの人々からどのような人間だと思われたいだろうか。そのためには，周りの人々に対してどう振る舞えばよいのだろうか。自己（self）や「社会的自己」（social self）というものは，人々との関わりの中でつくられていく。本章では，それらについてみていくことにしよう。

2.1 はじめに

　人前で自己紹介をすることになったとき，あなただったらどのように自己紹介するだろうか。名前や出身地など必要最低限の情報だけ真面目に話す人もいれば，昔の自分の失敗したエピソードを面白おかしく話す人もいるだろう。また，同じ人でもそれがサークルの懇親会の場なのか，就職試験の面接の場なのかによってもどのように自己紹介するかが異なってくるだろう。

　私たちは，はじめて会った人についても「明るそう」「頭が良さそう」「気難しそう」などと第一印象を抱くことができる。一方で，私たちをとりまく周囲の人々も同じように，私たちについて「明るそう」「頭が良さそう」「気難しそう」などと何らかのイメージを抱くのである。

　それでは，「私は社交的だ」「私は暗いと思う」などといった自分自身のイメージは，いったいどうつくられるのだろうか？　また，自分自身のイメージは「自分はできる人だ」「私はだめなやつだ」といった自分自身への評価にもつながっていく。さらには，相手に「社交的だ」といった特定のイメージを与えるために話し方や表情，服装などを意識的にコントロールしていくということもあるだろう。

　このように，自分のことをどうとらえ，どう評価し，どう伝えるか，という問題は，社会心理学の中でもとても重要な研究のテーマの一つである。以降の節では，自己概念（self-concept），自己意識（self-consciousness；自意識ともいう），自己評価（self-evaluation），自己呈示（self-presentation）のそれぞれについてみていくことにする。

2.2 自己概念

　私たちは，鏡を見たときに鏡の中に写っているのは（泥酔しているなどよほどのことがなければ）自分の顔であるのがわかる。では，赤ちゃんの場合はどうであろうか。これは，「ルージュテスト」とよばれる簡単なテストで知ることができる。まず，赤ちゃんの鼻の頭に口紅をつけて，鼻の頭が赤くなった赤

2.2 自己概念

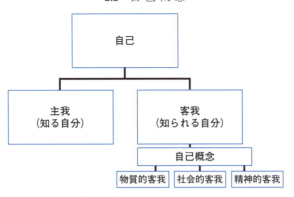

図 2.1 主我と客我（James, 1892 をもとに作成）

ちゃんに鏡を見せる（口紅をつけることに抵抗がある場合は，小さいシールや付箋紙を貼るのもよいだろう）。すると，生後1歳半くらいまでの赤ちゃんだと鏡に手を伸ばしたりするものの，口紅がついた自分の鼻に手を伸ばすことはない。鏡に写っているのが自分だとわからないためである。成長するにつれ，鏡に写っているのも自分，鏡を見ているのも自分だとわかるようになる。鏡が自分自身を知る手がかりとしてはたらくようになるのである。

ジェームズ（James, W.）は，自己というものには二重性があると考え，**主我**と**客我**に分かれるとした（図 2.1）。つまり，自己について，知る側である主我と知られる側である客我に分けて自己の構造をとらえたのである。

これまでの社会心理学の研究は，どちらかというと客我を中心に研究されてきたといえる。そのうち，**自己概念**とは，自分に対するイメージや知識のことである。自分についてのイメージや知識が実際に表に現れる行動にも影響するのである。

ここで，自己概念を調べるためのテストである **Who am I（フーアムアイ）テスト**を紹介する。

これは，「私は」で始まる文章を作成するというものである。たとえば，「私は（　）」という空欄のある文章で，あなたならカッコの中に何を入れるだろうか？（カッコに入る言葉を考えてみよう）。たとえば，「私は（優しい性格である）」「私は（○×大学の学生である）」「私は（昨日遅刻した）」などがあげ

られるだろう。このように，自分についての記述を求めると，**性格，社会的カテゴリー，エピソード記憶**に分かれることが多いとされている。

このうち，性格とは，個人を特徴づける持続的で一貫した行動様式のことである。「私は短気だ」「私は気が長い」などの記述がこれに相当する。また，社会的カテゴリーとは，社会における自分の立場や役割のことである。「私はお笑い芸人だ」「私は小学生のとき掲示係だった」などの記述がこれに相当する。エピソード記憶とは，自分がしたことのある行動や経験のことである。「私は昨日夕食にカレーを食べた」「私は以前太っていた」などの記述がこれに相当する。

私たちは，自分に関するさまざまな情報を，知識や記憶として蓄えている。こうした多くの情報が自分のイメージをつくりあげているのである。

トピック 2.1　粗忽長屋

古典落語の演目「粗忽長屋（そこつながや）」は，今でもよく演じられている演目の一つである。長屋に住むおっちょこちょいの八五郎は，浅草の観音様にお参りに行くとお寺の前に横たわる行き倒れをみつけて，それが長屋に住む仲良しの熊五郎だと勘違いする。長屋に戻るやいなや，「お前が行き倒れになって死んでいた」と伝える八五郎。突然のことにキツネにつままれたようになる熊五郎。2人で寺に向かい，行き倒れをみつけて「おれは死んでしまった」と熊五郎は嘆く。「それはお前ではない」という周囲の声も耳に届かず，2人で行き倒れの亡骸を担ぎ出そうとするが，そこで熊五郎はふとつぶやく。「抱かれているのは確かにおれだが，抱いているおれはいったい誰なんだ」。「自分とは何か」という問いが投げかけられて終わる，不思議な気持ちになる演目である。この演目に対しては哲学者や精神分析者などさまざまな立場からの考察もなされている（藤山，2015など）。

2.3　自己意識

これからみんなで写真を撮ってもらおうというときに自分の身だしなみを意識してきちんと整える，といったようなことは誰でも経験したことがあるだろ

2.3 自己意識

う.不意にビデオカメラに撮られていることに気づいてカメラを意識して,ぎこちない動きになってしまうこともあるに違いない.

筆者も,家電量販店のビデオカメラ売り場で,店内の様子を撮影している映像に,不意に自分の顔がモニターに大きく映し出されて恥ずかしい気持ちになり,思わず避けてしまったことがある.

このように,みんなから見られて注意を向けられた状況になると,私たちは注意を向けられていないときは異なった,日頃とは違った振る舞いをしてしまいがちなのである.すなわち,自己に向けられた注意が強い状態になることを,社会心理学では**客体的自覚状態**(objective self-awareness)とよんでいる.客体的自覚状態になると,私たちは,適切な行動をとろうと意識することが知られている.写真を撮る前に身だしなみを整えたり,ビデオ撮影の前にあらかじめ笑顔の練習をしたりすることなどはその例である.そうすることで写真によりよく写ろうとしたり,格好よく撮られようとしたりするのである.

このときに注意が向けられているのは,自分の特徴の中でも服装や表情など他の人々からも見ることができる側面である.こうした側面に注意を向けて意識することを**公的自己意識**(public self-consciousness)とよぶ(表2.1).公的自己意識が高まる具体例には,鏡に映った自分の姿を見る,録音された自分の声を聞く,などがあげられる.

一方で,他の人々からは見ることができない自分の内面に注意を向けて意識することを**私的自己意識**(private self-consciousness)とよぶ(表2.1).私的自己意識が高まる具体例には,日記を書く,メールを書く,などがあげられる.

私たちは特定の状況におかれると私的自己意識,公的自己意識が高まりやすくなる.それだけでなく,自分に注意を向けやすい性格特性もある.こうした

表2.1 2種類の自己意識

公的自己意識	自分の容姿や振る舞い方など他人から見られている側面を意識すること.
私的自己意識	自分の感情・考え・態度など他人が直接知ることができない側面を意識すること.

性格特性のことを**自己意識特性**という。公的自己意識が高まりやすい特性が**公的自己意識特性**，私的自己意識が高まりやすい特性が**私的自己意識特性**である。

　それぞれの自己意識特性が高い人は，低い人と比べると行動が異なることが明らかになっている。たとえば，公的自己意識特性が高い人は低い人に比べて自分の容姿や身だしなみに気を配る傾向があり，私的自己意識特性が高い人は低い人に比べて，他人と意見が対立したときに自分の意見を表に表明する傾向があるとされている。

　それぞれの自己意識は与えられた項目に回答することで測定することができる。ここで，自意識尺度（菅原，1984）に回答してみることにしよう（表2.2）。一つひとつの項目についてあまり深く考えずに，直感で答えていくと進めやすいだろう。回答が終わったら，採点の仕方を参考にして自分の得点を出してみよう。あなたは，公的自己意識と私的自己意識のどちらの得点が高かっただろうか。

　菅原による大学生を対象とした調査では，表2.3のような値になっている。もしあなたの得点が平均値に標準偏差を加えた値よりも高ければ（たとえば，男性の公的自意識の場合は52.8＋9.9なので62.7である），その自己意識が高まる傾向が強いとみなせるだろう。自分の得点と比べてみよう。

　こうした心理尺度は，雑誌やインターネットでよくみられる「人の深層心理が読める心理テスト」のようなものではない。得点をみて一喜一憂するべきでないが，それぞれの自己意識特性を得点化してその程度を知ることができたり，目に見えない人の特性を客観化して研究に用いることができたりするものである。

　自分に注意を向けるという心理状態は，特定の状況によっても，その人の性格特性によっても左右される。つまり，自己意識は，個人の特性と状況によって変わる状態に分かれるのである。

2.3 自己意識

表 2.2 自意識尺度 (菅原, 1984)

	全くあてはまらない	あてはまらない	ややあてはまらない	どちらともいえない	ややあてはまる	あてはまる	非常にあてはまる
公的自意識							
1. 自分が他人にどう思われているのか気になる	1	2	3	4	5	6	7
2. 世間体など気にならない（●）	1	2	3	4	5	6	7
3. 人に会う時，どんなふうにふるまえば良いのか気になる	1	2	3	4	5	6	7
4. 自分の発言を他人がどう受け取ったか気になる	1	2	3	4	5	6	7
5. 人に見られていると，ついかっこうをつけてしまう	1	2	3	4	5	6	7
6. 自分の容姿を気にするほうだ	1	2	3	4	5	6	7
7. 自分についてのうわさに関心がある	1	2	3	4	5	6	7
8. 人前で何かする時，自分のしぐさや姿が気になる	1	2	3	4	5	6	7
9. 他人からの評価を考えながら行動する	1	2	3	4	5	6	7
私的自意識							
1. 自分がどんな人間か自覚しようと努めている	1	2	3	4	5	6	7
2. その時々の気持ちの動きを自分自身でつかんでいたい	1	2	3	4	5	6	7
3. 自分自身の内面のことには，あまり関心がない（●）	1	2	3	4	5	6	7
4. 自分が本当は何をしたいのか考えながら行動する	1	2	3	4	5	6	7
5. ふと，一歩離れた所から自分をながめてみることがある	1	2	3	4	5	6	7
6. 自分を反省してみることが多い	1	2	3	4	5	6	7
7. 他人を見るように自分をながめてみることがある	1	2	3	4	5	6	7
8. しばしば，自分の心を理解しようとする	1	2	3	4	5	6	7
9. つねに，自分自身を見つめる目を忘れないようにしている	1	2	3	4	5	6	7
10. 気分が変わると自分自身でそれを敏感に感じ取る方だ	1	2	3	4	5	6	7

【採点の仕方】私的自意識と公的自意識のそれぞれについて，項目の○で囲んだ数字をすべて足し合わせる。●がついた項目は逆転項目である。「全くあてはまらない（7）」～「非常にあてはまる（1）」と数値を逆転した上で足し合わせる。

表 2.3 自意識尺度の得点 (菅原, 1984)

	男性		女性	
	平均値	標準偏差	平均値	標準偏差
公的自意識	52.8	(9.9)	56.4	(8.3)
私的自意識	50.3	(9.0)	54.0	(7.7)

カッコ内の数値は標準偏差。男性のデータ数は 272,女性のデータ数は 162 である。

2.4 自己評価

　就職活動やビジネスの場面で英語力があることが重視されるようになり,多くの人が自分の英語力を高めようと努めている。そのとき,自分の英語力を知るために TOEIC や TOEFL などのテストを受けて,どのくらいのスコアか知ろうとすることがあるだろう。

　また,健康管理の目的で自分の肥満度を知るために,身長と体重を測って BMI (Body Mass Index) という指標 (体重 (kg) を身長 (m) の 2 乗で割った指標。25 以上が肥満と判定される) を計算する。この値を手がかりに食生活を見なおすなどして健康維持に役立てることができる。

　英語力や肥満度のように,自分の特徴を知るための客観的な指標がある場合はよいが,はっきりした指標がない場合,曖昧な場合はどうすればよいだろうか。自分と他人を比べて自分がどうであるかを確かめるのではないだろうか。たとえば,学校で受けた期末試験の英語のテストで 100 点満点中 85 点をとったとしよう。この得点だけをみると 8 割以上の得点なのでよくできたように感じるかもしれない。ところが,自分の友達が 96 点をとったのであれば,自分の得点は悪く感じられてしまうだろう。一方で 71 点だった別の友達と比べれば,友達よりはましだ,良い点だったと感じられるだろう。

　私たちが社会で適応して生きていくために,自分の能力を評価することは大事である。そのために有効な方法は人と比べることなのである。このように人と比べることを社会的比較 (social comparison) という。

　それでは,どうして自分よりもテストの得点が悪かった友達とわざわざ比べ

2.4 自己評価

て自分を評価したがるのだろうか。それは，自分よりも劣った人と比べることで自尊心が高まるからである。自分自身が評価する自分の全体的な価値のことを**自尊心**（self-esteem）という。人は誰しも自尊心をある程度高めたいと考えている。「自分はダメなやつだ」と思い込んで自尊心が低すぎることは，ポジティブな感情をもちにくく，行動面でもさまざまな問題がおこる。一方，根拠に裏づけられていないほど自尊心が高くなりすぎることも問題であるとされている。自尊心を適度な高さに保っていくことが重要なのは，自尊心の程度が感情や行動に影響するためである。

　自尊心を保つためにはさまざまな方法がある。先ほどのテストの例でいえば，自分より得点が低かった人と比べて「自分のほうがましだ」「下には下がいる」と思うことがある。このように，自分より下の立場の人と比べることを**下方比較**とよぶ。こうすることで，自尊心が下がらないようにして自分を守っているのである。

　一方で，自分よりも点が良かった友達と比べることを**上方比較**とよぶ。自分より得点が高い人と比べれば，がっかりして自尊心が下がるだけではないかと思うかもしれない。しかし，テストの得点が高かった人から勉強の仕方やテストでの心構えなどを聞いて参考にすることで，次のテストでは良い点がとれるかもしれない。つまり，将来の自分の評価を高めるために，自分より評価が高い人の情報を集めることもあるのである。

　また，自分より評価が高い人をうまく用いて自分の自尊心を高める別な方法もある。2018年に開催された平昌（ぴょんちゃん）オリンピックでは，多くの日本人選手が活躍し，過去最多となる13個のメダルを獲得した。自分と同じ日本人である選手たちが活躍してメダルを獲得しているのをみると，自分も同じ日本人として何となく誇らしい気持ちになるのではないだろうか。このような他人のすぐれた成果を通じ自分の自尊心を高めることを**栄光浴現象**とよんでいる。社会的に高い評価を得ている人々と自分が関係しているということを他人に示しているのである。

　また，期末試験の開始間際の時間帯は，参考書を見直したりノートを読み返したりと，誰もが追い込みに慌ただしいことだろう。こんなとき，誰も尋ねて

いないのにこんなことをことさらに言う人はいないだろうか。「私，全然勉強していないんだ」。なぜあえて人がいるところでこのようなことをわざわざ言うのだろうか。

このテストで良い点がとれるかどうか自信がもてないとき，「勉強していない」「昨夜は寝ていない」などと自分が不利な状態であることを示しておけば，仮にテストの点が良くなくても「勉強していないからしょうがない」「寝不足だったからできなかった」と別の原因のせいにすることができる。自分の能力が低いからだと思わずにすむのである。

一方，テストの点が思いのほか良かった場合には，「勉強していないのにこれだけ点がとれるのはすごい」「寝不足なのにこんなに成績が良いとは，自分はできるに違いない」などと自分の評価を高めることができるだろう。こうして，うまくいくかどうか自分でもはっきりわからないことについて，自分に有利になるようあらかじめ手を打っておくのである。

このように，高い評価を得られるかどうか確信がもてないときに，自分にとって不利な条件であることをことさらに示したり自分であえて作り出したりすることを**セルフ・ハンディキャッピング**（self-handicapping）とよぶ。飲酒，寝不足，病気や怪我などさまざまなものがセルフ・ハンディキャッピングの材料として用いられると考えられている（Baumgardner, 1991）。

トピック 2.2　転失気

落語の世界では見栄っぱりな人が登場することが多い。「転失気(てんしき)」という演目もそのうちの一つである。

具合がすぐれずお医者さんに往診に来てもらった和尚さま，お医者さんから「転失気はあるか」と聞かれ，転失気の意味がよくわからないままつい「ございません」と答えてしまう。それはよろしくない，薬を調合するから後で小僧さんに取りに来てもらってくれ，と言ってお医者さんが帰ってしまったので，和尚さまはよからぬことを言ってしまったのではと不安になる。「転失気とは何であろう？」。小僧の珍念(ちんねん)を呼び出してそれとなく聞き出そうとするが，珍念も転失気を知らないという。「あれほど教えたのに転失気を知らないとは何事だ」と和尚さまはいわば逆ギレし，近所の

雑貨屋のおじさん，花屋のおじいさんのところへ珍念を使いに行かせて「転失気」が何かを聞いてこさせようとするが……。

これほどまでに「転失気を知らない」と素直に言えなかったのは，偉い和尚さまにも知らないことがあると小僧の珍念に知られることで珍念からの評価が下がり，それによって自尊心が低くなることを和尚さまはおそれたのではないだろうか。

ところで，「転失気」とはどのような意味だったのであろうか。それは読者のみなさんで確かめていただきたい。

2.5 自己呈示

他の人が自己紹介をしているのを見ていると，「親しみやすい人だな」とか「気難しそうな人だな」などいろいろな印象を抱く。どのような印象を抱くかによって，その人に対するその後の対応が変わってくるのではないだろうか。親しみやすそうだという印象の人にはこちらから話しかけたり，お茶に誘ったりするかもしれないが，気難しそうという印象の人には気軽に話しかけにくくなるだろう。

このように，一度作られた印象はその後の行動にも影響するため，私たちは自分が望む印象を作ろうと心を配るのである。

たとえば，就職活動向けのメイク講座が人気を集めている。単に面接用に無難で地味なメイクを教えてくれるだけでなく，志望する職種にあったメイクの方法を細かくレクチャーしてくれるのである。このような講座を受講することは，自分が就職を望む企業になんとしても採用してもらいたい，そのために人事担当者が望む人材像をアピールしたいという気持ちの現れであるといえる。このように，他人が抱く印象をコントロールして，それによって自分が望む結果を得ることを**自己呈示**（self-presentation）という。

私たちが自己呈示をどのような目的でどのように行うのかについての分類を，さまざまな研究者が提案している。ここでは，よく引用されることが多いジョーンズとピットマン（Jones, E. E., & Pittman, T. S., 1982）の分類を紹介する。彼らは，**取り入り**，**自己宣伝**，**示範**，**威嚇**，**哀願**という5つの方略に分類

表 2.4　自己呈示の方略（Jones & Pittman, 1982 を参考）

取り入り	相手から好意的な印象で見られることを目的とする。 【例】おべんちゃらを言う。
自己宣伝	相手から「自分が有能な人間である」と尊敬して見られることを目的とする。 【例】業績をアピールする。
示　範	相手に「自分は道徳的価値があり完璧な人間だ」と思わせることを目的とする。 【例】理想的な行動をとる。
威　嚇	相手に危険があることを示してその人に恐怖感を抱かせ，要求を受け入れさせることを目的とする。 【例】攻撃的で怖そうにして強さをアピールする。
哀　願	自分が「かよわい人間」「不幸な存在」であることを示して相手から援助してもらうことを目的とする。 【例】体調不良をアピールする。

している（表 2.4）。

　取り入りの具体例には，先輩をおだてる，上司にお世辞を言う，などがあげられる。自己宣伝の具体例には，これまでの実績や自分の業績をアピールする，などがあげられる。示範の具体例には，他の人たちが見ているところで人を助ける，などがあげられる。威嚇の具体例には，先生が学生に対して怖そうに振る舞って，学生に言うことをきかせようとする，などがあげられる。哀願の具体例には，「疲れた」「うつだ」「体調が悪くて」などといったアピールをことさらすることによって，責任を免れたり，他人から助けてもらったりする，などがあげられる。

　こうした自己呈示は，必ずしも当人が考えている通りにうまくいくわけではない。お世辞を言うことも，度が過ぎたり，わざとらしかったり，内容が適切でなければ，相手からその意図を見透かされて好意的な印象を抱かれることは難しいだろう。

　また，哀願のような自己呈示も，度が過ぎれば周囲の人々から疎まれたり避けられたりすることにもつながりかねない。たとえば，抑うつ的で落ち込みやすい人が，自分がうつであることを周囲の人々に過度に示すことで人々から避

けられてしまい，対人関係上のトラブルを起こしやすいことなどが示されている (Hill et al., 1986)。

また，自己呈示は他者が抱く印象だけでなく，自己呈示をした本人にも影響する。たとえば，授業にまともに出席もせず遊んでばかりだった「チャラい」大学生が，就職活動の時期を迎えて，エントリーシートを書いたり，面接を受けたりするという活動をする中で，「真面目にばりばり仕事をこなせる」人物として振る舞うようになっていく。こうした就職活動での自己呈示によって，自分にも真面目な側面があることを自覚して，実際に就職をして働き出すときに真面目なサラリーマンになっていく。すなわち，「私は真面目だ」という自己概念をもつことになるのである。こうして，就職活動という身の回りの状況が大きく変わる出来事によって，自己概念が「チャラい」から「真面目」に変化していくのである。

自己概念は一度作られると一生ずっと変わらないものではなく，自分をとりまく状況の変化によって変わり得るものなのである。就職活動だけでなく，進学，結婚，出産，転職，昇進，病気など人生の中でのさまざまな状況の変化によっても自己概念が変わるきっかけとなるであろう。このように，自己呈示をすることによって自己概念が変化することを**自己呈示の内在化現象**という。

2.6 おわりに

私たちは，自分がどのような人間なのか，自分自身を知ることで自分がどう振る舞えばよいのかを判断することができる。そして，実際に行動として表すことによって，自分自身を変えることもできる。このようにして，周りの人々との関わりの中で自分を変えることができるし，その変わった自分を自分で発見して，変わった自分として行動していくことができるのである。

「汝自身を知れ」とは，古代ギリシャのデルフォイの神殿に刻まれていたといわれる有名な格言である（「ブリタニカ・オンライン・ジャパン」より）。この格言の解釈はさまざまであるが，本章のキーワードの一つである自己概念について知ることの重要性を示唆した格言であるともとらえられるだろう。

社会的自己は，対人関係やコミュニケーションといった「社会心理学らしい」トピックとも結びつきにくいイメージがあるため，社会心理学のテーマではないように思えるかもしれない。しかし，自分をどう認識するかは，他者との関係のもちかた，コミュニケーションのとりかたとも関わるものである。そのため，社会的自己というテーマはとても大事な社会心理学の研究テーマなのである。

私たちは，家族，友人，学校の先生や同級生，職場の人たちなど多くの人々と関わりながら生活している。自己概念のところでみてきたように，他者との関係によって自己がつくられ，他者と関わりながら自己が変わっていく。一方，つくられた自己によっても社会関係がさらに築き上げられていく。自己と社会関係はお互いに影響し合うような関係にあるといえるだろう。

「自分のことは自分が一番よく知っている」とよくいわれる。しかし，自分で自分を見つめただけではわからない，気づきにくい自分の側面もある。他人と関わり合うことで自分がつくられ，他人と関わり合うことで自分を知ることができる。そして，自分の振る舞いを通して他人も変わっていくのである。

● **練習問題**

1. 本文で紹介した「Who am I テスト」をやってみよう（図 2.2）。「私は」を主語にした簡単な文章について，2分以内でなるべく多く書いてみる。書き終わったら，いくつ書けたか，どのような内容が含まれているかなど，記述内容から読みとれる特徴を振り返ってみよう。

| 「私は」…
「私は」…
「私は」… | 「私は」神奈川県出身だ。
「私は」女性だ。
「私は」落語が趣味だ。 |

図 2.2　Who am I テストでの記述の例

2. 本文でとりあげた自己意識とも関わりの深い自己没入尺度に回答してみよう（表 2.5）。この尺度は，自分について考えやすいという特性の個人差を調べるものである

練 習 問 題

表 2.5 自己没入尺度（坂本，1997を参考）

以下の11の項目を読んで，それが自分の性質に当てはまる程度を考えて下さい。そして，最もよく当てはまる番号を1つだけ選んで下さい。あまり考え込まずに，思うとおりに回答して下さい。

1：まったく当てはまらない
2：どちらかというと当てはまらない
3：どちらともいえない
4：どちらかというと当てはまる
5：かなり当てはまる

1. 自分のことを考えるのに没頭していることが多い。
2. 他の人との比較で，自分自身についていつまでも考え続けることがよくある。
3. つらかった思い出をいつまでもかみしめていることがある。
4. 自分のことについて考え始めたら，なかなかそれを止めることができない。
5. 長い間，自分についてのことで思いをめぐらせていることがよくある。
6. 自分のことを考え出すと，それ以外のことに集中できなくなる。
7. 過ぎ去ったことについて，あれこれ考えることが多い。
8. 自分の能力について，長い間考えることが多い。
9. 自分はどんな人間なのか，長い間考え続けることがよくある。
10. 何らかの感情が沸いてきたとき（例：落ち込んだ時，うれしかった時），なんでそんな気持ちになるのか，長いこと考えてしまう。
11. 自分がこういう人間であればなあと，いつまでも長い間空想することがある。

(Sakamoto, 1998；坂本，1997)。得点の算出方法は，全11項目について自分が選んだ数字を足し合わせるだけである。

坂本が大学生を対象に行った調査では，平均34.1，標準偏差8.3で，43点以上の人は自己没入的な傾向にあるとしている（丹野と坂本，2001）。自分が自己没入の程度が高いかどうかを振り返ってみよう。

3. 自分の自己呈示の特徴について考えてみよう。①面接試験で面接官に，②趣味のサークルでの初会合で，③婚活パーティで初対面の異性に自己紹介をするとしたら，あなたはどのような自己紹介をするだろうか。それぞれについて実際にやってみよう。

4. 自己呈示の内在化現象の経験について話し合ってみよう。普段の生活や日頃の活動の中で，自己呈示をすることで自己概念が変わるという「自己呈示の内在化」にあたる経験はあるだろうか。どのような自己呈示をしたか，その結果どのように自己概念や振る舞いが変わっただろうか。お互いの経験を共有してみよう。

●参 考 図 書

安藤清志（1994）．見せる自分/見せない自分――自己呈示の社会心理学―― サイエンス社

　自己呈示，セルフ・ハンディキャッピングなどについて，実際の研究例も多く紹介しながら基本的な知識がまとめられている（入門レベル）。

中村陽吉（編）（1990）．「自己過程」の社会心理学　東京大学出版会

　本章でとりあげた自己意識，自己評価，自己呈示，社会的比較についての実証研究が多く紹介されている。より専門的に学びたい読者向けの専門書である（中級レベル）。

沼崎　誠・工藤恵理子・北村英哉（1997）．誤りから探る心理学　北樹出版

　本書は，「誤り」という私たちが必ずしてしまう行動をキーワードに心理学でのさまざまなトピックを紹介した入門書である（入門レベル）

押見輝男（1992）．自分を見つめる自分――自己フォーカスの社会心理学―― サイエンス社

　本章でとりあげた自己意識について解説した入門書である。本文で紹介したものとは別の自己意識尺度も掲載されている（入門レベル）

高田利武（2011）．新版 他者と比べる自分――社会的比較の心理学―― サイエンス社

　社会的比較現象について，わかりやすい言葉で平易にまとめられた入門書である（入門レベル）。

3

社会的認知

　私たちは，日常生活の中でたくさんの人や事柄に出会い，さまざまなことを考えたり感じたりしている。周りの人のこと，自分自身のこと，そして社会に起こるさまざまな事柄——これらをどのように知覚し，どのように記憶し，どのように推論し，判断や意思決定を行っているのだろうか。人々，そして社会を理解する私たちの心理過程の探求を目的とするのが，社会的認知（social cognition）の研究である。

3.1 社会的知覚

　日常生活において，私たちは外界から多くの情報を受け取っており，中でも視覚を用いる割合が大きいことがいわれている。視覚は，鏡に映すように眼球のレンズに映ったそのままを見ているわけではない。私たちの中にすでにもっている知識や価値観，性格特性など多くの内的な影響を受けて初めてものが見えてくるのである。古く1947年に発表されたブルーナーとグッドマンの研究では，社会文化的な背景や個人の態度，価値観などによって，ものの見え方が変わることが報告されている。

　ブルーナーとグッドマン（Bruner, J. S., & Goodman, C. C., 1947）は，同程度の知的レベルの10歳児を対象に，大きさの知覚に関する実験を行った。子どもたちを2つのグループに分け，1つのグループの子どもたちには，1セント，5セント，10セント，25セント，50セントの硬貨を1つずつ呈示し，懐中電灯を使って硬貨と同じ大きさの光の円を作るように求めた。残りの子どもたちには，5種類の硬貨と同じ大きさの灰色の厚紙を1つずつ呈示して，同様に，同じ大きさの光の円を作るように求めた。その結果，実際の硬貨を見せられた子どもたちは，硬貨の大きさを実際の大きさよりも大きく判断して円を作ったという。硬貨のように社会的価値のあるものは，より大きく見える傾向があることがわかる（図3.1）。さらに注目すべき点として，貧しい家庭で暮らす子どもが硬貨を過大評価する程度は，裕福な家庭で暮らす子どもの過大評価に比べて，より大きいものであったという。硬貨と同じ大きさの厚紙を使った実験では，そのような過大評価は認められなかったことから，子どもたちにとってこの実験課題が難しすぎたために知覚にゆがみが出たのだとは考えにくい。また，貧しい家庭の子どもたちは，硬貨が目の前になく硬貨を想像しながら光の円を作ったときよりも，硬貨が目の前にあるときのほうが過大評価の程度が大きくなったという。つまり，子どもはお金の大きさを過大評価しやすく，とくに貧しい家庭の子どもは裕福な家庭の子どもより，お金をより大きく知覚しやすいと考えられる。このように，単純な知覚にもとづく判断であっても，社会的に与えられている意味や価値によって判断は変化するのである。これは，

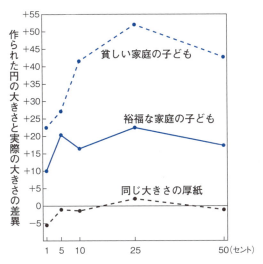

図 3.1 社会的知覚——貧しい家庭の子どもほど硬貨を過大視する
(Bruner & Goodman, 1947)

「**社会的知覚**(social perception)」とよばれている。

3.2 対人認知の手がかり——印象形成

　物事を判断するとき,そして私たちの生活においてもっとも身近で重要な,人間関係において他者を判断するときにもさまざまな要因が影響を与えている。
　私たちは周りの人と会話をしたり,メールをしたり,ミーティングをしたりなど,他者との相互作用に一日のかなりの時間を費やしている。ちょっとした言動で「あの人は親切な人だな」という印象をもったり,たまたま見かけた行動で「こんな人だったのか?」と驚いたりすることもあるだろう。さらには,まだ実際に会ったことのない人に対して,その人の写真を見たり,噂や評判を聞いたりすることで,その人がどんな人なのか心の中でイメージすることができるだろう。実際にその人に会ってみたらまったく印象が違っていたということもあるかもしれない。このように,他者について直接的・間接的な情報を統合して,その人物の全体的像を心に描くことを**印象形成**(impression formation)という。相手と話すことで言葉から相手の情報を得ることを**言語的手が**

かり（verbal cue）といい，相手の容貌や服装など外見から情報を得ることを**非言語的手がかり**（nonverbal cue）という．

3.2.1 アッシュの印象形成——呈示順序の効果

印象形成には，人物の情報をどのような順番で入手したかが，大きな影響を与えるといわれている．初対面の人を紹介されるとき，その人の良いところから聞かされたのか，それとも悪いところから聞かされたのかによって，内容は同じでも印象がまったく異なることがあるのである．

ゲシュタルト心理学の立場をとるアッシュ（Asch, S. E., 1946）は，人が，統合された全体像としての他者の印象をどのように形成するのかを検討した．「知的な・勤勉な・衝動的な・批判的な・頑固な・嫉妬深い」というパーソナリティを表す特性語6つを，先頭から順番に呈示するグループAと逆順に呈示するグループBに分けて，形成される印象の違いを検討した．その結果，同じ形容詞のリストでも呈示順序が変わると対人印象が変わることが明らかになった．先頭から順に呈示したグループAでは，最初に肯定的な特性語が呈示されてそれに続いて否定的な特性語が呈示される．そうすると，この人物は，能力が高くて力強く，自分自身の信念をもっており，欠点はあるが長所を損なうほどではないと，肯定的に印象づけられる．逆順では，欠点があるせいで能力を発揮できない人のように否定的な印象が強くなる．さらに，中間に位置する「衝動的な・批判的な」のような性質は，グループAでは好意的に評価されやすく，グループBでは否定的なニュアンスでとらえられやすかったという．このことから，最初のほうに与えられた情報が印象形成を方向づける強い力をもつことがいえる．

これは，最初に呈示された情報は記憶に残りやすいといった人間の情報処理における特徴を反映しており，**初頭効果**（primacy effect）といわれる．この記憶の特徴が，対人関係における第一印象の重要性につながっていると考えられる．また，最後に呈示された情報は，記憶の中で活性化されたままの状態にあるため，その影響も大きいことが分かっている．これは**新近効果**（recency effect）とよばれている．

3.2.2 アッシュの印象形成——「あたたかい—つめたい」の効果

　他にもアッシュは，「知的な・器用な・勤勉な・あたたかい・決断力のある・実際的な・用心深い」という7つの特性語のリストと，このリストの4番目に出てくる「あたたかい（warm）」の部分を「つめたい（cold）」に変えたリストを用いて実験を行った。そして，この特性語のリストの中で「あたたかい」を「つめたい」に変えただけで，この人物に対する印象が大きく変化することを示している。リストの中に「あたたかい」が含まれている場合には，その人物に対して，概して寛大で良い性質の人だと好印象をもつのに対し，「つめたい」が含まれている場合には，自己中心的で他者に配慮のない人だと悪印象をもつ傾向が認められた。アッシュは，この特性語リストの中では，「あたたかい—つめたい」が中心的特性を示していると述べている。

　その後，ケリー（Kelley, H. H., 1950）は，大学で経済学の授業を受講する学生を対象に，臨時講師を紹介する場面を設定して，この「あたたかい—つめたい」の2つの特性語を用いた実験を行った。授業の前に各学生に講師の2種類の紹介文のうちどちらか一方を配付した。紹介文は彼の経歴や人柄を示すものであったが，1カ所だけが異なっており，文中の「とてもあたたかい（very warm）」もしくは「どちらかというとつめたい（rather cold）」という言葉のどちらか一方だけが示されていた（図3.2）。その後，講師が教室に現れて20分間のディスカッションを主導した。実験者は学生の討論への参加回数を記録した。その結果，「あたたかい」を呈示された学生の56％が議論に参加していたのに対し，「つめたい」を呈示された学生は32％しか議論に参加していなかった。また，授業後の講師の印象評定においても，「あたたかい」を呈示された学生は「つめたい」を呈示された学生よりも，講師を，思いやりがあり，打

○○さんは，ここマサチューセッツ工科大学の経済・社会科学部の大学院生で，他の大学で3学期間心理学を教えた経験があります。この授業を担当するのは今学期が初めてです。彼は，26歳で兵役を終えており，既婚者です。彼を知る人によれば，彼は，【とてもあたたかく／どちらかというとつめたく（どちらか一方のみ呈示）】，勤勉で悲観的で，実際的で，決断力のある人です。

図3.2　ケリー（1950）で用いられた紹介文

ち解けていて，社交的で，人気があり，気立てがよく，ユーモアがあり，慈悲深い人だと評価した。つまり，実際に同じ状況で同じ人物に接しても，先に与えられた情報によって，その人物に対する印象が大きく変わり，それが議論に参加する／しないのようなその後の実際の行動にも影響を与えることが示されたのである。人は，相手に対して良い印象が形成されれば，その人物とより多くの交流をもとうとし，そうでない場合には交流を避けようとするものだが，その原因がたった一言の違いである場合もあり得るのである。

「つめたい」という特性語には，「あたたかい」という特性語より強い影響力があるのだと主張する研究もある。シンらは，ある人物について「知的な(intelligent)」のみを呈示したときの評価を基準とし，「知的な」に「あたたかい」を加えて同時に呈示したときの評価の上がる割合よりも，「知的な」と「つめたい」を組み合わせて呈示したときの評価の下がる割合のほうが大きいことを示した（Singh, R. et al., 1997）。言い換えると，シンらの研究結果からは，「知的な」人物に対して，「あたたかい」は好感度を上昇させる効果は大きくないが，「つめたい」は好感度を下降させる効果が大きいといえる。

ところで，アッシュ（1947）では「あたたかい—つめたい」について多くの検討がなされているが，「あたたかい—つめたい」と他の特性語との関連については，十分に検討されているとはいえない。その後，ローゼンバーグらは，アッシュ（1947）で用いられている「あたたかい—つめたい」は社会的な望ましさを示す特性であるが，それ以外の6つの特性語は，知的に望ましい特性ばかりであることを指摘した（Rosenberg, S. et al., 1968）。ローゼンバーグら（Rosenberg et al., 1968）は，アッシュ（1947）で使われた単語を含めた64の特性語を大学生に呈示して，1人の人物が同時にもっていそうな特性をひとまとめにしてグループ化するように依頼した。統計解析の結果「社会性」と「知性」の2つの次元が得られたという（Rosenberg et al., 1968）。結果の概略を述べると，「あたたかい」は「社会的に良い（good-social）」というグループに入り，「つめたい」は「社会的に悪い（bad-social）」のグループに入るという。「知的に良い（good-intellectual）」のグループには「知的な（intelligent）・器用な（skillful）・勤勉な（industrious）」が，「知的に悪い（bad-intellectual）」

のグループには「愚かな（foolish）・知的でない（unintelligent）・浅薄な（frivolous）」が入るとされた。

その後，フィスクら（Fisk, S. T. et. al., 2007）は，印象評価の際に，「あたたかさ（warmth）」と「能力（competence）」が，普遍的な社会的認知の2次元であると述べた。フィスクらは，これを**ステレオタイプ内容モデル**（stereotype content model）とよび，後述するステレオタイプとの関連において，自分の所属する集団にはあたたかく能力も高いイメージをもつが，他の集団にはあたたかさと能力のうちの少なくとも1つが欠けていると認識しやすいことを示した。他者に出会ったときに，相手があたたかくて能力が高いと認知すればポジティブな感情が湧き，相手がつめたく能力がないと認知すればネガティブな感情が湧くというのは，文化や時代を越えた万人に共通するパターンであるという。フィスクらは，これらが進化心理学的な観点から，生物の生き残りをかけた問題にかかわっているのだと指摘している。すなわち，相手が自分を害する意図があるのかもしくは助ける意図があるのかどうか，そして，相手が意図を実現する能力をもつのかどうかは，生きていく上でもっとも重要な社会的判断だといえるだろう。

3.3 行動の解釈と帰属過程

友達に手を振ったのに，振り返してくれなかったのはどうしてだろう？　授業中の私語で私だけ叱られたのはどうしてだろう？——私たちは，日々の生活の中でなぜこのようなことが起こったのか，その原因について考え，「おそらくこういう原因でこの結果が生じたのだろう」と推論することがある。このように，出来事や行動の結果を得た上でその原因について推論することを**原因帰属**（causal attribution）という。

試験の成績が悪かったときに，どこに原因があったのかを考えるように，人は，思いがけず失敗したときやネガティブな出来事が生じたときに「なぜこんなことになったのか」と原因帰属を行いやすい。とくに日常生活においては，上に述べた例のように，他者の行動を観て，「なぜあの人はこんなことをした

のだろう」とその行動の原因を探る推論を行いやすい。

3.3.1 内的帰属と外的帰属

ハイダー（Heider, F., 1958）は，他者の行動の原因を推論するとき，原因が，その行為を行った本人のパーソナリティや能力などの内面にあるとするのか，それともその人のおかれた周囲の状況や与えられた役割や社会制度などのように本人以外の外的な要因にあるとするのか，それともその両方の組合せにあるのか，という点に着目した（Heider, 1958）。本人に理由があると推測することは**内的帰属**（internal attribution），本人以外に原因があると推測することは**外的帰属**（external attribution）とよばれている。

たとえば，友人と待合せをしたが，約束の時間になっても友人が姿を現さず連絡もないようなときに，あなたならその原因についてどのように考えるだろうか。「連絡ぐらいすればよいのに，あいつはだらしのないやつだな。それとも約束を忘れたのかな……忘れっぽいやつだよな」と，友人の特性に原因を求めることを内的帰属といい，「電波の悪いところで地下鉄が止まっているのかな……それとも，バイトが長引いていて連絡できないのかな……」などのように，友人本人の意図や特性ではなく，それ以外の外的な要因に原因を求めることを外的帰属という。内的帰属か外的帰属かによって，行為者に対する評価や感情が変化するといえる。原因が内的要因にあると思えば，謝罪や償いを求めたくなるだろうし，外的要因にあると思えば，誰でもそういった状況に陥ることはあると冷静に受け止められるだろう。

3.3.2 対応推論理論

「あの人は，どうしてこんな行動をしたのだろう？」と考えることは，行為者の行動の意図について推論しているといえるだろう。ジョーンズとデイヴィス（Jones, E. E., & Davis, K. E., 1965）は，人は他者の行動を観てその意図を推測し，その意図から行為者の態度やパーソナリティのような安定的な特性を推論するという**対応推論理論**（theory of correspondent inference）を提唱した。ここでいう対応とは，行為者の行動と，行為者の内的特性が一致する程

度を示している。この理論では行為者の意図が重要視されており，その行動が行為者の自由意思にもとづいたものであり，状況によって変化しないのであれば，行動とその基底にある行為者の態度やパーソナリティが対応しており，その行動は行為者の個人に内在する特性を反映していると判断されることになる。一方，誰かから指示されたり，強制されたりした行動の場合には，その行動と行為者の特性の対応が低くなり，その行動から行為者の内的な特性を推論することは困難になる。

　対応推論理論では，行為者の意図は，複数の選択肢の中からどの項目を選びどの項目を選ばなかったのかを比較することによって推論されるといわれている。たとえば，アパートの部屋を2つの候補のうちからどちらかに決めようとしている学生を想像してみてほしい。学校から遠いが駅から近く2階の南向きである「部屋A」と，学校から近いが駅から遠い2階の南向きの「部屋B」のどちらを選ぶか考えた上で，その人は「部屋B」を選んだとしよう。両方の部屋に共通する項目（2階の南向き）は，この決定の決め手になったとは考えられない。ここで重要になるのは，両者に共通していない（非共通な）項目である。ここでは，駅から近いか学校から近いかという点が非共通であり，行為者の意図を推測する際の手がかりになる。「部屋B」を選んだということは，この人物は，学校から近いことを重要視する考えをもった人だろうと確信をもって推測することになるだろう。このように，行動の選択肢の中で，選択された行動では得られるが他の行動では得られない効果を対応推論理論では，**非共通性効果**（noncommon effect）という。一般にこの非共通性が少ないほど，行動の意図が容易に推測しやすくなる。

　行動と内的特性の対応を弱める要因として，社会的望ましさや役割期待があげられる。行為者が社会的に望ましい行動を行っても，それは単に社会規範に従っただけであって多くの人がそうすることが当然であれば，その行動から内的特性を推論することは難しいと判断するだろう。役割に一致した行動も同様に，一致した行動をとることが当たり前だととらえられ，行為者の内的特性と対応づけられないだろう。一方で，社会的に望ましくない行動や役割から逸脱した行動を観た場合には，望ましい行動や期待された役割行動よりも，行為者

の内的特性に原因を求めやすいといえる。

　さらに，行動を観る知覚者が行為者に個人的に関係しているような場合には，対応推論に特殊な影響を与えるという指摘もなされている。ジョーンズとデイヴィス（Jones & Davis, 1965）は，行為者の行動が観察する者にとって利益もしくは不利益を与える場合（快楽関連性；hedonic relevance）や，行為者が観察者に対して利益もしくは不利益をもたらそうとしていると観察者が解釈した場合（個人性；personalism）には，行為者の内的特性への帰属が強まるといった独特な影響を及ぼし得ることを述べている。

3.3.3　共変モデル

　原因が変化すれば結果も変化する。原因帰属の推論を行う際には，逆に結果が異なるということは，原因が異なるからだと考えられる。このように，一方が変化すると他方も変化する原因と結果の共変関係にもとづいた推論過程を検討したのがケリー（Kelley, 1967）である。これは，**共変モデル**（covariation model），もしくは**共変原理**（covariation principle）とよばれている（Kelley, 1973）。

　ケリー（Kelley, 1967）は，まず，ある対象に対する反応が，その対象の性質を反映したものなのか，それとも，そのときの特殊な状況や観る者の特性を反映したものなのかに着目した。たとえば，ある映画を面白いと思ったとき，面白いと思った原因を映画そのものに帰属することもできるし，私はこういう映画を求めていたのだと自分自身の内面に原因を帰属することもできる。ケリーによると，なぜこの映画を面白いと思ったのかを推論するときに，私たちは，結果と共変する原因を探っているというのである。ケリーは，私たちが合意性，弁別性，一貫性の3つの次元にそって情報を探索するという。**合意性**とは，「みんなが面白いと思った映画なのか，それとも自分だけが面白いと思った映画なのか」というように，そこで生じた反応（経験）が他の人々の経験と一致しているかどうかを検討する次元である。**弁別性**とは，「自分はこの映画だから面白いのか，それとも映画ならなんでも面白いと思うのか」というように，その経験がある対象だけに生じることなのかを検討する次元である。また，**一**

表 3.1 ケリーの共変モデルに基づいた合意性・弁別性・一貫性の例

	高い	低い
合意性	田中さんといると誰でも機嫌がよくなる。	鈴木君は，田中さんといると機嫌がよくなる。
弁別性	鈴木君は田中さん以外の女の子の前ではとくに機嫌がよくなるようなことはない。	鈴木君は，他の女の子と一緒でも機嫌がよくなる。
一貫性	鈴木君は田中さんといるときはいつも機嫌がよい。	鈴木君は，田中さんといて機嫌がよくなるときもあれば，そうでないときもある。

合意性……その経験が他の人々の経験と一致しているかどうか。
弁別性……その経験がその対象だけに生じるのかどうか。
一貫性……別の時間や状況でも常に同じような経験が生じるのかどうか。

貫性とは，「今日この映画を見たから面白いと思ったのか，それともいつ見ても面白いと思うのか」というように，別の時間や状況でも常に同じような経験が生じるのかどうかを検討する次元である。

表 3.1 に示すような対人関係を例にあげて，鈴木君は田中さんといると機嫌がよくなるという現象の原因の推論過程を考えてみよう。合意性が高く，弁別性が高く，一貫性が高ければ，田中さんが誰にとっても魅力的な女の子であると推論できる。つまり，3 次元すべてが高いと，対象（この場合は田中さん）への帰属が生じることになる。弁別性が高く，一貫性が高いが，合意性が低い場合には，鈴木君が田中さんに特別な好意をもっているだろうと推論できる。この場合は，鈴木君と田中さんの両者がそろわなければこのような結果にはならないため，人物（鈴木君）と対象（田中さん）への帰属が生じることになる。合意性が低く，弁別性が低く，一貫性が高ければ，鈴木君は女の子であれば誰といてもいつも機嫌がよい，つまり，鈴木君はとにかく女の子が好きな人だというように，人物（鈴木君）の特性に原因があると推測するということになる。

原因を推測する際に，日常生活の中では原因と結果について複数回に渡って検証することは困難であることが多い。たった 1 度の観察結果にもとづいて不完全な情報から原因を推測するというケースも多いはずである。ケリー（Kelley, 1972）はこのような場合にも結果から原因を探ることができるのは，

私たちがさまざまな**因果スキーマ**（causal schema）をもっているためだと述べた。因果スキーマとは，因果のパターンに関する知識であり，それまでの経験の集積によって形成されたものである。この因果スキーマを用いることによって，情報が不足していてもそれなりに推論できるという。

ケリー（Kelley, 1972）はいくつかの因果スキーマをあげたが，中でも重要と考えられるのが，**複数必要原因**（multiple necessary causes）**のスキーマ**と，**複数十分原因**（multiple sufficient causes）**のスキーマ**である。複数必要原因のスキーマは，複数の原因がなければ結果が生じないようなケースに適用される。たとえば，オリンピックで金メダルをとるというような難しい課題をクリアするためには，能力だけでは十分とはいえず，能力に加えて努力や運など複数の原因が必要となるだろう。一方で，複数十分原因のスキーマとは，いくつか想定される原因のうち1つでも存在すれば他の原因は存在しなくても結果が生じるようなケースに適用され，たとえば，簡単なパズルを解くというような課題の達成においては，行為者の能力か努力のどちらか一方でも十分成立するととらえられる。

また，ケリーは因果スキーマの適用によって，**割引原理**（discounting principle）や**割増原理**（augmentation principle）が機能することも唱えている。割引原理とは，もっともらしい原因が他にも存在する場合には，その原因の重要性が割り引かれることである。行為者の行動を促進する原因が，本人の動機づけのような内的要因しか想定できない場合に比べて，内的要因の他に報酬や社会的圧力のような外的要因も想定できるような場合には，内的要因の関与度が低く評価され，行為者への帰属が生じにくくなる傾向にあることである。一方で，割増原理とは，他にもっともらしい原因が想定されなければ，その原因の重要性が割り増しされることである。

ケリーの理論は，その後の原因帰属研究に大きな影響を与えた。先にも述べた通り，実際の日常生活の中では合意性，弁別性，一貫性に関するすべての情報を入手できないケースが多い。その後の研究では，ケリーの研究と同様の情報が与えられればケリーの想定通りの結果が得られるが，そうでない場合には必ずしもケリーの理論に従わないことが示されている。これは，人は，どんな

ときでも科学者のように条件に分けて推論するわけではなく，その時点でとりあえず利用できる情報に合わせて適応的に推論を行うためであると考えられる（Hewstone & Jaspers, 1987）。

3.3.4 帰属におけるバイアス

ジョーンズとデイヴィスやケリーに続くその後の研究で，原因帰属にはエラーやバイアスといったような歪みが認められることが示されてきた。他者の行動の原因を考えるとき，社会的圧力や役割期待などの行為者を取り巻く外的な環境や状況の要因の影響を過小評価し，行為者の能力や人格のような個人の特性に過剰に帰属される傾向があることがいわれている。ロス（Ross, L., 1977）は，これを**基本的帰属錯誤**（fundamental attribution error）とよんだ。

ジョーンズとハリス（Jones, E. E., & Harris, V. A., 1967）は，実験参加者の大学生に，他の学生が書いたキューバのカストロ政権に賛成または反対のエッセイを読んでもらい，そのエッセイを書いた学生のカストロ政権に対する真の態度を推測するよう求めた。実験当時のアメリカ合衆国の大学生は，カストロに賛成意見をもつ者が少なく，意見の分布は反対意見の方向に大きく偏ったものになると事前に予測されていた。一つの条件では，実験参加者には，エッセイを書いた学生はカストロ反対でも賛成でも，エッセイの内容を自由に選択できたと説明された。もう一つの条件では，どちらのエッセイを書くかは教師によって割り当てられたと説明された。各条件に割り当てられた実験参加者の課題は，すでに書かれたエッセイを読んで，その人物のカストロに対する本当の意見を推測することであった。実験の結果，実験参加者は，エッセイを書いた学生がカストロ賛成のエッセイを書くことを教師から割り当てられたと知っていたときでさえ，カストロ賛成のエッセイを書いた人は，カストロ反対のエッセイを書いた人より，カストロを支持する意見をもっていると考えたことが示された。つまり，エッセイのトピックが教師によって決められて選択の自由がなかったとしても，書いた人の真実の信念がエッセイの方向と一致すると判断したのである。論理的には，賛否について選択権をもたない者が書いた文章が，書き手の真実の意見を反映していると仮定するべきではないが，しかし，

たとえ書き手が自由に書いたものでなくても，書かれた文章は書き手の意見を反映していると考えがちな傾向をもつことが示されたのである。

　後にこの現象は，**対応バイアス**（correspondence bias）とよばれるようになり（Gilbert & Malone, 1995），この傾向の確認のために多くの研究がなされたが，多くの結果はこの傾向が頑健なものであることを示した（Gilbert & Malone, 1995；Jones, 1990；Ross, 1977；Ross et al., 1977；Ross & Nisbett, 1991）。一方で，文化によって発生する度合いが異なることも指摘されており，個人主義的，相互独立的な文化の欧米では強く現れるが，東アジアのような文脈や状況要因を重視する文化（Morris & Peng, 1994）においては，必ずしもその限りではないことが示されている（van Boven et al., 1999；Miyamoto & Kitayama, 2002）。

　同一の行為に関して，行為者と観察者ではなぜそのような行動が生じたのかという行為の原因帰属に大きな違いが認められる。買い物に行って店員の無愛想な対応を観ると「なんて性格の悪い人だろう」と店員の内的特性に行動を帰属しがちであるが，自分自身が店員として無愛想な行動をとったとしたら，「自分ってなんて性格が悪いんだろう」と思うよりは，「今日は働きすぎて疲れているなあ」とか，逆に「いやなお客さんだな」と外的な要因にその行動の原因を求めるかもしれない。ジョーンズとニスベット（Jones, E. E., & Nisbett, R. E., 1972）は，行為者は，自分がなぜこのような行為に及んだのかを説明する際には，周囲の状況の要請に原因を求めやすいのに対し，それを見ている観察者の立場になると行為者の内的特性にその行動の原因を求めやすいことを示した。この現象が，**行為者―観察者の非対称性**（actor-observer asymmetry）とよばれている。なぜこのような非対称性が生じるのかについては，行為者にとって自分の周囲の状況は見えやすいが，観察者にとっては行為者の周囲の状況が見えづらいといった周囲の状況の目立ちやすさの相違や，行為者の過去の経験については，観察者よりも行為者の情報量のほうがずっと多いという情報量の相違，自分自身のとくにネガティブな行動については自己防衛の観点から状況への帰属が生じやすいといった動機の相違などさまざまな要因よって説明することができる。

3.4 ステレオタイプの影響

相手の内面を十分に理解することなく，たとえば相手が女性だからとか，外国人だからとか，ゲイやレズビアンのような性的少数者だからといった理由で偏見をもったり差別したりすることは良くない，と誰もが思うだろう。このような偏ったものの見方は，ある社会的カテゴリーに属しているというだけで，不利な状況におかれる人を生み出すことになり，争いや不幸の種になるだろう。いうまでもなく，人類の長い歴史の中で偏見や差別は多くの人々を苦しめてきた。現代社会では，偏見や差別をなくすための努力が重ねられているが，それでも十分な成果があがったといえる状況ではない。多くの不幸につながることを知りながら，偏見や差別をなくすことはなぜこれほどにも難しいことなのであろうか。

3.4.1 ステレオタイプとは

ある社会集団や社会的カテゴリー（たとえば，性別，年齢，人種，職業など）に属する人々が共通した特性をもっていると信じることを**ステレオタイプ**（stereotype）という。たとえば，「女性はおしゃべりだ」というステレオタイプをもつと，本来は女性の中にはおしゃべりな人，そうでない人，少しおしゃべりな人，話題によってはおしゃべりになる人など，さまざまな人がいるはずだが，そういった個別の特徴の違いには目がいかず，すべての女性がおしゃべりだという特性をもっているととらえてしまうことになる（ステレオタイプ的判断）。これでは，かならずしも現実を正確に把握できるとは限らない。ステレオタイプ的な期待をもって相手に接することで，相手の行動の理解や予測に役立てるという効率的で良い面もあるが，偏った見方が真実を見る目を曇らせる場合もある。

一般に，ステレオタイプが好ましくない，嫌い，というネガティブな感情と結びつくとそれが**偏見**（prejudice）になるとされる。定義上は，たとえば，家柄の良い人は優秀だ，といったようなポジティブな感情と結びついた偏見もあり得る。この偏見が行動に結びつくと**差別**（discrimination）になるといわれ

ている。つまり，ステレオタイプは**認知的構成要素**（cognitive component）であり，偏見は**感情的構成要素**（affective component），差別は**行動的構成要素**（behavioral component）だと考えられる（Fiske, 1998）。

3.4.2　社会的カテゴリー化の影響

社会的カテゴリー化（social categorization）とは，人を社会的カテゴリー（たとえば，性別・人種・部族・出身など）に分類して認知することを示し，ステレオタイプ形成過程における第1段階であるといえる。社会的カテゴリー化によってひとくくりにされると，同じカテゴリーに属するメンバー同士の類似性は過大評価される傾向が生じる。一方，異なるカテゴリーに属する人たちに対してはカテゴリー間の相違点を過大視する傾向が生じる。前者は**同化**（assimilation）**効果**，後者は**対比**（contrast）**効果**とよばれている（Wilder, 1986）。つまり，いったん，Aグループとして同一カテゴリーでくくられてしまうと，Aグループのメンバーの一人ひとりの個性には注意が払われなくなり，メンバーはみな同じような人だと認識されてしまう傾向があるということである。逆に，AグループとBグループは違うカテゴリーだと認知されると，Aグループのメンバーとbグループのメンバーの異なる点が，強調してとらえられてしまうことになる。社会的カテゴリー化は，AグループとBグループの個性を際立たせることで，あまり労力を使わず，頭の中での情報処理をしやすくする。言い換えると，情報処理に対する認知的負荷を減らし，認知的な経済性を高めるのである。

自分自身についても同様に社会的カテゴリー化を行うことが可能である。これを**自己カテゴリー化**（self-categorization）というが，その際には自分自身がどのような社会集団に所属しているのか，自分がどういった社会的カテゴリーに該当しているのかを認識する必要がある。このような自己に関する知覚にもとづいた自己概念の諸側面を，タジフェルとターナーは**社会的アイデンティティ**（social identity）とよんだ（Tajfel, H., & Turner, J. C., 1979）。

自分自身と同じカテゴリーに所属するメンバーと，違うカテゴリーに所属するメンバーに対して異なった認知，感情，行動が生じることがある。自分の所

3.4 ステレオタイプの影響

属する集団を**内集団**（in-group），自分の所属しない集団を**外集団**（out-group）という。人は，自分が所属しているというだけで内集団にポジティブな感情がわき，特別な配慮をしようとする。これを**内集団バイアス**（in-group bias）といい，相対的に外集団の価値を低く位置づけることにつながる。タジフェルら（Tajfel et al., 1971）は，実験のために作り出されて自身に割り当てられたことがはっきりとわかるような場合であっても，自分が所属する集団の利益を優先しようとする傾向が認められることを示している（8.4.1 を参照）。

トピック 3.1　青い目・茶色い目──エリオット先生の実験授業

　1960年代の後半に，アメリカのアイオワ州の小学校で3年生の授業を担当していたジェーン・エリオット先生は，教室の中で人種差別に関わる画期的な実験授業を行った。彼女は，目の色の違いによってクラス内を2つのカテゴリーに分け，1日目は青い目の子どもたちは茶色い目の子どもたちよりも優れているとし，翌日は茶色い目の子どもが優秀で青い目の子どもは優秀ではないと，互いを入れ替えて実験を行った。1日目の実験では，青い目の子どもたちには5分余計に遊んでいいなどと優遇し，茶色い目の子どもたちには水飲み場を使ってはいけないなどと行動を制限した。さらに，茶色い目の子どもには目の色が遠くからでもわかるようにと襟と腕章をつけるように指示し，青い目の子どもと茶色い目の子どもとは一緒に遊んではいけないとした。

　その結果，優秀とされた子どもの行動の変化がとくに大きく，親切で協力的で素晴らしい子どもたちが，たった15分で別人のようになり，不道徳で差別的に変わったという。昼休みには茶色い目の子どもが青い目の子どもに「茶色い目」と悪口を言われたことで，言った子どもを殴ってしまう。自分は優れていると思いこむと，相手が劣った存在だと見下してもよいと思うようになり，見下された側は暴力に訴えてしまう。仲の良かったクラスが，あっという間に断絶したという。

　心理学の実験とは目的や方法が異なるが，エリオット先生のクラスで子どもたちは，偏見や差別とは実際にはどういうことなのかを体験を通じて学んだことは間違いないだろう。
（『心理学への招待（DVD）』第20巻「社会的現実の構築」（丸善出版）を参照）

3.4.3 ステレオタイプの認知過程

　ステレオタイプがものの見方をいかに歪めているのかを示す興味深い実験がある。ダーリーとグロス（Darley, J. M., & Gross, P. H., 1983）は，ある子どもが学習している様子の映像を見せて，その子どもの学力を判断するように求めた。学習の映像を見せる前に実験参加者を 2 つのグループに分け，一方には対象となる子どもが中流家庭の子どもであることを示す映像を見せ，他方には下層階級の家庭の子どもだと示す映像を見せ，その後 2 つのグループにはまったく同じ学習場面を見せた。実験参加者は，子どもが学習中に正解したり，時には間違えたりする様子を観察した。2 つのグループは，まったく同じ映像を見ているにもかかわらず，中流家庭の子どもだと示されたグループの実験参加者のほうが下層階級のグループだと示された場合よりも，その子どもの学力が高いと判断したのである。映像を見た人たちは，先に与えられた情報に影響されて，判断が歪められたと考えられる。下層階級だと聞かされたグループの人は「下層階級だから学力が低い」と見る前からネガティブな予測を立てて，子どもが間違えた場面を見ると，ステレオタイプに合致する情報に注目し記憶に残す。逆に，ステレオタイプに一致しない課題に正解した場面には注意が向かず，記憶にも残らない。そのような注意や記憶を積み重ねが，ステレオタイプに一致した印象をより強く形成していったと考えられる。このようにステレオタイプは，その人物のどこに注意を払うのか，どのような行動を記憶に残すのかなど，基本的な情報処理に影響を与えるのである。

　ステレオタイプは，対象となる人物との接触によってほぼ自動的に始動し，その後の情報処理に利用される。ステレオタイプが最終的な判断に影響を与えるかどうかには，**認知資源**（cognitive resource）と動機が関係するという。先に述べた通り，ステレオタイプに一致する情報の処理には多くの認知容量を必要とせず，認知資源が少なくても効率的にスムーズに処理が進む。一方で，いったん始動したステレオタイプをその後の情報処理に利用しないためには，意識的に使用を統制するために多くの認知資源を必要とするのである（Gilbert & Hixon, 1991）。

トピック3.2 潜在連合テスト

「ゲイやレズビアンのような性的少数者を差別する気持ちはありますか？」と聞かれたら，多くの人は「そんな気持ちはない」と答えるだろう。性的少数者を差別することは，社会的に望ましいことではないからである。その答えが本心からのものだと認識していても，自分が自分自身の本当の気持ちを正確に把握できているとは限らないだろう。

調査票やインタビューなどで答えられるような自分で意識化できる自分の態度を**顕在的態度**（explicit attitude），自分では必ずしも意識化できていない態度を**潜在的態度**（implicit attitude）という。この潜在的態度を測定する方法として，グリーンワルドら（Greenwald, A. G. et al., 1998）は，**潜在連合テスト**（Implicit Association Test；**IAT**）を開発した。コンピュータを用いたIATでは，画面上部の左右に異なるカテゴリーが呈示され，中央に次々と呈示されるターゲット語が左右のどちらのカテゴリーに入るのかを，対象者にできるだけ速く正確に分類するよう求める（図3.3）。たとえば，左上部に「男性または科学」，右上部に「女性または人文学」のようにカテゴリーの組合せが呈示され，ターゲット語として，夫，生化学，母親，英語学などが次々に呈示される。息子や生物学であれば左のキー，母親や英語学であれば右のキーをできるだけ速く正確に押すように求められる。また「男性または人文学」「女性または科学」のようにカテゴリーの組合せを変えて反応の変化をみる。男性と科学が同じグループの場合は，ステレオタイプに一致しているので多くの人にとってやりやすく（一致ブロック），男性と人文学が同じグループに配置されると，一般

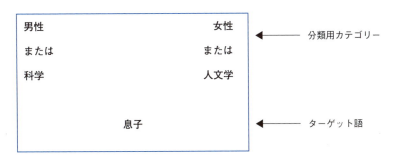

図3.3 潜在連合テストのコンピュータ画面の例
「息子」は，左上のカテゴリーに属するため左のキーを押すことが求められている。

的なステレオタイプには反するので多くの人にとってはやりづらく（不一致ブロック）反応までの時間が遅くなる傾向がある。この時間の差が潜在的態度を反映していると考えるのである。IATは，ステレオタイプや偏見など慎重に取り扱うべき態度の測定方法として有用であると考えられている。

3.4.4　ステレオタイプ脅威

　女性が，「女性は数学が苦手だ」といったネガティブなステレオタイプにさらされることによって，本来は苦手ではなかった数学が本当に苦手になってしまうことがあるという。このように自身が所属するカテゴリーに関わるネガティブなステレオタイプに接すると，それに合致するような結果を示してしまうことを**ステレオタイプ脅威**（stereotype threat）という（もちろん，男性よりも女性の数学的能力が低いという科学的根拠はない）。

　スティール（Steele, C. M., 1997）は，ヨーロッパ系アメリカ人に比べてアフリカ系アメリカ人の学業成績が振るわないことや，男性に比べて女性の数学の成績が伸び悩むことをあげ，劣っているというステレオタイプが社会的圧力となって，余計に実力を発揮しづらくなることを述べた。数学が得意な男女の大学生に難しい数学の問題を解くよう求めるという実験において，男性に比べて女性の数学的能力が低いというステレオタイプに接した女性の成績はきわめて低くなり，逆にそのようなステレオタイプに接した男性の成績はステレオタイプを植えつけられなかった男性に比べて高いという結果が示された。一方で，そのようなステレオタイプを呈示されなかった女性は男性と同様の成績を示した（図3.4）。このことから，ステレオタイプによる脅威がなければ，難しい数学の問題に対しても十分に実力が発揮できることがわかる。以上のことから，まったく根拠のないステレオタイプであっても，ステレオタイプの対象となると，持てる能力の発揮を阻害する悪い影響を与える場合があるといえる。バイロックら（Beilock, S. L. et al., 2007）は認知的メカニズムに着目し，ステレオタイプ脅威が，記憶の中で情報を一時的に保持し処理するワーキングメモリ（working memory）の容量を減少させることで課題の遂行を妨げることを明

3.4 ステレオタイプの影響

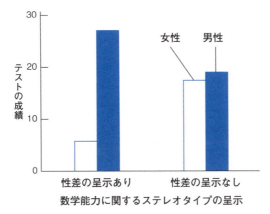

図 3.4 ステレオタイプ脅威と男女の数学成績（Steele, 1997）
数学能力に性差があるとのステレオタイプを呈示すると男女の成績の差は大きくなるが，ステレオタイプを呈示しないと成績の差は認められない。

らかにしている。

3.4.5 ステレオタイプ抑制の可能性

　これまで述べてきたように，ステレオタイプを用いた判断は，自分を取り巻く複雑な環境に適応するために必要だからこそ人間に備わっているといえるだろう。残念なことに，この人間のもつ情報処理の特徴が結果的に，対人認知のエラーを生み，偏見や差別へとつながっていくことが少なくないのである。しかしながら，人間の認知の特徴の一つであるステレオタイプ自体を抑制することは簡単なことではない。ステレオタイプをコントロールするためには，多くの認知資源と強い動機が必要になると考えられている（Blair & Banaji, 1996）。つまり，考えるための十分な時間や余裕がある場合には認知資源が豊富であり，かつ，ステレオタイプを抑制しようという動機がある場合には，対象となる人物個人に注意が向けられステレオタイプを抑制できる可能性が考えられる。

　ステレオタイプにもとづく判断を避けようとすることは，**ステレオタイプ抑制**（stereotype suppression）とよばれるが，抑制しようとすればするほどその後に反動が生じ，より一層ステレオタイプ的な反応をしてしまう傾向があるという。これは抑制の**リバウンド効果**（rebound effect）の一つであるといえ

る。マクレーら（Macrae, C. N. et al., 1994）の実験では，実験参加者に，接触した対象に対してステレオタイプを行わないように指示をすると，その時点ではステレオタイプ反応が減少するが，その後に先ほどの対象に似た人物に接触すると，先の対象にステレオタイプ抑制を行わなかった人よりも抑制を指示された人のほうが，ステレオタイプ的な判断が強まっていたのである。つまり，その後に反動が生じるため，直接的に抑え込むだけでは真の意味でステレオタイプ抑制を行うことは難しいと考えられる。

トピック3.3　ヒューリスティックと思考の2過程モデル

　私たちは日常生活の中で本当にさまざまな出来事に遭遇し，時には失敗しながらも大抵の場合は，何とかうまく切り抜けて暮らしている。これは，私たちが，一つひとつの事柄に対して十分に時間やコストをかけて判断しているためではなく，ヒューリスティックをはじめとした直観的な思考を用いて，それほど苦労することなく判断を行っているためであると考えられる。

　ヒューリスティック（heuristic）とは，不確かな状況下で判断や決定を行う際に用いられる簡便で直観的な方略のことであり，必ずしもいつも正しい解決を導くとは限らないが，制約された状況下においてある程度合理的な決定を導く効率の良い方法であるとされる（Tversky & Kahneman, 1973）。

　利用可能性ヒューリスティック（availability heuristic）とは，不確かな状況下での判断において，事象の想像しやすさや，目立ちやすさ，記憶への残りやすさによってその事象の起こりやすさの判断・評価が変化し，想像しやすい事象や，思い出しやすい事象の生起頻度が過大評価される傾向のことである。たとえば，英語でrから始まる単語（例：road）と，rが3番目にくる単語（例：car）のどちらが多いかを尋ねられると，実際にはrが3番目にくる単語のほうが多いにもかかわらず，rが最初にくる単語は頭に思い浮かべやすいので，rで始まる単語のほうが多いと判断される傾向があるという。思い出しやすい事柄は，頻度も大きいと判断されやすいといえる。他にも，知人が心臓発作に襲われた話を聞くと，実際よりも心臓発作のリスクを高く見積もる傾向があるなど，日常生活では頻繁に

使われている方略である。

　また，**代表性ヒューリスティック**（representativeness heuristic）とは，ある事象Aがカテゴリー B に属するかどうか，また，A が B から生じる見込みはどれくらいかを推測する際に用いられる直観的方略であり，カテゴリーの中で典型的（代表的）な事象の起こりやすさは過大評価される傾向があるといわれている。たとえば，コインを 7 回投げて，「裏裏裏裏裏裏裏」の出る確率よりも「表裏裏表裏表表」の出る確率のほうが大きいように見えてしまう。両者の出現確率は同じだが，後者のほうがより典型的である——つまり，より現実を代表している——ように見えるからだといえる。

　カーネマンはその著書『ファスト＆スロー——あなたの意思はどのように決まるか？』（2012）で，速くて自動的な思考（システム 1）と遅くて努力を要する思考（システム 2）について検討している。私たちの考えと行動は日常的にはシステム 1 に導かれていることが多く，誤りの大半はシステム 1 のために起こることではあるが，だいたいにおいては正しく判断していることを述べている。

●練習問題

1. あなたの長所と短所をそれぞれ 5 つ程度リストアップしてみよう（長所と短所が同数になるように）。そして，それらの長所と短所をすべて含めた自己紹介文を，何種類か作成してみよう。印象形成における呈示順序の効果を参考にして，どの自己紹介文のときに，どのような印象が形成されるか議論してみよう。
2. A さんが B 課長の前で失敗するのを，あなたが目撃したと仮定します。ケリーの共変モデルを参考にして，この失敗の原因を特定するために，どのような情報が必要か考えてみよう。さらに，その情報がどういう内容のときに，どのような原因帰属がなされるか考えてみよう。
3. 「女性はおしゃべり」「教師はまじめ」など，あなたや，あなたの周りにいる人々が抱いているステレオタイプをリストアップしてみよう。あなたや，あなたの周りにいる人々がどうしてそのようなステレオタイプを抱くようになったのか，議論してみよう。

●参考図書

バナージ, M. R.・グリーンワルド, A. G.　北村英哉・小林知博（訳）(2015). 心の中のブラインドスポット――善良な人々に潜む非意識のバイアス――　北大路書房

　ステレオタイプの中でもとくに IAT について詳しく知りたい方にお勧めの一冊である。

フィスク, S. T.・テイラー, S. E.　宮本聡介・唐沢　譲・小林知博・原奈津子（訳）(2013). 社会的認知研究――脳から文化まで――　北大路書房

　社会的認知全般に関して，かなり専門的で詳細に書かれている。

カーネマン, D.　村上章子（訳）(2012). ファスト&スロー――あなたの意思はどのように決まるか？――（上・下）　早川書房

　ヒューリスティックやバイアスの認知的側面について詳しく知りたい方にお勧め。ノーベル経済学賞を受賞したカーネマンの著作である。

山本眞理子・外山みどり・池上知子・遠藤由美・北村英哉・宮本聡介（編）(2001). 社会的認知ハンドブック　北大路書房

　専門的ではあるが，社会的認知に関わる内容が項目別にまとめられており，知りたいことを調べやすい。

対人的影響と
コミュニケーション

　私たちは，日常生活を送る中で他者に影響を与え，他者から影響を与えられている。他者が存在することで，態度，行動，感情が変わることがあるのである。影響を与える人は，ある目標をもち，その目標に向かって意識的に他者に影響を与える場合もあれば，無意識的に他者に影響を与える場合もある。そこで生じるのはどのような現象なのであろうか。本章では，このような対人的影響に関する要因について概観し，他者の存在の影響や他者が意図的な目標をもった場合のコミュニケーションについて説明する。

4.1 対人的影響

4.1.1 対人的影響とは

今井（2011）によると，**対人的影響**（interpersonal influence）とは，狭義には，2人の個人を最小の単位として，与え手が，受け手の認知，態度，思考，情動および行動を，与え手が望む方向に変容させようと意識的に働きかけ，それに対して，受け手が応諾，拒否，無視などの反応を行う一連のプロセスである。与え手が受け手に意識的に働きかけなくても，与え手の存在だけで受け手に影響を与える場合もあり，広義には，そうした無意識的なものも含まれる。

4.1.2 与え手の目標

意識的に他者に影響を与えようとする場合には，**与え手の目標**が存在する。それは大きく4種類に分類することができる。(a) 受け手からの支援の獲得，(b) 受け手に対する物品やサービス購入の要請，(c) 受け手の行動パターンの変容，(d) 受け手の賛同や許可，反対の獲得である（今井，2006）。

(a) の受け手からの支援の獲得は，支援が向かう対象によって2つに分けられる。1つ目は，第三者への支援である。たとえば，ボランティアや募金などがあげられる。募金は，よびかけている本人でなく他の困っている人のためである場合も多い。2つ目は，本人への支援である。本人への支援はさらに4つの支援の内容に分けて考えることができる。1つ目は，情報提供である。たとえば，手術をしなければならないような病気にかかったとき，より良い病院や医者の情報を知りたくなり，病院関係者が知り合いにいれば尋ねるだろう。2つ目は，金銭提供・貸与である。たとえば，財布を忘れて家を出てしまったとき，友達や職場の人に昼食の代金だけでも借りることがあるだろう。3つ目は，労力提供である。たとえば，1人では組み立てるのが難しい家具があった場合に他者の力を借りたりする。4つ目は，物品貸与である。たとえば，初めて登山をするとき，最初から登山グッズをすべて購入するのではなく，家族や友人から借りることがあるだろう。

(b) の受け手に対する物品やサービス購入の要請とは，たとえば，車のセ

ールスマンが顧客に新しい車を買ってもらえるよう働きかけるような場合である。

(c) の受け手の行動パターンの変容とは，たとえば，いつも書類の提出が締切を過ぎる人に注意をして遅れないように働きかけたり，友人関係から恋愛関係に発展させたくて相手に働きかけたりする場合である。

(d) の受け手の賛同や許可，反対の獲得とは，たとえば，自分の住んでいるマンションが道路の拡張計画があって立ち退きを要求されている場合，マンションの他の住人に対して計画に反対する運動に賛同してくれるように働きかける場合である。

4.1.3 影響手段

影響手段（influence tactics）とは，与え手が受け手に影響を与えようとする際に用いる働きかけ方である。影響手段は5種類に分類できる（今井，2006）。それらは，(a) 単純依頼，(b) 理由提示，(c) 資源提供，(d) 正当要求，(e) 情報操作である。(a) 単純依頼は，依頼を単に伝えるものであり，(b) 理由提示は，受け手に依頼する理由を提示するものである。(c) 資源提供は，受け手に資源を提供する代わりに依頼を受けてもらおうとするものである。たとえば，大学で欠席した回の授業の内容が知りたくて，同じ授業を履修している知人に，「今度ご飯おごるから，授業のノート見せて」と言って働きかける手段である。(d) 正当要求は，受け手が要求に応えることが正当であることを伝え応諾させようとするものである。たとえば，恋人関係にある場合には誕生日は祝うものであると思っている人は，恋人に「恋人なのだから，誕生日を祝ってほしい」と言って働きかけるだろう。(e) 情報操作は，情報を伝えることで受け手の気分を良くして依頼を受け入れてもらおうとするものである。たとえば，業績や容姿を褒めて気分をポジティブに変化させた上で，依頼を行う手段である。

1. 連続的影響手段

上で紹介した手段は単発的なものであり，これによって受け手からの応諾が得られなかった場合は，連続的に働きかける場合がある。目標となる依頼を受

け手に提示する前に，応諾コストの小さい依頼に応諾させることによって，目標となる依頼の応諾率を上げる方法である。これを**フット・イン・ザ・ドア**（foot-in-the-door）**法**という（Freedman & Fraser, 1966）。たとえば，相手に仕事を依頼する際に，まず書類のコピーをとってほしいという小さな依頼をして応諾させ，続いて，その書類の内容をパソコンに入力してほしいという本来の依頼を提示する。この場合，いきなりパソコンに入力してほしいと言うよりも，その前にコピーをとってほしいという小さな依頼をしたほうが，パソコンに入力してほしいという依頼が受け入れられやすくなるということである。

他の方法として，目標となる依頼を受け手に提示する前に，応諾コストの大きい依頼を故意に受け手に拒否させることによって，目標となる依頼の応諾率を上げるという方法がある。これを**ドア・イン・ザ・フェイス**（door-in-the-face）**法**という（Cialdini et al., 1975）。たとえば，今度の休みに海外旅行に行こうという大きな依頼をして相手に拒否された後に，近くの温泉に旅行に行こうという小さな依頼をすることによって，温泉旅行に行こうという目標となる依頼が受け入れられやすくなるのである。

4.1.4 社会的影響力

ここでいう**社会的影響力**（social power）とは，与え手が受け手に影響を与えることのできる能力のことである。社会的影響力は以下の5つに分類することができる（今井，2006）。(a) 賞（報酬）影響力，(b) 罰，(c) 正当影響力，(d) 専門影響力，(e) 参照影響力である。(a) 賞（報酬）影響力とは，与え手が，受け手が手に入れたいものを持っており，それと引き換えに依頼に応じさせようとするものである。(b) 罰とは，与え手が，受け手にとって避けたいもの，嫌いなものを与えようとし，それを回避するために与え手の言う通りにさせようとするものである。(c) 正当影響力とは，たとえば，与え手が受け手よりも社会的な地位が高い場合には，受け手に依頼に応じるのは正当なことであると思わせ，応諾率を上げる能力である。(d) 専門影響力とは，与え手がある分野において専門家である場合には，受け手は与え手の言う通りにしていれば間違いないと思わせ，応諾率を上げる能力である。(e) 参照影響力とは，

たとえば，与え手が受け手の理想像である場合，受け手は，与え手ならどうするかを参考にしようとするため，応諾率を上げることができるというものである。

4.1.5 対人的影響の分類

　これまで紹介したように対人的影響にはさまざまな要因が関わっており，受け手に影響を及ぼしている。対人的影響は，与え手の意図の有無によって大きく2つに分けて考えられる（今井，2006）。つまり，意図的な対人的影響と意図的でない対人的影響があるのである。

　意図的な対人的影響は，これまで説明してきたように，与え手がある目標をもち，さまざまな影響手段を用いて，受け手に応諾をさせようと働きかけるものである。意図的な対人的影響は，明示性によってさらに2つに分けて考えることができる。明示性とは，与え手が受け手に働きかけていることが受け手に明示的であるかどうかということである。受け手が，自分は与え手から働きかけられているとわかるような，たとえば言語的に働きかける場合は，明示的であるといえる。一方，与え手が受け手にできるだけわからないような形で働きかける場合は，隠蔽的であるといえる。意図的で明示的な対人的影響には，依頼，要請，指示，命令，説得がある。説得については，以下の4.3で詳しく紹介する。一方，意図的で隠蔽的な対人的影響は，言語的なものと環境操作的なものに分けることができる。言語的なものには，4.1.3で述べたフット・イン・ザ・ドア法やドア・イン・ザ・フェイス法などがあり，これらは，受け手に提供する情報を制限して，受け手に特定の方向に自ら態度を決定させるものである。環境操作的なものとは，受け手のおかれている環境に手を加えるものである。たとえば，匂いや音楽などで受け手の態度や行動を変容させようとすることなどがある。

　一方，対人的影響には，与え手が目標をもたず，意識せずに受け手に影響を及ぼしてしまう場合も多く報告されている。次の節では，このような無意図的な対人的影響について紹介する。

4.2 対人的影響によって生じる現象

社会生活の中で欠かせない対人的影響には，意図的なものと意図的でないものがある。ここでは，与え手が意識せずに受け手に影響を及ぼしてしまう，意図的でない対人的影響によって生じる現象について紹介する。

4.2.1 社会的手抜き

他者と一緒に仕事をすると，1人で仕事をする場合よりも，手を抜く場合がある。これは**社会的手抜き**（social loafing）とよばれ，1人で作業するときの努力量に比べて，集団で作業するときの努力量が低下する現象である。リンゲルマンは，綱引き課題によって集団のサイズが大きくなるほど1人あたりの努力量が減少することを実験的に確認している（Ingham et al., 1974）。この実験では，1人でロープを引く条件と，他者と一緒にロープを引く条件が設けられた。その結果，他者と一緒にロープを引くときには，1人でロープを引くときよりも，平均して引く力が弱くなることが示された。さらに，ラタネらは，拍手課題や発声課題によってこの現象を確認している（Latané et al., 1979）。実験参加者は，実験者の合図により5秒間でできるだけ大きな拍手，あるいは大きな声を出すようにいわれた。リンゲルマンの実験でみられたように，1人

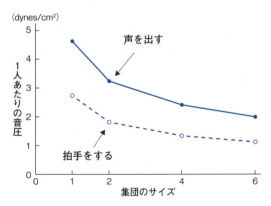

図 4.1 集団サイズごとの音圧の強度 (Latané et al., 1979)

より2人一緒のときのほうが，2人より6人一緒のときのほうが，1人あたりの音の大きさが減少していた（図4.1）。

なお，社会的手抜きには文化差が指摘されている。個人主義のアメリカ人のほうが集団主義の中国人より社会的手抜きが顕著であることが報告されている（Gabrenya et al., 1985）。

4.2.2 社会的促進と社会的抑制

誰もいない部屋で1人で仕事をするよりも，周りに他者がいる場合のほうが，仕事がはかどることがある。これは**社会的促進**（social facilitation）とよばれ，ある課題を行う場合に，他者の存在によって課題遂行が促進される現象である。前述の社会的手抜きは，他者と合同で作業が行われる場面で生じる現象であるが，この社会的促進は，他者が周囲に存在しているだけでも生じる現象である。トリプレットは，リール巻き課題によってこの現象を確認している。実験では，参加者が1人だけで課題を行う条件と2人一緒に並んで行う条件を設けた。その結果，2人並んでリール巻きを行ったときのほうが，1人だけで行ったときよりも，参加者はより早く釣り糸を巻いたのであった（Triplett, N., 1989）。

このように，他者が存在するだけで課題遂行が促進される現象が確認されているが，逆に，他者が存在することで課題遂行が抑制される場合もある。この現象を**社会的抑制**（social inhibition）という。

では，社会的促進はどのようなときに生じ，社会的抑制はどのようなときに生じるのだろうか。ハントらは，迷路課題を1人で行う条件と3人一緒に行う条件を設けて実験を行った。課題には単純迷路課題と複雑迷路課題があり，単純迷路は分岐点が2つに分かれ正反応率は50％であり，複雑迷路は分岐点が4つに分かれ正反応率は25％になっていた。単純迷路では，3人一緒に行う条件のほうが誤数が少ないが，一方，複雑迷路では1人で行う条件のほうが誤数が少ないことが示された（Hunt, P. J., & Hillery, J. M., 1973）。このことから，一般に，単純な課題では，他者がいるほうが遂行は促進されるが，課題が複雑になると，他者がいることによって遂行は阻害されると考えられる。

このような現象が生じる理由として，ザイアンスは，他者の存在はそれだけ

で覚醒水準を向上させ活動への動機を高まらせるため，そのような状況では，個人において優勢な反応が生じやすくなるからだと考えた．つまり，他者が存在する場合，成熟した課題では正反応が，未成熟な課題では誤反応が多くなると説明した（Zajonc, 1965）．

4.2.3 傍観者効果

多くの傍観者がいるほど，援助を必要としている人に対して手を差し伸べなくなるという現象を**傍観者効果**（bystander effect）という．この効果の研究は，キティー・ジェノビーズ事件に端を発している（6.1.3, 6.3.4 参照）．

この事件は，1964 年のある日の深夜，ニューヨークの住宅街で若い女性がナイフで刺され大声で助けを呼んだにもかかわらず，最後には殺されてしまったというものである．しかし，これが単なる暴漢による殺人事件であれば，それほど有名にはならなかったはずである．この事件は，周囲の多くの人々が気づいていながら，誰も助けようとはせず，女性が殺害されてしまったという点で特異なのである．彼女が帰宅途中に襲われ，悲鳴をあげたのは午前 3 時頃であった．後の調査によると，周囲のマンションで目撃していた者は 38 名もいた．彼らは，彼女の叫び声で目を覚まし外を確認したが，助けに降りたり，警察に電話する者は誰もいなかった．そして，彼女は殺されてしまった．

この事件は，モラルの低下，都会人の冷たさを象徴する事件として報道された．だが，これらとは異なった見解をダーリーとラタネは示した．目撃者が多いほど，自分が助けるのではなく誰かが助けるだろうと皆が考え，その結果，誰も助けようとしないというものである．つまり，傍観者の数が多ければ多いほど人は援助を控えてしまうということである．傍観者効果が生じる理由として，**責任の拡散**，**聴衆抑制**，**多元的無知**がある．責任の分散とは，自分がしなくても誰かが行動するだろう，他者と同じ行動をすることで責任や非難が分散されるだろうと判断することである．集団的抑制とは，行動を起こして失敗した際の，他者のネガティブな評価に対する不安から，援助行動が抑制されるというものである．多元的無知とは，周囲の人が何もしていないのだから，援助や介入に緊急性を要しないだろうと誤って判断してしまうことである．

表 4.1 集団サイズにおける援助率と反応速度 (Darley & Latané, 1968 を一部編集)

集団サイズ	援助率 (%)	時間 (秒)
2 (参加者と被害者)	85	52
3 (参加者, 被害者および他 1 名)	62	93
6 (参加者, 被害者および他 4 名)	31	166

　ダーリーとラタネは次のような実験を行って傍観者効果を示した。参加者に，「この実験は電話による情報交換のコミュニケーション実験です。グループで課題を解決してください」という教示を行い，2 人で行う条件，3 人で行う条件，6 人で行う条件を設けた。課題を行っている途中で，電話の相手が「助けて」と叫び，うめく声が聞こえるようになっていて，参加者が事件発生後，事態の急変を実験者に報告するまでの時間を測定した。その結果，人数が多くなればなるほど，援助率が下がることが示された（Darley & Latané, 1968；表 4.1）。援助可能な傍観者が多くなればなるほど，責任感が小さくなり，一人ひとりの援助行動が起こりにくくなるのである（6.3.4 参照）。

4.2.4　聞き漏れ効果

　自分が直接与え手から聞いた場合よりも，第三者として他者の会話から聞いた場合のほうがその内容に影響されやすいことを**聞き漏れ効果**（overheard effect）という。たとえば，買い物をしているとき，「あのお菓子美味しいよ」という他の買い物客の声が聞こえて，そのお菓子を買ってみたり，また，「A さんは良い人だよ」という会話が聞こえてくると，A さんは良い人なのかと思ったりすることがあるだろう。ウォルスターとフェスティンガーは，聞き漏れ効果を実験によって明らかにした（Walster, E., & Festinger, L., 1962）。彼らは，「タバコは無害である」「既婚の男子学生はもっと家庭のために時間を使うべきである」「1, 2 年の女子学生は（寮に入らなければならないが）本人が望むのであればキャンパス外で下宿できるようにするべきである」というテーマを用いて，実験を行った。実験では，統制条件と聞き漏れ条件を設けた。統制条件では，2 人の与え手の会話が実験参加者に聞かれていることを与え手が知

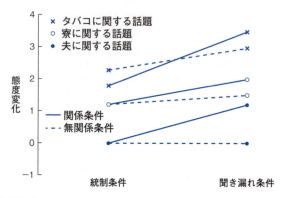

図 4.2 統制条件と聞き漏れ条件ごとの態度変化 (Walster & Festinger, 1962)

っていると実験参加者は認識していた。一方，聞き漏れ条件では，2人の与え手の会話が実験参加者に聞かれていることを与え手は知らないと実験参加者は認識していた。実験では会話を聞く前のテーマに対する賛成度と会話を聞いた後の賛成度が測定された。その結果，会話の内容が実験参加者にとって関わりのある場合（たとえば，既婚の女子学生が「既婚の男子学生はもっと家庭のために時間を割くべきだ」という話を聞く場合，喫煙者が「タバコは無害である」という話を聞く場合）に，統制条件に比べ聞き漏れ条件のほうがメッセージの内容に影響を受けていたことが示された（図 4.2）。

聞き漏れ効果が生じる理由として，ウォルスターとフェスティンガーは次の3つをあげている（Walster & Festinger, 1962）。第三者として会話を聞いた場合は，(a) 受け手がメッセージを偶然に聞くことになるので，受け手の構え（防衛）が低下するため，(b) 受け手がメッセージを聞こうという意図をもっていないため，(c) 与え手は，自分たちの会話を受け手が聞いているとは知らないので，与え手が受け手を説得しようとする意図を受け手が感じにくいため，聞き漏れ効果が生じると考えられている。

これらのことから，人に影響を与えるには，受け手が興味をもっているテーマについては，受け手に直接働きかけるのではなく，誰か他の人に働きかけているところを偶然に聞かせるのが効果的であると考えられる。

4.2.5 行動感染

　一群がある行動をすると，他の人もそれと同じ行動をとる現象を**行動感染**（behavioral contagion）という。たとえば，電車に乗っているときに向かいの人たちがいっせいに右側を見ると，自分も右側を見てしまうだろう。誰からも右側を見るように要請されていないにもかかわらず，何があるのだろうと気になり，向かい側の人たちと同じ方向を見てしまうことがある。この現象はミルグラムらによって明らかにされた（Milgram, S. et al., 1969）。ニューヨークの繁華街の歩道 1.5 m の幅を観察区域として，その中間地点でモデル（実験協力者）に通りの向かい側にあるビルの 6 階の窓を 60 秒間見上げさせ，通行人がモデルと同じ行動をとるかどうかを観察した。この実験では，モデルが 1 人の条件，2 人の条件，3 人の条件，5 人の条件，10 人の条件，15 人の条件を設けた。その結果，歩きながら見上げた人は，1 人条件の場合は，42％であり，15 人条件の場合は，86％であった。また，立ち止まって見た人は，1 人条件の場合は，4％であり，15 人条件の場合は，40％であった（図 4.3）。モデルの人数が増えるにつれて，モデルと同じ行動をとる人の比率が増加することが示された。この研究から，モデルの人数が行動感染に影響を及ぼすことが明らかとなった。

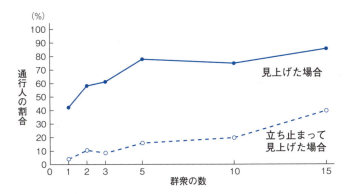

図 4.3　モデルの人数による見上げた人の割合 （Milgram et al., 1969）

4.3 説得的コミュニケーション

説得とは，人の態度を変化させる目的のために行われるコミュニケーション活動である。説得は，対人的影響の中でも意図的なものであり，与え手がある目標をもち，意図的に受け手に働きかけるものである。

では，受け手はどのようなプロセスで，与え手の説得メッセージを検討しているのだろうか。説得によって態度変化が生じるまでに受け手が行う情報処理の質が，形成される態度の持続性や安定度とどのような関係にあるかについて，2種類の対照的な情報処理様式が指摘されている。

4.3.1 ヒューリスティック-システマティック・モデル（heuristic systematic model；HSM）

人は，多くの場合は，迅速だがもっとも安直な情報処理にもとづいて態度を決定する。たとえば，専門家の話だから正しいのだろうと深く考えることなく受け入れてしまう。チェイケンらは，情報の中身を十分に吟味して熟考した上で態度を決定するのは，動機づけが高く十分な処理容量がある場合だけであると主張した（Chaiken, S., 1980；Chaiken et al., 1989）。情報の中身を十分に吟味して熟考する処理を**システマティック処理**（systematic processing），迅速だがもっとも安直な情報処理を**ヒューリスティック処理**（heuristic processing）とよび，前者のほうが態度は維持されると考えられている。

4.3.2 精緻化可能性モデル（elaboration likelihood model；ELM）

説得的コミュニケーションを受け取ったとき，受け手がその情報についてどれほど精緻化する可能性があるかによって，態度変容に至る経路が異なることが示されている。ペティらは，態度変容に至る経路として，精緻化可能性が高い場合にとる**中心ルート**（central route）と，低い場合にとる**周辺ルート**（peripheral route）の2種類を考え，精緻化可能性モデルを提案した（Petty, R. E., & Cacioppo, J. T., 1986）。中心ルートでは，メッセージの議論に対する入念な処理がなされ，その過程でメッセージの内容に対しどのような認知的反応

をどの程度したかによって態度変化の方向が決まる。周辺ルートでは，議論の本質とは関係がない周辺的手がかりにもとづいて，短絡的に判断がされる。受け手に，メッセージの情報を処理する高い動機づけと能力が十分にある場合には，精緻化可能性が高くなり，中心ルートを経由し，変容後の態度は安定的で強固だとされる。

4.4 説得過程を規定する要因

説得を効果的に行うにはどのようにしたらよいのだろう。説得効果を規定する要因については多くの研究が行われている（その概要を図 4.4 に示す）。以下では，主要な説得過程の規定因について紹介する。

4.4.1 メッセージ要因

説得において本質的な要因は，メッセージの内容である。メッセージの論拠が優れていれば説得は成功するだろう。だたし，それには受け手がその論拠を理解できる必要がある。ウッドらは，対象に関する受け手の知識水準が高い場合にのみ，論拠の強弱によって説得効果に違いが現れることを示した（Wood, W., 1985）。前節で紹介した HSM や ELM の観点から考えると，メッセージの

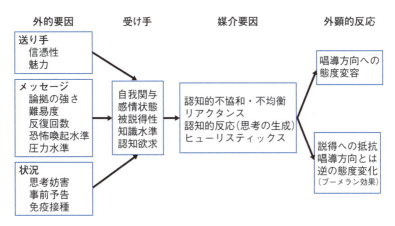

図 4.4　説得過程の規定要因（池上，2008）

内容が優れていたとしても，受け手にメッセージの内容を十分に処理する能力と動機づけがないとヒューリスティック処理や周辺ルートによる処理がされるため，強力なメッセージも効果がないことになる。

メッセージの中に修辞疑問文を多く挿入すると，受け手の自発的思考を誘発されるため論拠の強弱による差が明瞭になるという報告もある（Burnkrant & Howard, 1984；Howard, 1990）。一方，受け手の能力や動機づけが低い場合には，メッセージの長さや論点の数といった表面的な手がかりによって判断されることが示されている（Wood et al., 1985）。

一般的に，メッセージが受け手に恐怖を感じさせると態度や行動に変化が生じると考えられる（深田，1988）。たとえば，タバコの恐ろしさを訴えれば，止めようと努力すると考えるだろう。しかし，ジャニスとフェシュバックは，恐怖が強すぎると受け手は説得に対して回避的になり，効果が低減することを示した（Janis, I. L., & Feshbach, S., 1953）。ただし，やや強い恐怖を喚起された場合でも，説得に従えば確実に恐怖から逃れられると明言されると，示される論拠の強弱に関わらず説得されることが示されている（Gleicher & Petty, 1992；図 4.5）。

一方，高圧的な文言が含まれると，受け手は態度選択の自由を脅かされたと感じ，**リアクタンス**（reactance）が生起するため（Brehm & Brehm, 1981；上野，1989），議論の中身に関係なく説得効果が低減されることが明らかにな

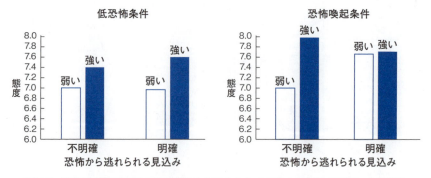

図 4.5 恐怖喚起の有無における恐怖から逃れられる見込みと論拠の強弱による態度の違い（Gleicher & Petty, 1992）

っている (Worchel & Brehm, 1970；上野と小川，1983)。

4.4.2　送り手要因

　同じメッセージでも，それがどのような人から伝えられるのかによって，説得効果は異なる。たとえば，インターネット上で誰だかわからない人が言っていることと専門家が言っていることでは**信憑性**（credibility）が異なり，そのため，受け手の反応も異なるだろう。新薬を宣伝する同じ内容の記事でも，それが医学専門誌に載っていれば信用するが，大衆紙であれば割り引いて考える。ホブラントとワイスは，同一のコミュニケーションでも，それが信憑性の高い送り手から伝えられたときと，信憑性の低い送り手から伝えられたときとでは，受け手の反応に違いがあることを実験によって示している（Hovland, C. I., & Weiss, W., 1951）。この実験では，実験参加者に4種類のトピックについてのメッセージを伝えるときに，その送り手の信憑性を操作した。当時まだ建造されていなかった原子力潜水艦について，それが可能であるとするメッセージが，物理学者のオッペンハイマー博士のものであるときと，ソビエト共産党の機関誌の「プラウダ」のときとで，メッセージの受け手である実験参加者の反応を比較した。その結果，送り手の信憑性が高いときに実験参加者はよりメッセージの方向に意見を変える傾向がみられた。この信憑性は，**専門性**（expertness）と**信頼性**（reliability）の2つの要素から成り立つ。専門性とは，送り手が専門的知識を有しているかどうかであり，信頼性とは，もっとも正当と考えられる主張を送り手に伝えているかどうかである。

　このように，信憑性が高いほうが説得効果が高まると考えられる。しかし，信憑性の低い送り手からのメッセージでも時間が経過すると説得効果が生じることが示されている（Hovland & Weiss, 1951；図4.6）。これは，メッセージの情報源，つまり送り手が誰であったかに関する情報が時間とともに低下するために起こると考えられている。この現象は**スリーパー効果**（sleeper effect）とよばれる。たとえば，大衆紙の記事の内容や噂話の内容でも，時間が経つと，専門家が主張した内容と同程度に説得されてしまうのである。

　送り手の特性によって説得されやすさが異なるのは，ヒューリスティック処

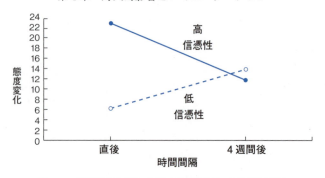

図 4.6 信憑性の高低における時間間隔による態度変化
(Hovland & Weiss, 1951)

理または周辺ルートによる処理がなされているからだと考えられる。したがって，たとえば，受け手が対象について直接経験を有しているような場合は，精緻な情報処理が可能になるため，送り手の信憑性は影響しなくなることが示されている（Wu & Shaffer, 1987）。

4.4.3 受け手要因

受け手の内的要因も説得過程に影響を与えており，受け手の**自我関与**（ego involvement）の程度が関与していることが示されている。シェリフとキャントリルは，個人の価値体系の中核をなす態度は容易に変容しないと述べている（Sherif, M., & Cantril, H., 1947）。ELM によれば，自我関与度が高い場合には，中心ルートによる処理が行われ，人はメッセージの内容を入念に吟味し慎重に態度を決定するが，一方，自我関与度が低い場合には，周辺ルートによる態度変化が生じることになる（Petty & Cacioppo, 1986, 1990）。また，ペティらは，自我関与度とメッセージの論拠，送り手の信憑性との関係を次のような実験によって検討している。大学生の実験参加者に，卒業の要件として 4 年生に試験を課すべきであるという内容の話を聞かせ，それに対する賛成度を尋ねた。実験参加者が試験の実施対象に入るかどうかによって自我関与度を操作し，統計資料を示すかどうかによって論拠の強さを操作し，情報源が高校生か大学教授かによって信憑性を操作した。その結果，話題の個人関与度が高いときに

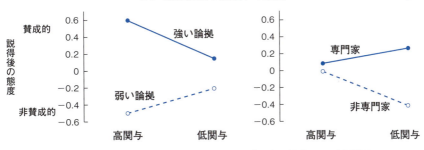

図 4.7　自己関与の高低におけるメッセージ内容が態度に及ぼす影響
(Petty et al., 1981)

は，論拠の強弱が説得効果を規定したが，関与度が低いときには，送り手の信憑性の高低に左右されることを明らかにしている（Petty et al., 1981；図 4.7）。

メッセージが与えられたときの受け手の感情状態も説得効果に関係することが示されている（Schwarz et al., 1991）。一般に，受け手が気分の良くないときよりも，気分の良いときのほうが，説得は受け入れられやすい。なぜなら，気分の良いときは，情報がシステマティックに処理される程度が低下し，ヒューリスティックによる処理，つまり送り手の信憑性のような周辺的手がかりにもとづく処理がされ，内容を十分吟味せずに態度を決定する傾向が強まるからである（Worth & Mackie, 1987；Mackie & Worth, 1989）。

4.4.4　状況要因

説得は，それが行われる場や状況によっても，効果が異なる。メッセージが与えられるときに，受け手の思考が妨害されるようなことがあると，内容の入念な吟味がなされず，強力な論拠も効果をもたないことが示されている（Petty et al., 1976）。

また，説得を行う前にそれを**予告**（forewarning）すると，説得効果が低減することが明らかになっている（McGuire & Papageorgis, 1962；Freedman & Sears, 1965；上野，1983）。事前予告は受け手に反論を考える機会を与えることになるため説得への抵抗が増すと考えられている（Petty & Cacioppo, 1977）。ペティらは，大学生を参加者として，これから始まる講義の内容を予

表4.2 予告が説得効果に及ぼす影響（Petty & Cacioppo, 1977を一部編集）

	予告あり	予告なし
反対意見	1.70	0.00
賛成意見	0.85	0.00
中立意見	2.50	4.70

表4.3 自己関与度の高低と予告の有無が態度変化に及ぼす影響
（Apsler & Sears, 1968を一部編集）

	高自己関与	低自己関与
予告あり	1.5	2.4
予告なし	1.8	0.7

告した。予告は，1，2年生は全員入寮するべきであるというものであった。講義が始まるまでの待ち時間の間に考えた内容とその数を調べた結果，予告を受けた条件では，賛成意見の数が少なく，待っている間に反対意見を多く考えていたことが示された（**表4.2**）。

ただし，話題に対する個人的関心度が低いときには，予告によって，受け手の問題意識が高まり，説得効果が増大することも示されている（Apsler & Sears, 1968；**表4.3**）。

説得に抵抗できたほうがよい場合もある。たとえば，悪徳商法や反社会的集団の勧誘など，自分にとって良くないことから身を守ることが必要だからである。マクガイアーは，あらかじめ送り手が主張するであろう論点を受け手に知らせて，それに対する反論を準備させることで，説得への抵抗力をつけられることを示した（McGuire, W. J., 1964）。マクガイアーとパパゲオルギスは，実験参加者が自明の理として確信している説に対して，それを支持する意見をあらかじめ読んだり書いたりしておく条件（支持的防衛条件）と，それに対する反論とその反論を論破する意見を読んだり書いたりしておく条件（反駁的防衛条件）を設けて実験を行った。その結果，支持的防衛条件よりも，反駁的防衛条件のほうが，その説に反対する説得に対して，より抵抗できることが示された（McGuire, W. J., & Papageorgis, D., 1961）。これは，予防接種によっ

て病原菌に対する耐性を高めておくようなものであることから，**接種理論**（inoculation theory）とよばれている。

● **練 習 問 題**

1. 日常場面におけるフット・イン・ザ・ドア法とドア・イン・ザ・フェイス法の具体的な例を考えてみよう。
2. 社会的手抜きによって，どのような現実の問題が生じているのか，具体的な例をあげながら議論しよう。
3. 自分にとって良くない説得（悪徳商法など）に応諾しないようにするにはどのようにすればよいだろうか。本章の内容にもとづいて議論しよう。

● **参 考 図 書**

今井芳昭（2006）．依頼と説得の心理学——人は他者にどう影響を与えるか——　サイエンス社

　対人的影響のうち，とくに意図的な対人的影響について，実験や調査にもとづきながら解説している。図解も多くされて平易な言葉でわかりやすくまとめられている。

チャルディーニ，R. B.　社会行動研究会（訳）（2014）．影響力の武器［第3版］
　　——なぜ，人は動かされるのか——　誠信書房

　さまざまな応諾誘導の原理やその防衛法について，実験や考察を基に説明している。

池上知子・遠藤由美（2008）．グラフィック社会心理学［第2版］　サイエンス社

　社会心理学の研究内容を，図表を多く用いて解説してある。対人的認知における非意図的な影響についても紹介されている。

5 対人関係

　私たちはたくさんの他者と関わって生活している。日常の対人関係は，関わりの浅い関係から，友人・恋人などの親しい付き合い，生活を共有し共に歩んでいくような配偶者関係までさまざまである。社会心理学では，各対人関係の特徴や，出会いから別れまでの過程など，対人関係に関わるさまざまなテーマが研究されてきた。本章では，見知らぬ2人の出会いから，対人関係の発展，関係維持や崩壊に関わる要因についてとりあげる。私たちが対人関係を築く上での重要な点を学ぶとともに，対人関係を通じてもたらされる葛藤やその対処について理解を深めることを目的とする。

5.1 対人関係の始まり，出会い

私たちがたくさんの他者と出会う中で，親しくなりたいと感じたり，好意をもったりするのはどのような他者なのだろうか。人々が他者に魅力を感じるあるいは好意をもつ要因については，「**対人魅力**（interpersonal attraction）」というテーマで研究されてきた。まずは，対人魅力の規定因についてみていくことにしよう。

5.1.1 物理的近接性

家が近所だった，教室で席が近かったなど，物理的に近いところにいる他者と親しくなった経験のある人は多いだろう。ある学生寮において，部屋の近さと入居後6カ月後の友人関係について調査した研究では，同じ棟で同じ階に住む者同士が友人になりやすく，同じ階でも部屋が近いほど友人になりやすいことが示されている（Festinger et al., 1950）。

ではなぜ物理的に近い位置にいる他者と親しくなりやすいのだろうか。その理由の一つは，単純に近いところにいるために接触の機会が多くなることがあげられるだろう。ザイアンス（Zajonc, R. B., 1968）によると，私たちは接触機会が多いものを好むという熟知性の効果（**単純接触効果**；mere exposure effect）が示されている（図5.1）。

見たことのない新規の刺激は，私たちにとって安全か危険か不確かなものである。しかし，何度もその刺激に接触するうちに，その不確かさが軽減され，見慣れたものとして親しみを覚えるようになる。つまり，物理的に近いところにいる相手とは，接触の頻度が自然と多くなり，見慣れた相手となるため，好意を抱きやすくなるというわけである。しかし，自分がネガティブな感情を抱いている相手に対しては，接触回数を重ねても単純接触効果がみられないことも示されており（Perlman & Oskamp, 1971），嫌いな相手に関してはいくら近くにいて頻繁に顔を合わせても好きにはなれないようである。

その他，近くにいる相手に好意を感じる理由として，関係維持にかかるコストが少ないことがあげられる。近いところにいる相手とは，会うのにも時間や

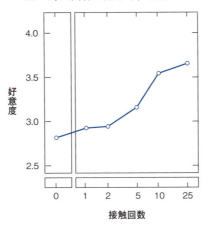

図 5.1　写真を見た回数と好意度（Zajonc, 1968）
大学生に 12 枚の見知らぬ人物の顔写真を提示し，各人物への好意度を評価させた。写真によって提示される回数が異なり，提示された回数（接触回数）が多いほどその写真人物への好意度が高くなることがわかった。

お金，労力がかからないが，遠い相手はその分さまざまなコストがかかるだろう。私たちの対人関係の成立や持続には，その関係から得られる報酬から関係に費やされるコストを引いたときの値（成果）の大きさが重要であるという理論がある（**相互依存性理論**（interdependence theory）；Thibaut & Kelley, 1959）。つまり，身近な相手は，付き合いにかかるコストが少ない分，関係から得られる報酬が大きくなるため，関係が成立しやすいといえる。

5.1.2　外見的魅力

　一般的に，外見的魅力の高い他者が好まれることは，これまで多くの研究から示されている。ウォルスターら（Walster, E. et al., 1966）は，初対面同士が組になるダンス・パーティに集まった大学生に，パートナーとなった相手に対する好意を評定させ，その好意度に影響するパートナーの要因を調べた。その結果，パーティ前に回答されたパーソナリティに関するいくつかの指標，学業成績，実験者による外見的魅力の評定値など，さまざまな要因のうち，外見的魅力の評定値がもっとも好意と関連していた（**表 5.1**）。すなわち，外見の良い参加者ほど，パートナーから好意をもたれていた。

表 5.1　パートナーへの好意度との相関係数 (Walster et al., 1966 より作成)

	男性	女性
外見的魅力	.36	.44
通っていた高校の成績ランク	−.18	−.07
学業テスト成績	.04	−.05
社会的関係における問題 （スキルやマナーのなさなど）	−.11	−.18
性度（男性性―女性性）	−.12	−.10
社会的内向性の高さ	−.10	−.08
自己受容の高さ	.14	.03

数値の絶対値が高いほど，好意との関連が強いことを示す。

　外見が良い他者に魅力を感じる理由には，美人ステレオタイプがあげられる。**美人ステレオタイプ**とは，「外見が良い人は，善良である」という外見的魅力への先入観や固定観念のことである。実際に，多くの人は外見的魅力の高い人について，性格も好ましく，社会的に成功しやすく，幸福な人生を送るであろうと，すべての点において好ましい評価をしていた（Dion et al., 1972）。部分的な評価をその人物の全体的評価にまで広げてしまう現象は**光背効果（威光効果，ハロー効果**（halo effect））とよばれるが，私たちは相手の見た目が優れているというだけで，その他の面も優れていると判断してしまうことがある。また，物語や映画などでは主人公の容姿が優れていることが多く，そのような映像や広告などを目にすることで，外見的魅力の高い人ほど望ましいといった考えが学習されやすい（Berscheid & Walster, 1974）。

　さらに，外見的魅力の高い人と親しくなることにはさまざまなメリットがある。たとえば，外見的魅力の高い優れた人を惹きつける魅力が自分にあるということを他者に示すことができる。実際に，外見的魅力の高いガールフレンドを連れた男性は，観察者から全般的に肯定的な判断をされており，好印象を抱かれていた（Sigall & Landy, 1973）。このように，外見的魅力の高い他者との付き合いから生じるメリットも，外見的魅力の高い他者が好まれる理由といえるだろう。

5.1.3 人格的特徴

　ある他者が信頼できる人かどうかや，好意をもてる人かどうかの判断には，当然ながらその他者の人柄（行動パターンや性格）が関わってくる。表 5.2 は，100 人の大学生が回答した，好きな性格の上位 10 と下位 10 である（Anderson, 1968）。

　好まれる性格についての国内外の調査から，アメリカでは「正直さ」が，日本では「優しい人」がより好まれるなどの差異があるものの，好ましいとされる人柄はほぼ国や性別などに関係なく同様であったことがわかっている（たとえば青木，1971）。また，外向的な人と内向的な人では外向的な人のほうがより好まれることも示されているが（Hendrick & Brown, 1971），これは一般的に外向的な人のほうが社会的に望ましいと考えられているからである（**望ましさ効果**；social desirability）。ヘンドリックとブラウン（Hendrick, C., & Brown, S. R., 1971）の研究からは，回答者自身が外向的である場合には内向的な人より外向的な人を好む傾向が顕著なのに対し，回答者が内向的な場合には，外向的な人と内向的な人への好意の差が小さかった。つまり，自分と同じ性格の相手に対して好意を感じるという類似性の効果も示唆されたのである。好意に対する類似性の効果については後に述べるが，性格に関しては類似性の効果よりも望ましさ効果のほうが大きく，とくに「パーティで同席するとき」

表 5.2　大学生が好む/好まない性格特性の上位と下位 10 語
（Anderson, 1968 より作成）

	好まれた性格	好まれなかった性格
1	誠実な	うそつき
2	正直な	いかさま師
3	理解のある	下品な
4	忠実な	残虐な
5	信用できる	正直でない
6	当てにできる	信用できない
7	知的な	不快な
8	頼りになる	意地悪な
9	心の広い	卑劣な
10	思慮深い	だます

「リーダー」などの場面においては外向的な人が好まれるようである（たとえば中里ら，1975）。その他にも，社会的に私たちが好ましく感じる性格には，明るさ（外向的，社交的，ユーモアがある等），思いやり（優しい，協調性がある，思いやりがある等），バイタリティ（生き生きしている，積極的等）などがあげられている（松井，1993）。

5.1.4 類似性

私たちは，自分と意見や価値観，態度が類似した他者に好意を感じる（**類似性魅力仮説**（similarity-attraction hypothesis））。バーンとネルソン（Byrne, D., & Nelson, D., 1965）は，参加者に対してさまざまな項目に対する態度をあらかじめ測定しておき，その回答をもとに，参加者との態度の類似度を操作したにせの学生の態度調査票を作成した（100％類似，67％類似，50％類似，33％類似，等）。参加者はにせの学生の態度調査表を読み，その学生への好意度を回答したが，態度の類似度に応じて，好意度に違いがみられた。すなわち，類似度の比率が高くなるほど，その学生に対する好意度が高くなることが示された（**図5.2**）。

態度が類似した他者に魅力を感じる理由の一つに，**合意的妥当化**（consensual validation）があげられる。私たちは，自分の意見や態度が正しいものであることを望んでいるため，自分と似たような意見や態度をもつ人と関わるこ

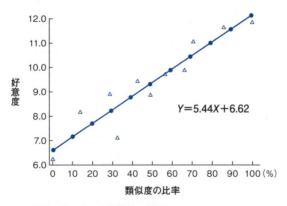

図5.2 **態度の類似度と好意度との関係**（Byrne & Nelson, 1965）

とで，やはり自分の意見や態度は正しかったのだと確認でき（合意的妥当性の付与），快感情が生じるのである。

また，自分と似た他者の行動は予測や理解がしやすく，共同で作業をする際にも，スムーズで快適な相互作用が期待できる。よって，よきパートナーになり得る相手として，自分と似た相手に魅力を感じるといえる。

5.1.5 好意の表明

人は，自分に好意的に接してくれる人に好感をもつ。好意には返報性があり，好意をもたれていることがわかると，相手に好意を抱くようになるのである（Curtis & Miller, 1986）。また，人には社会的承認欲求があるため，相手から認められたり，肯定的に評価されたりすると，相手に好意を抱くようになる（たとえば Backman & Secord, 1959）。しかし，他者が自分を評価する順序によって，相手への好意度が異なってくることも示されている。アロンソンとリンダー（Aronson, E., & Linder, D., 1965）は，女子大学生が4つの実験条件で他者から評価されるという実験を行った。4つの実験条件とは①最初は否定的評価をされるが，途中から肯定的評価をされる条件（否定的評価―肯定的評価），②最初から最後まで肯定的評価をされる条件（肯定的評価―肯定的評価），③最初から最後まで否定的評価をされる条件（否定的評価―否定的評価），④最初は肯定的評価をされるが，途中から否定的評価をされる条件（肯定的評価―否定的評価）であった。実験後に自分を評価した他者への好意度（－10から＋10。得点が高いほど好意的）が測定されたが，好意度を4つの実験条件で比較すると，①否定的評価から肯定的評価をされる条件（否定的評価―肯定的評価）の好意度がもっとも高く，④肯定的評価から否定的評価をされる条件でもっとも好意度が低いことが示された（**表5.3**）。

この結果の理由として，評価から得られる報酬と損失があげられる。肯定的評価を受けると自尊心が向上するが（報酬），最初に否定的評価を受けた後で肯定的評価を受けた場合，自尊心の向上だけでなく最初の否定的評価によるネガティブな感情が消える（報酬）。すなわち，否定的評価から肯定的評価を受けた際には，ただ肯定的評価を受けたときよりも相手から得られる報酬が多い

表5.3 相手からの評価の推移と相手への好意
(Aronson & Linder, 1965をもとに作成)

実験条件	平均値	標準偏差
①否定的評価―肯定的評価	+7.67	1.51
②肯定的評価―肯定的評価	+6.42	1.42
③否定的評価―否定的評価	+2.52	3.16
④肯定的評価―否定的評価	+0.87	3.32

ため，相手への好意も大きくなる。一方で，否定的評価を受けると私たちは自尊心が低下する（損失）。しかし，肯定的評価を受けた後に否定的評価を受けると，その落差により自尊心の低下はより大きくなるだろう。そこに，最初の肯定的評価に付随していた報酬が取り除かれるという損失がさらに加わる。すなわち，ただ否定的評価を受けたときよりも，最初に肯定的評価を受けた後に否定的評価を受けるほうが損失が多いため，相手への好意がより低くなるというわけである。このように，相手からの肯定的/否定的評価の順序によって評価者への好意が変わるという現象は**ゲイン―ロス効果**（gain-loss effect）とよばれる。

　ゲイン―ロス効果のその他の理由としては，相手からの評価が変化することで，相手がきちんと人物を見て評価していると感じ，相手の評価をより重視しやすくなることがあげられている。したがって，単に肯定的評価や否定的評価を受けるよりも，途中で評価が変わるほうがその評価が重視されるため，好意度への影響も大きくなると考えられている。

5.1.6　感情状態

　恐怖や不安などの感情を感じているときには，他者への親和動機（一緒にいたいという気持ち）が強くなることが示されているが（たとえばSchachter, 1959），感情状態によって相手に好意を抱きやすくなるときがある。ダットンとアロン（Dutton, D. G., & Aron, A. P., 1974）は，次のような実験を行っている。まず，吊り橋，あるいはしっかりとした固定橋をちょうど渡ってきた男性に対し，それぞれの橋の上で実験者が実験に協力してほしいと要請する。

5.1 対人関係の始まり，出会い

表 5.4 吊り橋実験の結果 (Dutton & Aron, 1974 より作成)

実験者の性別	場所	実験に協力した人数	電話番号を受け取った人数	電話をかけてきた人数
女性	固定橋	22	16	2
	吊り橋	23	18	9
男性	固定橋	22	6	1
	吊り橋	23	7	2

　実験に協力すると答えた男性には，その場で簡単な実験作業をしてもらい，この実験に関する説明の連絡先として，実験者が電話番号を渡した。電話番号を受け取った男性のうち，後日実際に電話をかけてきた人の割合を調べたところ，吊り橋の上で魅力的な女性実験者から電話番号を渡された場合に多いことが示された（表 5.4）。吊り橋の上で魅力的な女性実験者に会った男性は，吊り橋の不安定さによって生じた生理的興奮状態を，女性実験者の魅力によって起こったと思い，好意を抱いたと考えられている。このように，生理的に興奮した状態で魅力的な相手に出会うと，生理的興奮の原因の間違った解釈によって，相手に好意を抱きやすくなるのである。

　また，ひどく落ち込んでいるときに好意を示してくれた相手に好意を抱きやすくなることも示されている。ウォルスター（Walster, E., 1965）は，参加者の女子大学生に性格検査を受けてもらい，待ち時間に男子大学生からデートに誘われるという実験を行った。女子大学生たちには性格検査の結果がフィードバックされるが，彼女らは良い結果を聞かされる群と，悪い結果を聞かされる群にランダムに分けられていた。実験後，女子大学生たちに実験に関わった人たちの印象を評定させると，良い結果を聞いた群と悪い結果を聞いた群で，デートに誘ってきた男子大学生への好意度に違いがみられた。すなわち，性格検査の結果が悪かったと伝えられた女子大学生たちは，デートに誘ってきた男子大学生により好意を抱いていたのである。これは，悪い結果をフィードバックされて落ち込み，自尊心が脅威にさらされていたために，好意を示してくれて失いかけた自尊心を補強してくれた相手に好意をもったと考えられている。

5.2 対人関係の形成と発展

前節で対人魅力の規定因についてみてきたように，私たちはさまざまな条件で他者に魅力を感じ，惹かれることがある。しかし，他者に魅力を感じたとしても，その後関係が発展していくとはかぎらない。初対面の出会いから関係を発展させ，親密な関係になるまでには，どのような過程があるのだろうか。

5.2.1 SVR 理論

マースタイン（Murstein, B. I., 1977）は，関係の段階を，出会ってから友人になるまでの初期段階，友人からより親しい恋人関係になる中期段階，そして恋人から結婚相手になるまでの後期段階に分け，関係の発展に重要な要素として刺激（Stimulus），価値観（Value），役割（Role）をあげている（**SVR 理論**：Stimulus-Value-Role theory）。つまり，関係の発展には，まず初期段階において相手の外見的魅力などの要因が刺激となり，中期段階ではお互いの考えや価値観の類似性が重要となり，そして後期段階は共通の目的を達成するための役割分担がもっとも重要となってくる。私たちは出会った他者の中から，関係の段階に応じてさまざまな条件で親しく付き合う相手を選択しているという説（**フィルタリング理論**；filter theory）があり，その視点で考えると SVR 理論では，刺激，価値観，役割のフィルターによって，適した相手が選択され（合わない相手は除かれ），親しい関係性が構築されるといえる。その他，カーコフとデイビス（Kerckhoff, A. C., & Davis, K. E., 1962）は，初期には社会経済的背景の類似性，次の段階で態度や価値観の類似性，さらに次の段階では欲求の相補性によってフィルタリングされ，残った相手と親密な関係が形成されるとしている。

5.2.2 関係性のレベル理論

レヴィンジャーとスヌーク（Levinger, G., & Snoek, J. D., 1972）は，人と人の出会いから親密な関係が成立するまでの過程を，一方的なものから相互的な関係に発展していく4段階（レベル0～レベル3）とし，各段階の発展に重

5.2 対人関係の形成と発展

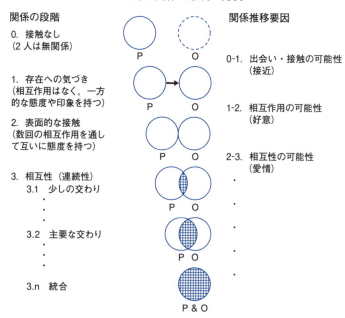

図 5.3 関係性のレベル (Levinger & Snoek, 1972)

要な要因をあげている（図 5.3）。レベル 0 は，2 人がまだ出会う前で無関係の状態（見知らぬ他者同士）であるが，たとえば家が近所であるなどの近接性や，同じ趣味をもっているなどの接触の機会が多いほど，相手の存在に気づきやすくなる。つまり，レベル 0 では物理的近接性や類似性などの要素が次の段階（レベル 1）に移行するために重要になる。レベル 1 は，相手の存在に気づく段階だが，まだ話しかけるなどの相互作用が行われない一方的な関係である。しかし，相手に惹きつけられ，話しかけたくなるような要素があれば，一方的な関係から相互作用の関わりをもつレベル 2 に進む可能性が高くなる。レベル 2 になると，相互作用はあるがまだ挨拶を交わす程度の表面的な関わりの段階である。社会的な距離を保ちながら，互いに当たり障りのない話題を交わす程度だが，このとき，会話の中で共通点を見つけたり類似性を感じたりすれば，一緒にいて楽しくなるだろう。また，相手が自分に好意をもっていることがわかれば，より相手に関わるようになり，次のレベルに進む可能性が高くなる。レベル 3 になると，相互作用が増えるため，互いのことをより深く知るように

なってくる。そして，相手を知ることで，理解したり共感したりしながら，信頼感を築いていく。また，その中で愛情を感じ一緒にいる時間が多くなることで，次第に共通の行動や態度をもつようになる。さらに，日々互いに頼り合うなど，互いの存在が密接になるほど一体感が強まり，親密な対人関係が成立するのである。

このように，親密になるほど，相手と自分の考え方や認識に重なる部分が増えていく。相手のことを，まるで自分のことのように感じるなど，相手と自分の区分が曖昧になり，一体感が増していくのである。アロンら（Aron, A. et al., 1991）は，既婚のカップルにさまざまな性格に関する言葉を提示し，自分と配偶者のどちらか一方あるいは両方にあてはまるかを判断させる実験を行ったところ，どちらか一方にしかあてはまらない言葉でも，一瞬両方にあてはまるように感じ，回答時間が遅れることがわかった。一体感の強い親密な関係ほど，相手のことも自分の中に包括され，自己が拡大したような感覚をもたらすと考えられている（Aron et al., 1995）。

5.2.3　自己開示と関係の発展

私たちの対人相互作用は，付き合いが浅いうちにはごく限られた表面的なものである。しかし，関係が発展するにつれて関わりの領域が広くなり，関わりの内容もよりプライベートで深いものになっていく。このように，関係の段階に応じて二者間の相互作用が広さ・深さともに段階的にかつ系統的に進行していくという考え方に，**社会的浸透理論**（social penetration theory；Altman & Taylor, 1973）がある。社会的浸透理論によると，二者間の関係の発展には**自己開示**（self-disclosure）が関わっている。

自己開示は，「特定の他者に対して，自分自身に関する情報を言語を介して伝達すること」（小口と安藤，1989）と定義される。付き合いの浅い関係では，ごく限られた領域の話題のみが交わされ，内容も表面的な会話が行われるが，関係が発展するにつれ，互いに自己開示の話題のバラエティが広がり，内容もよりプライベートで深いものになっていく（図5.4）。また，私たちには返報性の規範があり，相手から自己開示が行われると，相手の自己開示の質と量に

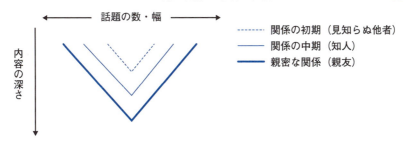

図 5.4 社会的浸透理論による関係の段階と自己開示の幅・深さ
(Altman & Taylor, 1973 をもとに作成)

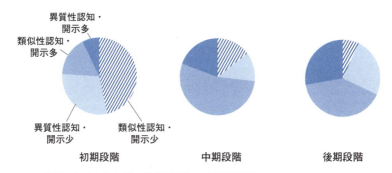

図 5.5 関係の段階と類似性・異質性認知,自己開示量（下斗米,1990 より著者作成）

応じて,同じだけの自己開示を返す傾向がある。つまり,片方が自己開示を行えば,もう片方もそれに応じて自己開示を返すというやりとりが繰り返され,互いのことをより広く深く知るほど相互の信頼が増し,親密な関係が形成されるのである。

自己開示と好意の関係では,関係の初期よりも関係が継続するにつれて自己開示による好意が大きくなること,自己開示と好意の関係は女性同士の間でとくに顕著であること,特定の相手への自己開示がとくに好意を高めること,自己開示の内容の幅よりも,内容の深さが好意にとっては重要であることなどが指摘されている（Collins & Miller, 1994）。

下斗米（1990）は,大学生の同性の友人関係について,段階を初期・中期・後期の3段階に分け,各時期における自己開示量と類似性・異質性の認知の特徴を調べた（図 5.5）。その結果,初期段階では自分と友人が似ていると感じ,

かつ，友人への自己開示が少ない人がもっとも多く，中期段階では自分と友人が似ていると感じ，かつ，自己開示が多い人が多くなっていた。そして，後期段階では，他の段階よりも，異質性を感じ，かつ，自己開示が多い人が多いことが示された。

関係の発展に関する多くのモデルに共通する点として，関係の初期は環境や身体的魅力などの表面的要素が重要であり，関係性が進むためには互いの類似性が重要になることがあげられる。さらに，より深い関係を築くには，類似性だけでなく，互いの異質性によって，2人が役割を適切に分担し合うことが重要になると考えられている。関係が進むほど，自分が不足しているところを補ってくれる，求めるものを与えてくれるかどうかが重要となり，互いに役割分担をして2人が共通の目標を達成できるよう協力して歩むことが求められるといえよう。

5.2.4 関係性の初期分化

これまで，対人関係の発展に関するいくつかの理論をみてきたが，これらの理論に代表されるように，対人関係は時間とともにいくつかの段階を経て発展していくという考え方を**段階理論**（stage theory）という。それに対し，親密な関係は出会った直後に決定されるという考え方もある。これは，**関係性の初期分化現象**（early differentiation of relatedness；Berg & Clark, 1986）とよばれ，「ある関係の出会いから初期の相互作用の様態が，後続の相互作用の型を決定し，ひいては関係そのものの発展または崩壊の方向を運命づけてしまうという現象」（中村，1991）である。山中（1994）は，大学新入生を対象に，入学式から1週間，2週間，4週間，約2カ月半経過した時点で，入学後に知り合ったある同性友人1名に対する親密さ（好意，関係関与度等）を縦断的に調査した。その結果，出会って2週間時点以降の親密度は2カ月半後の親密度と高い関連が示された（表5.5）。

さらにこの研究では，出会って2週間の時点での親密さの高低群で2カ月半後までの親密度の推移が調べられたが，その推移はほぼ変わらなかった。このことから，2カ月半後の親密さは，出会ってから2週間の時点ですでに予測で

5.2 対人関係の形成と発展

表5.5 関係親密度の時点間相関（男性＼女性）(山中, 1994)

	1回目	2回目	3回目	4回目
1回目		.677***	.627***	.484***
2回目	.581***		.882***	.736***
3回目	.461**	.903***		.865***
4回目	.266†	.659***	.687***	

男性：$N=43$, 女性：$N=51$
有意水準：†$p<.10$, **$p<.01$, ***$p<.001$

1回目は出会って1週間後, 2回目は出会って2週間後。3回目は出会って4週間後, 4回目は出会って2カ月半後の時点。

数値は絶対値が1に近いほど関係が強いことを示す。

きることが示された。なお，女性の場合は出会いから2週間の相互作用（一緒に行動する，会話する，助け合うなど）が2カ月後の親密度と関連し，男性の場合は出会って1週間から2週間までの相互作用（一緒に行動する）が2カ月後の親密度に重要であることも示された。山中と廣岡（1994）では，女子大学生の友人関係において，8カ月後の関係親密度が入学式から2週間後の相手への好意の違いで分化されることが示されている。

このように，日常生活においては，出会ったときに強く惹かれあってすぐに親密になる場合もあれば，日々相互作用を繰り返すうちに，だんだんと親密になる場合もあるだろう。初期分化現象と段階理論は，それぞれ私たちの日常的な対人関係を考えたときに，どちらも場合によって十分起こり得るものであるといえる。

5.2.5 親密な対人関係の形

日常生活にはさまざまな対人関係が存在するが，まず，そのやりとりの特徴から大きく分けると，交換関係（exchange relationship）と，共同的関係（communal relationship）がある（Clark & Mills, 1979）。交換関係は，付き合いの浅い相手や仕事上の対人関係などに代表されるような，相手から得た利益や資源に応じてそれを返し，将来の見返りを期待して相手に利益や資源を与

える関係である。一方で，共同的関係は，家族関係や友人関係，恋人関係などの親密な関係に多く，見返りの期待はなく，相手の幸福に関心や責任をもって相手に利益や資源を与える関係である。

　次に，友人関係と恋愛関係はどちらも親密な対人関係といえるが，この2つはどのように区別できるだろうか？　ルービン（Rubin, Z., 1970）によると，恋愛（love）と好意（like）のそれぞれを特徴づける要素は異なり，恋愛（love）の構成要素として「親和・依存欲求」「援助傾向」「排他性と一体化」，好意（like）の構成要素として「好意的評価」「尊敬と信頼」「類似性の認知」があげられた。これらの要素から恋愛と好意の得点をそれぞれ測定すると，デートの相手に対しては恋愛も好意も得点は高いが，同性の友人に対しては好意の得点のみが高いことが確認された（Rubin, 1970）。しかし，この2つの得点間にはある程度相関関係があったことから，恋愛と好意には共通する部分もあるようである。とくに，恋愛と好意の相関関係は，女性よりも男性で強かったことから，女性のほうが恋愛と好意の区別が明確であるといえるかもしれない。

　友情の要素については，ラ・ガイパ（La Gaipa, J. J., 1977）が，「友人になるために必要なこと」について調査した結果，①自己開示（自分のことを打ち明けられる），②信頼性（相手を信頼できる），③援助行動（困っているときに助けてくれる），④受容（認め，受け入れてくれる），⑤肯定的関心（価値のある人間であると思わせてくれる），⑥人格的強さ（自分の目標に向かって努力する），⑦類似性（考え方が似ている），⑧共感的理解（相手の気持ちがよくわかる）の8つが見出されている。中でも，信頼性は親しさに関わらずすべての友人関係において重要であり，自己開示は親しい友人関係においてとくに重要であることが確認された（La Gaipa, 1977）。

　デイヴィス（Davis, K. E., 1985）は，恋人や配偶者と親友の違いを図5.6のように考えた。質問紙調査から，恋人・配偶者関係では，「情熱クラスター」と「世話クラスター」が強く，友人関係では受容，理解，安定性が強いことが示された。しかし，恋人・配偶者関係はアンビバレンスで，葛藤や関係維持の努力なども同時に強いことが示されている。

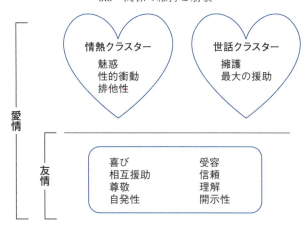

図 5.6 デイヴィスの愛情・友情モデル (Davis, 1985)

5.3 関係の維持と崩壊

ここからは，対人関係のもたらす葛藤や，関係維持と崩壊に関するモデルを通して，他者との付き合いにおける重要な点をみていくとしよう。

5.3.1 対人葛藤

親しい間柄になると，互いにぶつかり合うことも多くなる。相手のことを深く知ると，欠点も見えてくるだろう。他者との間で起こる葛藤は**対人葛藤**（interpersonal conflict）として研究されている。

対人葛藤とは，「一人の人間の行動が他の人の行動の妨害になるときに起こる相互作用過程」（Peterson, 1983）を指す。人と人が親密になるほど，そして影響を与え合う度合の高い相互依存的な関係（職場の人間関係，夫婦関係など）ほど，対人葛藤が生じやすくなる。

ゴットマン（Gottman, J. M., 1979）によると，新婚のカップルであっても，85種類もの対人葛藤がみられている。また，ケリー（Kelley, H. H., 1979）によると，大学コミュニティ内の100組の若い男女のカップルにおいて，約400もの問題があげられた。その他，若い既婚カップル52組に，それぞれ自分のパートナーにしてほしいあるいはやめてほしいと思うもっとも重要な事柄をあ

表 5.6 カップルにおける対人葛藤のカテゴリー (Kelley, 1979)

カテゴリー	パーセンテージ	
	1973年 面接 (100組)	1977年 面接 (52組)
1. 不十分で乏しいコミュニケーション	7.6	7.3
2. 攻撃的な行動や気質	4.3	3.8
3. 影響を及ぼそうとする,小言を言う,決定する	7.4	3.6
4. 感謝・理解・愛情を示さない	12.5	11.9
5. 独立・外部への関わり合い	6.9	0.1
6. 依存性,所有欲	3.1	3.3
7. 受動性,自信欠如,野心欠如	2.2	16.6
8. 心配過剰,強迫感,憂鬱	4.1	8.6
9. 無頓着,だらしなさ,衝動性	11.7	17.3
10. 余暇時間や生活の場所・方法の好みの不一致	9.9	8.3
11. 責任の分担,責任の遂行	13.0	6.4
12. パートナーの勉強や研究などの妨害	4.6	2.3
13. 社会的状況における不適切な行動	4.3	4.4
14. 両親に対する態度や行動	5.6	1.7
15. 友人に対する態度や行動	2.6	3.5

げてもらったところ,約700項目の事柄があげられた(Kelley, 1979)。これらの問題や事柄については,表5.6のようなカテゴリーに分類されている。

　しかし,対人葛藤の経験で,相互の関係性への依存が明確になったり,絆がより深まったりすることもある(たとえばBraiker & Kelley, 1979)。したがって,対人葛藤が生じた際に,お互いが自分や相手の行動をどのように解釈し,対応するかが,その関係の安定性にとって重要となるだろう。

5.3.2　対人葛藤の解釈

　私たちは何か出来事が起こったときに,その原因を探してしまう。とくに,よくない出来事が起きたときには,その原因を特定し,次に同じようなことが起きないように対処する必要があるだろう。しかし,2人の間に起きた共通の出来事であっても,その原因は実際には複雑であることが多く,何を原因だと考えるかが2人の間で一致しないこともある。ある出来事の原因をめぐる行為者とそのパートナーとの間の解釈の不一致は**帰属的葛藤**(attributional conflict）とよばれる。行為者はたいてい自分の行為の原因を状況やその行為の望ましさなどのせいにして弁解したり正当化したりする一方で，そのパートナーは行為者の行為の原因や動機をよりネガティブなもの（その人の性格の問題等）に帰属させやすいことが示されている（Orvis et al., 1976）。たとえば，ある夫婦において，夫が会社を出た後に急な飲み会に参加し，帰りが遅くなったときのことを考えてみよう。行為者である夫はその原因を「急な飲み会で断れなくてしかたがなかった」など，遅くなった理由を状況のせいにするかもしれない。しかし，妻のほうは「あなたが飲み歩くのが好きなだけじゃないの」等，夫の個人的な特徴のせいだと考えてしまうかもしれない。このように，2人の間で原因の解釈が食い違うのは珍しいことではない。

　ブレイカーとケリー（Braiker, H. B., & Kelley, H. H., 1979）によると，対人葛藤にはどこに問題を焦点化するかによって3つの水準がある。まず，葛藤が相手の特定の行動（部屋を散らかす，家事を手伝わないなど）に焦点化される場合である（行動の水準）。次に，約束を破ったなど，お互いが決めたルールや役割に焦点化される場合である（規範と役割の水準）。最後に，葛藤をその個人の性格や特徴に焦点化する場合である（個人的傾性の水準）。個人的傾性の水準は，その行動をとった人に対して「だらしない人だから」等，その人の内面に葛藤が焦点化されているため，もっとも深刻となる。先ほどの夫婦の例で考えると，妻が夫の帰りが遅かったことについて，「飲みに行って遅くなった」と怒っているのは，行動の水準の葛藤である。「遅くなるときには連絡するという約束を破った」と怒る場合には，規範と役割の水準の葛藤である。「飲み歩くのが好きで家庭を顧みない人だ」など，夫の個人的な特徴のせいであると感じて怒った場合は，個人的傾性の水準の葛藤であるため，関係の維持にとってもっとも深刻であるといえるだろう。

5.3.3 社会的交換理論

　対人関係の存続や崩壊についての理論の多くは，**社会的交換理論**（social exchange theory）をもとにして説明されている。私たちは他者との相互作用を通して，さまざまなものを交換しているが，交換されるものは，金銭をはじ

めとした物質だけでなく，愛情，賞賛，名声などの評価まで，さまざまである。この社会的交換から得られる報酬と相手に支払うコストによって，対人関係の満足度や関係の維持を説明する考え方が社会的交換理論である。

　社会的交換理論をもとにしたモデルはいくつかあるが，いずれも対人的相互作用を報酬や成果（関係から得ているもの）とコスト（関係に伴う負担），投資（関係維持への努力）といったもので説明される。たとえばアダムス（Adams, J. S., 1965）は，個人の投資量と成果量の比が等しい状態を衡平とし，衡平な関係が関係への満足感をもたらし，関係関与度を高めるとしている。162組の夫婦の投資量と成果量の比から，衡平でない夫婦ほど結婚満足度が低かったことを示す研究もある（Davidson, 1984）。

　その他にも，**互恵性**（reciprocity）が関係性の維持に重要な要素とされている。互恵性とは，何かしてもらったらそのお礼としてお返しをするということであり，多くの人々には互恵性規範があるとされている（Gouldner, 1960）。交際中の男女のカップルに対して，報酬（関係から得ているもの），コスト（関係のために費やすもの），コミットメント（関係の安定度と継続期待），関係満足度，怒り，罪悪感を調べた研究では，すべての項目において，男性側の回答と女性側の回答に相関がみられ，互恵性が成立していることが確認された（奥田，1994）。また，相手からの報酬と自分のコストが高いほど関係に満足していることも示されている。つまり，自分がコストを支払い，相手に報酬を与えると，相手は満足感を感じ，相手も自分にコストを支払って報酬を返す（互恵性）。このような相互循環過程が維持されることで，互いに満足できる関係でいられるといえるだろう。

　ティボーとケリー（Thibaut, J. W., & Kelley, H. H., 1959）の相互依存性理論では，関係性の維持は，関係から得られる報酬から関係に費やすコストを引いたときの値（成果）が大きいことが重要になる。ティボーとケリー（Thibaut & Kelley, 1959）の相互依存性理論を拡張したモデルに，ラズバルト（Rusbult, C. E., 1980, 1983）の**投資モデル**（investment model）がある（**図5.7**）。投資モデルによると，関係を維持し続けようとする意志や関わり（関与度）は，①関係性への満足度，②関係維持に費やした投資量，③代替関係（代

5.3 関係の維持と崩壊

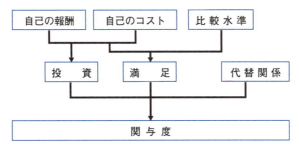

図 5.7　**投資モデル**（Rusbult, 1980；奥田, 1996）

替可能性：関係を解消することで得られるもの）の水準によって決定される。また，関係への満足度は，関係から得られる自己の報酬，関係にかかる自己のコスト，過去の対人関係から得られる比較水準によって左右される。関係維持に費やす投資量も，関係から得られる報酬，関係にかかるコスト次第である。

投資モデルから考えると，関係性に満足している場合や，あるいは関係維持のために時間や金銭などをつぎ込むなどの投資量が大きい場合には，関与度が大きくなり，関係は維持される。逆に，関係性に不満がある，あるいは関係維持への投資量が少ない場合には，関与度は低くなり，関係は解消されるかもしれない。また，関係の代替可能性，すなわち関係を解消することの魅力（もっと素敵な人と付き合える等）が高くなるほど，関与度が低くなる。友人関係や恋愛関係どちらでもこの投資モデルは支持されており，自分の費やしたコストが多いほど，成果量が高いほど，代替可能性が低いほど関係を維持しようとする意志が高いことが示されている（中村，1990；和田と山口，1999）。

5.3.4　対人葛藤の解決方法

対人葛藤は，親密な関係の危機ともいえる一方，対処次第では絆を深めるきっかけにもなる。対人葛藤時の行動には，「退去（exit）」「発言（voice）」「忠義（loyalty）」「無視（neglect）」の4つがあげられている（図 5.8）。「退去」は，別れや関係の解消を指し，能動的に関係を破壊する行動である。「発言」は問題について話し合い，第三者などに援助を求めることを指し，能動的に関係を修復（建設）する行動である。「忠義」は，事態が改善することを待ち望む，

図 5.8 対人葛藤時の行動 (Rusbult, 1987)

表 5.7 各反応の内容と起こりやすい関係のパターン (Rusbult, 1987 より作成)

反応	内　　容	反応の起こりやすいパターン		
		満足度	投資量	代替可能性の質
退去	公式な別れ，共同生活の解消，相手を罵る，離婚する，別れへの脅し，相手に金切り声をあげる。	低い	低い	高い
発言	問題について話し合う，友人やセラピストへ援助を求める，解決法を提案する，自身を変えるあるいは相手が変わるように促す。	高い	高い	高い
忠義	物事が改善されることを待ち望み続ける，パートナーを信頼し続ける，改善を祈る。	高い	高い	低い
無視	パートナーを無視する，一緒に過ごす時間を短くする，問題について話し合うのを避ける，実際の問題に関係ないところで相手を批判する，物事が悪くなるままに任せる。	低い	低い	低い

パートナーを信頼し続けることを指し，受動的で建設的な行動である。「無視」は，パートナーを無視したり避けたりし，物事が悪くなるままにまかせることを指し，受動的で破壊的な行動である。この4つの行動の起こりやすさは，投資モデル（図5.7）の満足度，投資量，代替可能性によって決まるとされている（表5.7）。

ラズバルト（Rusbult, C. E., 1987）によると，これらの行動は，順に生じることもある。すなわち，2人の間に何か問題が生じると，まず忠義が起こり，問題の改善を期待する。しかし，それでも問題が改善されなかった場合，相手

との交渉や他者に援助を求めるなどの発言行動が生じる。発言行動がうまくいかないときには，無視行動が起こり，それでも葛藤や問題が解決できないときには退去行動が生じる。

ダック（Duck, S. W., 1982）は，関係の崩壊に関する過程をモデル化している。親密な関係において不満を感じ，我慢できないときにはその問題に個人的に取り組む「内的取り組み段階（intrapsychic phase）」が開始される。すなわち，不満の原因は何か，相手が適切に役割を遂行しているか，代替可能性による報酬やコストはどうかなどが評価される。また同時に，相手への満足度を高めようとしたり，相手の行動を調整したりなどの行動が行われる。それでも不満が解消されないときには，「関係的段階（dyadic phase）」に移行し，2人がお互いの関係を見直し，不満や意見を述べ，関係を修復するか解消するかを選択する。もし，関係の解消が現実的であると判断された場合には，関係の解消後の相談や関係の解消を公表し，自身の面目を保とうとする「社会的段階（social phase）」が開始される。最後に，崩壊した関係を完全に清算し，次の新しい関係へ移行できるようにする「思い出の埋葬段階（grave-dressing phase）」に至る。たとえば，思い出の場所を訪れる，記念の写真を破棄するなどの行動があげられる。大学生の失恋時の行動を調べた研究では，男性は「やけ酒」「車やオートバイでドライブ」「旅行」，女性は「やけ食い」「衝動買い」などの発散的な行動が多く，落ち込み度の高い男性は「友人に相談」「手紙を燃やす」，落ち込み度の高い女性は「日記を読み返す」などの行動が多いことが示された（飛田，1992）。

5.3.5 関係崩壊後の心理

親密な関係の崩壊，つまり別れの後には，強い悲しみや苦しみなどのネガティブな感情が生じる。とくに，男性においては交際中に相手を愛していた程度が強い人ほど別れのときのネガティブな心理的反応が強いこと，女性においては交際中に相手を愛していた程度が強いほど，相手への償いや罪悪感を強く感じていたことが示されている（飛田，1992）。その他，別れの後には相手への怒りや攻撃などの反応が起こることもある（Baumeister et al., 1993）。さらに

シンプソン（Simpson, J. A., 1987）によると，交際期間が長いほど，親密度が高いほど，新しい恋人を見つけにくいと感じているほど，失恋時の苦痛が大きく，長期に持続しやすい。

　回復までの時間には，失恋時にどのような対処をしたかも関わっている。失恋相手との別れを後悔する"未練型コーピング"や失恋相手を憎んだり意図的に忘れようとしたりする"拒絶型コーピング"をとると，失恋に伴うストレス反応が増加し，回復期間が長引く（加藤，2005）。一方で失恋に対して肯定的解釈をする，別の異性へ置き換える，気晴らしをするなどの回避型コーピングは失恋に対する効果的な方略であることが示唆されている。失恋とは，親密な関係の修復が見込めない，いわばコントロール不可能な状況であり，そうした状況では回避的な方略が有効のようである。

　失恋経験は非常にストレスフルでつらい体験だが，失恋から立ち直ることによって，精神的な成熟につながる可能性がある（Harvey, 2002 和田と増田訳 2003）。たとえば，失恋から立ち直ることで，社会的スキルが向上すること（堀毛，1994）や，自己への洞察が深まり，「よい人生経験になった」など，人生の意味づけに肯定的な側面をもたらす可能性が示されている（Tashiro & Frazier, 2003；宮下ら，1991）。

5.4　おわりに

　本章で見てきたように，長い人生の中で，私たちは多くの出会いを経験し，さまざまな関係を築いていく。他者との付き合いは楽しいことばかりではないが，互いに思いやり，支え合うことのできる関係は生きる上で欠かせないものである。時には衝突し傷つけ合うこともあるかもしれないが，長く付き合うためには互いに粘り強く葛藤に対処していく努力が必要になる。たとえ関係が崩壊しても，その経験から得るものは大きいだろう。葛藤や苦しみを乗り越えて築き上げるからこそ，身近な対人関係のありがたさ，大切さがあらためて認識されるのである。

●練習問題

1. あなたと付き合いの深い身近な他者を思い浮かべ，その相手と親密になったきっかけとしてどのような対人魅力要因が関わっていたのか，考えてみよう。
2. あなたの現在に至るまでの対人関係を振り返り，その関係の形成について，各段階理論や初期分化現象から議論してみよう。
3. あなたがこれまで感じたことのある対人葛藤について考えながら，他者と関係を維持し，崩壊を防ぐために，今後どのような関わり方が重要だと思うかについて，関係の維持と崩壊に関わる理論をもとに議論してみよう。

●参考図書

奥田秀宇（1997）．人をひきつける心――対人魅力の社会心理学――　サイエンス社

　対人魅力に関するさまざまな要因について，どのように研究されてきたのか，初学者でもわかりやすく解説してある。

松井　豊（1993）．恋ごころの科学　サイエンス社

　恋愛関係の成立や関係の発展についての調査や研究の結果が紹介され，まとめられている。

大坊郁夫・奥田秀宇（編）（1996）．親密な対人関係の科学　誠信書房

　親密な対人関係をめぐる一連の研究が紹介されている。恋愛関係と友人関係それぞれについて理論が整理され，詳しくまとめられている。

加藤　司・谷口弘一（編著）（2008）．対人関係のダークサイド　北大路書房

　対人関係に伴って生じる可能性のあるネガティブな問題（浮気，嫉妬，怒り等）について紹介されている。

向社会的行動：援助行動

　援助行動とは，人を助ける行動のことである。これに「思いやり」という言葉をあてる人もいる（たとえば『冷淡な傍観者——思いやりの社会心理学』(Latané & Darley, 1970 竹村と杉崎訳 1997)）。しかし，援助するのは思いやりのある人，しないのは思いやりのない人，といった単純な説明では足りない。なぜなら，援助は，援助をする人とされる人との相互関係の中で行われるものだからである。本章では，援助をする人とされる人双方の心理を含めて，多面的に探っていく。

6.1 援助行動とは

6.1.1 援助行動の種類

援助行動（helping behavior）とは，端的にいえば「人（他者）を助ける行動」のことである。ただし，人が人を助けるという行動には，非常にさまざまなものがある。高木（1982）は援助行動を研究の対象とするにあたって，まずどのような行動があり得るのかを明らかにすることが必要であることを指摘し，そのための分類学的な研究を行っている。表 6.1 は，高木（1982）によって示された援助行動の種類と具体例である。

表 6.1 援助行動の分類（高木，1982 をもとに作成）

寄付・奉仕行動
　赤い羽根，助け合い，難民救済などの募金活動に参加する。
　ボランティア活動に参加する。
　献血に協力する。

分与行動
　財布を落とした人やお金の足りない人にお金を貸す。
　困っている人に自分の持ち物を分けてあげる。

緊急事態における援助行動
　乱暴されている人を助けたり，警察に通報する。
　ケガ人や急病人が出たときに介抱したり，救急車を呼ぶ。

努力を必要とする援助行動
　近所の葬式や引っ越しで人手のいるときに手伝う。
　自動車が故障して困っている人を助ける。

物を失った人に対する援助行動
　迷い子を交番や案内所に連れて行くなどの世話をする。
　忘れもの，落としものを届ける。

社会的弱者に対する援助行動
　子どもが自転車とか何かでころんだときに助け起こす。
　落として散らばった荷物を一緒に拾う。
　乗りものなどのなかで身体の不自由な人やお年よりに席を譲る。
　お年よりに切符を買ってあげたり荷物を持ってあげる。
　荷物を網棚にのせたり，持ってあげる。

小さな親切行動
　道に迷っている人に道順を教えてあげる。
　カサをさしかけたり，貸したりする。
　小銭のない人に両替してあげる。
　自動販売機や器具の使い方を教えてあげる。
　カメラのシャッター押しを頼まれればする。

トピック 6.1　進化心理学と援助行動

　援助行動の背景を説明する心理的基盤についての考え方の一つに，**進化心理学**（evolutionary psychology）がある（コラム 2 参照）。進化心理学は，ダーウィンの進化論に端を発する進化生物学をもとにしており，心のさまざまな働きもまた，他の生物的機能と同じように自然淘汰による進化の産物であるという視点から研究を行うアプローチである（平石，2014）。自然淘汰の考え方では，環境に対してより適応したものが生き残り，その遺伝子が受け継がれ，種としての性質を形作っていく。この考え方に従えば，困った人を見て助けたくなるのも，誰かに助けてもらってありがたく思う（感謝の感情をもつ）のも，自然淘汰の観点から適応的な意義をもち，そのような感情を支える遺伝子を多く残していることになる。人が互いに助け合おうとすることの重要性は，単に個人としてだけでなく，社会的な動物として集団で生き残ってきた人類という視点で考えると理解しやすい（齊藤，2011）。なお，進化心理学は特定の行動にかかわる遺伝子を直接に研究しているわけではないが，遺伝子レベルの基盤（遺伝型）をもちつつ表に現れる行動（表現型）がどのような適応的意義をもっているかについて説明しようとしており，援助行動も重要な研究対象の一つになっている。

6.1.2　援助行動の概念的定義

　前項では単純に「人を助ける行動」として援助行動を説明したが，実際にはいくつかの類似概念があり，その意味する範囲を明確にしておくことが理解のために有益である。

　援助行動は一般に「他者に利益をもたらそうと意図された自発的行動」（相川，1998 a）と定義される。この定義には，さらに 2 つの要素があると考えられる。一つは，援助を必要とする「助けられるべき他者」の存在である。この他者は，助けようとする側からみて，現在困っているか，あるいは困ることになる人であり，援助を受けることによって利益を得るであろう人のことである。もう一つは，助けようとする人の自発性である。他者に援助を提供しようとする人は，それによって時間や労力や心遣いなど，さまざまなコストを費やす可能性があるが，それらがあってもなお，意図して他者を助けようとする。

このような意味における援助行動は，本章のタイトルにもあるように「向社会的行動（prosocial behavior）」の一部であると考えられている。向社会的行動とは，社会的に価値を認められた（いわゆる"良い"とされる）行動全般のことを指し，たとえば協力や寛容，共有，同情の表現，社会的な不公平の是正などを含む幅広い概念である。

他方，関連する概念に「**愛他的行動**（愛他行動；altruistic behavior）」がある。実際に行われる行動の範囲としては「向社会的行動」と同様であるが，動機の点で区別される。愛他的行動は文字通り「愛他性（altruism；利他性とも訳される）」にもとづく行動であり，他者のために自発的に，外的報酬を期待せず，行為自体が目的であるような行動である（Bar-tal et al., 1982）。

援助行動は，向社会的行動の一部であると同時に，愛他的行動とも部分的に重複する。ただし，愛他的行動とは異なり，必ずしも他者の利益だけを願って行われるとは限らない（そもそも，ある行動が真にそのようなものであるかどうか，線引きすることは非常に難しい）。実際に人を助ける行動を行うまでには，さまざまな意思決定過程を経る。また，人を助けることによっても，さまざまな心理的変化を生じる。それらは 6.2 以降で説明される。

6.1.3 援助行動に関する研究の背景

人が人を助けることは，人が"社会的動物（social animal）"であることから，さまざまな対人行動の中の一つとして，自然な形で行われてきたといえる。ただし，社会心理学の中で「援助行動」が一つのトピックとして注目されるようになったのは，いくつかの社会的事件がきっかけであるとされている。

1964 年に起こったいわゆる「**キティー・ジェノビーズ事件**」は，その中でももっともよく知られている（4.2.3 参照）。その後に行われた一連の実験をまとめた書籍（『冷淡な傍観者——思いやりの社会心理学』）の中で，この事件は以下のように紹介されている。

午前 3 時，仕事から帰る途中のキティー・ジェノビーズを待ち伏せしていたのは一人の変質者であった。そのキュー・ガーデンの住人の 38 人もが彼女の

悲鳴を聞きつけて窓から顔を出した。が，彼女を助けに駆けつけた人間は一人もいなかった。加害者が彼女を殺すまでに30分もあったというのに，誰一人，警察に電話した者さえいなかったのだ。彼女は死んだ。
(『冷淡な傍観者——思いやりの社会心理学』(Latané & Darley, 1970 竹村と杉崎訳 1997) p.2 より。文中の「キュー・ガーデン」はマンション名。)

このような事件の，とりわけ「多くの人が気づいたにもかかわらず，助けなかった」ことに対して，当時の新聞は，都会人の冷淡さや無関心を指摘したという。しかし社会心理学者のラタネとダーリーはそのようには考えず，その後の研究によって，むしろ逆に"多くの人が事態に気づいていた"という対人的要因が人々の援助行動を抑制した（傍観者効果）ことを実証した。これが援助行動研究の端緒である。

ところで，この事件がなぜ注目され，そして援助行動が社会心理学の重要なトピックになったかを考えると，そこに強力な社会的規範の存在を見つけることができる。「困っている人を見過ごすべきではなく，手をさしのべるべきだ」という考え方は，（本書の読者を含め）多くの人々が共有しているであろう。だからこそ，「助けない」ことが注目に値するのだといえる。助けることは良いことであり，助けないことは悪いことである——この暗黙の了解は，後述するように，助ける人と助けられる人，双方の心理に影響すると考えられる。

6.2 援助者の心理

6.2.1 援助者の意思決定過程

キティー・ジェノビーズ事件で事態に気づいた人々は，彼女を助けることをしなかった。ラタネとダーリー (Latané & Darley, 1970) は，他者を助ける行動が実際に起こるまでには，一連の過程を経るという**意思決定**の視点 (decision-making perspective) を提供した。この視点は広く受け入れられ，いくつかのバリエーションを生みつつ，多くの論者が採用している（松井, 1998 等を参照）。

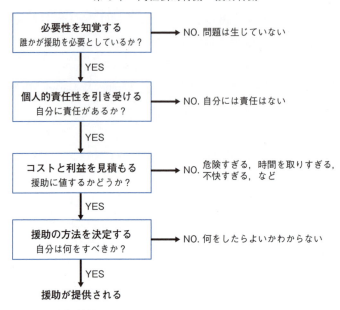

図 6.1　援助行動の意思決定過程 (Taylor et al., 2006 をもとに作成)

　ラタネとダーリーが提唱し，その後に継承された援助行動の実行に至る意思決定過程は，おおむね次のような4つの段階を経ると考えられている（図 6.1）。
　まず第1に，他者が何らかの援助を必要とするような事態が発生している，ということに気づく必要がある（必要性の認知）。事態に気づかなければ援助はできない。第2に，仮に援助を必要とする他者が存在していたとしても，その援助を自分自身が提供すべきであるかどうか（私がその人を助けるべきかどうか）が問題である（責任性の認知）。ここで，他にも援助を提供することが可能な人がいるとすれば，自分だけがその責任を負う必然性はないため，援助は手控えられるかもしれない。第3に，仮に援助を行ったとした場合に自分が負うことになるコストと，結果として得られる利益の両方が見積もられる（コストと利益の査定）。援助をすることが自分自身の手に負えるのか，自分に見合ったものであるのかが問題である。コストには時間や労力や周囲からとがめられることなど，利益には相手から感謝されることなどが含まれる。第4に，実際にどのようなやり方でその人を助けるのかを決めなくてはならない（方法

の決定)。その事態において、自分は果たして何をすることでその人を助けるべきか、ということである。この方法が決まることによって、「援助の実行」を決定することができる。

ラタネとダーリー(Latané & Darley, 1970)は、キティー・ジェノビーズ事件のような緊急事態における援助行動に注目した。緊急事態の場合には、「必要性の認知」という最初の段階は、「事態に注目する」部分と「事態が緊急である」と判断する部分とに分けられるという。ただし、緊急事態であれそうでない事態であれ、その事態に気づき、援助が必要かどうかを認識する点では同様である。図 6.1 に示すような段階は、たとえば、混雑した電車に乗って座席に座っている人が、新たに乗ってきた初老の男性に座席を譲るかどうかといった日常的な援助においても、同様にあてはめることができると考えられる(福岡, 2004)。

6.2.2 援助者にとっての援助の意義

援助はそれを受ける他者に利益をもたらすことを意図して行われるが、援助をする側にとっても恩恵がある。高木(1997)は、援助行動の生起を規定する要因を援助者と被援助者の両方から検討する中で、援助が被援助者に与える「援助効果」と援助者自身に与える「援助成果」に区別している。妹尾(2001)はこれをふまえ、援助成果を「向社会的行動において、他者との相互作用を通じて、援助者自身が認知する心理・社会的な内的報酬」と定義している。

ミドラルスキー(Midlarsky, E., 1991)は、ストレスに対する「コーピングとしての援助(Helping as coping)」と題した論考の中で、援助が援助者自身のために果たす機能について、表 6.2 に示す 5 つをあげている。

これらのうち、1 の気を紛らすことや 4 の気分を良くすることは一時的な効果であるが、2 の有意義感や 3 の自己評価はより長期的な効果である。なお、5 の「社会的統合」とは個人の社会とのつながりを示す概念であり、たとえば他者を助ける人同士、あるいは助ける人と助けられる人との間に心理的な結びつきが生まれることを指す。

このような、他者を助けることによる援助成果の経験は、さらなる援助の動

表 6.2 援助が援助者自身に果たす機能 (Midlarsky, 1991；高木, 1998)

1. 自分自身の問題にとらわれることから気を紛らすこと (distraction) ができる。
2. 自分の人生の有意義感や価値感 (the sense of meaningfulness and value in one's own life) を強めることができる。
3. 自己評価 (self-evaluations) を高めることができる。
4. 気分を良くすること (positive mood) ができる。
5. 社会的統合 (social integration) を促すことができる。

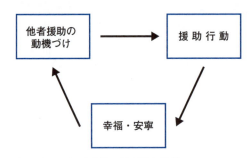

図 6.2 援助行動，援助成果，援助動機の循環的な関係 (高木, 1998 をもとに筆者作成)

機づけをもたらすと考えられている（図 6.2）。たとえば妹尾と高木（2003）は高齢者におけるボランティア活動継続の動機づけが援助成果の認識によって高まることを報告している。また，溝曽路と河内（2014）は，障害学生の支援に取り組む学生が，援助成果を感じることで支援の行動意図を強める，という関係を見出している。

　援助成果の基盤にあるのは，本章の最初に述べた通り，援助が社会的に価値を認められた向社会的行動の一部であり，援助を行うことが基本的に"良いこと"であるという社会的規範が共有されているためだと考えられる。価値が認められている行動を行うことは自分自身に対する報酬（self-reward）となって気分を改善させ，そのような行動が行えるという自己概念を育むことによって自己評価を高め，継続的に取り組むことによって生きがい感が促されると考えられる。

トピック 6.2　ボランティア

　1995 年の阪神・淡路大震災以降，大きな災害があると，多くのボランティアが被災地に駆けつける光景が報道されるようになった。もちろん，マスコミの光が当たらなくても，多くの人がボランティア活動に携わっている（たとえば内閣府市民活動促進担当，2014）。「ボランティア（volunteer）」は文字通りには"自由意思で活動する人"を指すが，一般には活動と人の両方の意味で使われる。前者に注目すれば「自発的な意志に基づき他人や社会に貢献する行為」（厚生労働省社会・援護局地域福祉課，2007）とされ，向社会的行動の概念に含まれる。玉木（2000）はボランティアの三原則として自発性（強制でなく自由意思で行われる）・無償性（営利目的でなく外的な報酬を受け取らない）・連帯性（ボランティア同士やボランティアの対象者との対等なつながりをもつ）をあげ，他者との関係を重視している。ボランティアの動機には利他的なものばかりでなく利己的なもの（例：自己研鑽のため）も含まれるが，活動への参加自体がその人の自己変容をもたらす可能性がある（田中，2009）。自己変容には否定的な側面（例：悲惨な状況への直面によって精神的な傷を負う）もあり得るが，肯定的な側面として多様な援助成果の存在が指摘されている（玉木，2000）。

6.3　援助行動の主な影響要因

　援助行動の実行を左右する要因には，さまざまなものがある。ここでは，援助者および被援助者の個人属性，援助者に生じる共感的感情，被援助者の困窮に対する援助者の原因帰属，および状況的要因としての他者の存在，の 4 つに分けて説明する。

6.3.1　援助者および被援助者の個人属性

　これらは，どのような人が，どのような人に対して援助をしやすいか，ということである。安藤ら（1995）によれば，援助者の個人属性としては，①知識・経験（援助すべきことについて知っている人，能力がある人の方が援助しや

すい），②感情（その状況に先だって肯定的な感情が生じている方が援助しやすい），③パーソナリティ（共感性，適応度など），被援助者の個人属性としては，①年齢や性別（幼児や高齢者，女性など，保護や養護を要すると考えられる人に対して援助しやすい），②外見（容姿が良い，清潔である，服装がきちんとしているなどの方が援助しやすい），③関係（自分にとって援助すべきと考えられる関係の人，たとえば上司や友人などの方が援助しやすい）などがあげられる。後者については社会的な規範との関連が強い。なお，援助者のパーソナリティは，他の要因を上回るほどの大きな影響力はないとされている（安藤ら，1995）。

6.3.2 共　　感

　これは，援助者の感情的要因の代表例であり，援助行動をめぐってもっとも注目されてきた感情の一つである。共感（ないし共感性；empathy）とは，他者の情動状態を知覚することに伴って生起する代理的な情動反応のことを指す（Hoffman, 1982）。共感はそれ自体では情動反応であるが，実際にそれが生じるには，一定の認知的能力が必要である（相川，1998 b）。とくに，視点取得（perspective taking）（表 6.3）すなわちその状況におかれている他者の視点を通して理解できることが重要である。なお，コークら（Coke, J. S. et al., 1978）は実験的研究によって，「被害者の気持ちを想像しながら」自動車事故

表 6.3　デイヴィスの多次元共感尺度における「視点取得」の項目例
（Davis, 1983；桜井, 1998）

他の人たちの立場に立って，物事を考えることは困難である（−）
何かを決定する時には，自分と反対の意見を持つ人たちの立場にたって考えてみる
友達をよく理解するために，彼らの立場になって考えようとする
自分の判断が正しいと思う時には，他の人たちの意見は聞かない（−）
どんな問題にも対立する２つの見方（意見）があると思うので，その両方を考慮するように努める
ある人に気分を悪くされても，その人の立場になってみようとする
人を批判する前に，もし自分がその人であったならば，どう思うであろうかと考えるようにしている

（−）は逆転項目

6.3 援助行動の主な影響要因

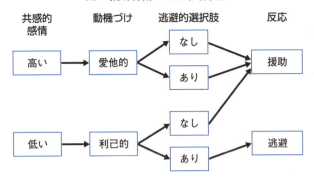

図6.3　共感利他性仮説の図式（Batson, 1991 ; Levine & Manning, 2015）

のニュースを聞くことによって，その後の援助可能な機会に行う援助行動が増大することを報告している。

共感と援助行動の関係については，バトソンら（Batson, C. D. et al., 1981）による**共感利他性仮説**（empathy-altruism hypothesis）が知られている（図6.3）。他者の苦痛を軽減するという愛他的動機による援助行動は，共感的感情を基盤に行われるとするものである。この考え方は，自らの苦痛軽減のために援助が行われるという**苦痛軽減モデル**（negative-state-relief model）（Chialdini et al., 1987）と対比して説明される。苦痛軽減モデルによれば，苦しんでいる人に接することは，しばしば接した人にも不安や動揺，混乱などをもたらす。こうした否定的な情動を軽減するという利己的な動機のために，自らの苦痛を避けるのに他の方法がとれない場合に，人は他者への援助を行う（Chialdini et al., 1987）。このような利己的動機にもとづく援助は，それが自らの苦痛軽減に役立つならば行われるが，そうでない場合，苦しんでいる他者の苦痛が続いていても継続されないことになる。

共感利他性仮説は，援助が利他的動機によっても利己的動機によっても行われるが，利他的動機にもとづく援助こそが，苦しんでいる他者の苦痛を軽減するという本来の目的に見合っていることを示唆している。

6.3.3　原因帰属

原因帰属とは，身の周りに起こるさまざまな出来事や，自己や他者の行動に

関して，その原因を推論する過程を指す（外山，1998）。私たちは社会的な事象の原因を推測することによって，他者や自分の行動を理解し，将来について予想を立てる。このような認知過程を**帰属過程**（attributional process）とよぶ。原因帰属はその中心的な要素である。

人がある事態を経験するのには，さまざまな原因があり得る。たとえば，「ある課題に取り組む必要があるのだが，時間がない」という人を考えた場合，その人は，他にも重要な課題を抱えていたり，他の人が急病でその人の分もこなさなくてはいけなくなったりしたのかもしれない。あるいは，単に怠惰でサボっていたために残り時間が少なくなったのかもしれない。

ある人を助けるかどうかを左右する主要な原因帰属の次元は，困窮の**統制可能性**（controllability）である。上記の例でいえば，「サボっていた」のなら，本来，サボらなければよかったことになる。しかし，「急に別の仕事もしなくてはいけなくなった」のであれば，その人にとってはどうすることもできなかった可能性がある。

原因帰属と援助の間には，一般に，**表6.4**のような関係があると考えられている。他者の困窮が統制不可能な原因によると考えた場合，そこで生じやすい情動は，同情や哀れみ（例：かわいそう）であり，援助の実行を促す。これに対して他者の困窮が統制可能な原因によると考えられるならば，そこで生じる代表的な感情は，怒りや苛立ちである。これらの否定的な感情は援助を抑制し，困窮する人を無視したり回避したりするように働く（Taylor et al., 2006）。た

表6.4　原因帰属と援助の関係（Taylor et al., 2006 より作成）

援助が必要になった原因の知覚	援助を必要とする人に対する感情反応	援助しようとする意思
統制不可能 ＝本人の統制外の事柄 　例：求人がない。	同情，哀れみ	高い……その人は援助を受けるに値すると知覚される。
統制可能 ＝本人が統制できた事柄 　例：怠惰で働きたくないために仕事をしていない。	怒り，苛立ち	低い……その人は援助を受けるに値しないと知覚される。

いていの人は，「怠けている人を手助けするのは割に合わない」と思うであろう。なお，**表6.4**に示す過程は，援助行動の実行にあたり，援助者の認知と感情が密接に関連していることを示している。

6.3.4 他者の存在

キティー・ジェノビーズ事件のような社会的事件を発端として開始されたラタネとダーリー (Latané & Darley, 1970) による一連の援助行動研究は，「他者の存在」に注目して展開された。そこで見出された援助の実行・非実行に対する他者存在の影響は，**傍観者効果**（bystander effect）として知られている（4.2.3 参照）。

ラタネとダーリーの一つの実験 (Darley & Latané, 1968) では，「個人的な問題を話し合う」という名目で集められた互いに知り合いでない大学生が，2名，3名，または6名のグループとなって，匿名性確保のため個室に分かれてインターホンを通じて話し合うという実験条件が設定された（ただし，聞こえてくる会話は，実際にはそのときに行われたのではなくあらかじめ録音されたものであり，また1人が話しているとき同時に他者が話すことはできない設定になっていた）。そして，インターホン越しに2分ずつ話をしている途中で，突然1人の学生が発作を起こしてうめき声を上げ始めたとき，同じグループの他の学生が，事態を知らせるため個室を出て実験者のところに行くかどうかが援助の指標として調べられた。その結果，グループの大きさによって事態を知らせに行った人の割合は大きく異なり，自分以外の第三者がいる場合，またその人数が多い場合に，援助を行う人は少なくなっていた（**図6.4**）。

なお，この実験では「第三者」は未知の人であるとともに，第三者がこの事態で何をしたかは，それぞれの実験参加者にとってはわからないという状況であった。ラタネとダーリーはこれ以外にも，同室者としての第三者がどのように振る舞うかがわかる状況を設定した実験や，あるいは同室者が未知の人である場合と友人である場合を比較する実験などを行い，援助を必要とする人がいる事態での他者存在の影響について多面的な検討を行っている。

ラタネとダーリーによれば，援助を必要とする事態で自分以外の他者が存在

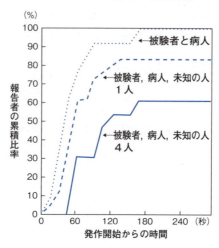

図 6.4 他者の存在による援助の抑制（Darley & Latané, 1968 竹村と杉崎訳 1997）
自分だけ，他に1人，他に4人が発作を聞いたと思った場合の報告者の累積比率。

することによって援助の実行を抑制されるという**傍観者効果**について，おもに3つの原因が考えられている（Levine & Manning, 2015）。責任の拡散（分散），多元的無知，聴衆抑制である。

第1は，**責任の拡散**（diffusion of responsibility）である。これは，その人を助けるべき責任を負うのが自分だけではなく他者にもあると考えること，言い換えれば「他の人が助けてくれるだろう」と思うことである。先ほど詳しく手続きを紹介したダーリーとラタネ（Darley & Latané, 1968）の実験では，「他にも誰かがいる」ことによる責任の拡散が明らかになったといえる。第2は，**多元的無知**（pluralistic ignorance）である。多元的無知とは，他者の真意を正確に推測できないために，現実と異なる認識が共有されていると思い込むことである。もしもその場に居合わせた人が消極的な態度を示せば，そうした態度が適切である（たとえば，大した事態ではない）と思うことによって，援助が手控えられるかもしれない。第3は，**聴衆抑制**（audience inhibition）とよばれ，評価懸念（evaluation apprehension）を背景としている。自分が援助すべきだと考えたとしても，もしそれを実行してうまくいかなかったら，周囲の他者から否定的な目でみられるかもしれない。そのような懸念が援助の実行

をためらわせる可能性がある。

　ただし，責任の拡散以外の要因による影響は，「援助に対して積極的であるような他者」によって，小さくなるかもしれない。ラタネとダーリーも指摘している通り，社会的場面で，他者はモデルとして機能するからである。とくに緊急場面では，積極的に手をさしのべようとする他者によって，援助が必要な状況であると解釈される可能性がある。積極的な他者とともに援助を行えば，第三者から否定的にみられる心配も少なくなる。その他者が自分のよく知っている人であればなおさらであろう。このように，他者の存在は常に援助を抑制するわけではない。なお，責任の拡散については，援助を必要とする場面で実際に適切な行動が行えるという有能感（sense of competence）がそれを低減する（自分が助けるべきだと思う）ことが指摘されている（Bierhoff, 2002）。

6.4　被援助者の心理

　援助行動は，援助をする側と援助を受ける側との相互関係の中で行われる対人行動である。被援助者とは援助の受け手である。日常的な場面での援助であれ，専門家による援助であれ，援助者は被援助者に生じ得る心理過程について理解しておくことが重要であろう。たとえば，悩みや問題を抱える人が必要な援助サービスを利用しないというサービスギャップ（Stefl & Prosperi, 1985）の問題は，専門職の援助にかかわる事柄として重要な課題とされてきた（永井ら，2017）。

6.4.1　援助要請の意思決定過程

　他者に援助を求めること，すなわち援助要請は，援助行動と同様に，一定の段階を経て行われる。相川（1987，1989）や高木（1997）は，援助要請の過程について，意思決定の観点からみたモデルを提案している。たとえば相川（1989）は，自らの抱える問題に気づいた後，①問題は重要か／緊急か，②問題の解決能力はあるか，③援助要請をするか（意思決定），④適切な援助者はいるか，⑤援助要請の方略はあるか，という5つの意思決定段階を経て，援助

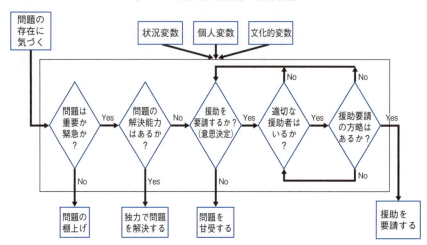

図 6.5　**援助要請の生起過程**（相川，1989 より一部修正）

要請行動に至るという生起過程モデルを提案している（図 6.5）。

　援助要請の意思決定モデルによれば，個人が抱える問題の存在に気づいたとしても，必ずしも他者に援助を求めるとは限らない。問題が重要でなければそのまま放置され，自分で解決できるなら他者を頼ることはしない。それは，援助を求めることそれ自体が一定のコストを要するものであることを意味している。このコストには経済的・物質的な側面と心理的な側面の両方を含む。後者すなわち心理的なコストには，きまりの悪さや拒絶あるいは無視の恐れ，自分の不適切さの露呈など，さまざまなものがある（相川，1989）。このようなコストが要請によって得られるであろう利益よりも大きい場合には，援助要請は行われない。

　加えて，このモデルでは，適切な援助者が周囲にいなければ，また，援助を求めるために必要な方略がなければ，援助要請は行われない。このことは，他者に援助を求める際には，一定の社会的なスキル（ソーシャルスキル；social skill）が必要であることを意味している。ソーシャルスキルはたとえば「他者から報酬を受けるやり方で行動し，かつ，罰や無視を受けないように行動する能力」（Libet & Lewinsohn, 1973）と定義される，対人関係を円滑にするための技能・技術である。本田ら（2010）は相川（1989）の援助要請モデルを参

6.4 被援助者の心理

表 6.5 援助要請スキルの内容（本田ら，2010；本田，2015 より一部修正）

援助要請スキルの側面	具体的なスキル内容の例
相手を選択するスキル 良い相談相手を選ぶ。	真剣に助けてくれそうな人を何人か思い浮かべる。 助けてほしい相手に余裕があるか確認する。
援助要請の方法のスキル 相談する方法を複数知っておいて，その中から選ぶ。	相談の仕方を何通りか考える。 （直接，メール等，別の人に言ってもらうなど。）
伝える内容のスキル 相談するときに相手に言う内容。	困りごとを自分の中で整理する。 相手にしてほしいことを伝える。 助けてほしい理由を言う。
援助要請スキルからとらえた機能的な援助要請行動 自分の悩みに応じて適切な相談相手と相談方法を選び，相手に配慮しながら自分の思いを分かりやすく伝える相談。	

考に，**表 6.5** に示す**援助要請スキル**をあげている。

6.4.2 被援助者に生じ得る否定的反応

6.1 で述べたように，援助行動は「他者に利益をもたらす」ことを意図して行われる。その援助が適切な内容であり，それが適切に実行されれば，援助の受け手は利益を得ることになる。また，援助要請を行ったとして，要請に見合った援助，期待した援助が得られるならば，やはり援助の受け手は利益を得ることになる。その結果として考えられるのは，喜びや感謝であると考えられる（Nadler, 2015）。しかし，援助の受け手は，必ずしもそのようなポジティブな感情をもつとは限らない。

援助要請の意思決定過程において，要請を控えさせてしまう 2 つの要素があると考えられている。一つは**心理的負債**（psychological indebtedness）である（Greenberg, 1980；Greenberg & Westcott, 1983）。負債とは，典型的にいえば「借金」である。あたかも借金をしているかのように，何らかの形でお返しをしなくてはならないという義務感のある状態におかれるのが心理的負債である（相川，1989）。心理的負債は，返報性（reciprocity）の規範を背景とし

て生じる。返報性の規範とは，何かをしてもらったらお返しをしなくてはならない，という考え方が人々に共有されている状態である。人は心理的負債を負いたくないため，できるなら援助を要請せず，要請しなくてはならない場合はできるだけ心理的負債が小さくなるようにする。実験的にも，返報の機会がないと考えた人は，返報の機会があると考えた人よりも援助要請をしないことが報告されている（Greenberg & Shapiro, 1971）。何かをしてもらったときに（感謝とともに）申し訳なさを感じ「すみません」と謝罪の言葉を述べるのは，相手が費やした労力（援助コスト）の重みを考え，かつ，お返しをすべきだがすぐにそれができない状態にあることを反映していると考えられる。

　援助要請を控えさせるもう一つの要素は，**自尊心への脅威**（threat to self-esteem）である（Fisher et al., 1982）。自尊心への脅威は，要請コストの見積もりと表裏一体である。たとえば，援助を要請するということは，自分が独力では解決できない問題を抱えていることを他者に開示する，ということに他ならない。他者を援助することは，社会的規範に合致した「望ましい」行動であり，援助することによってさまざまな良い影響を受ける（Midlarsky, 1991）。ところが，援助を要請するということは，自らがそのような社会的にみて望ましい状態にない，ということを明示することになる。"すべきことができない，情けない自分"を意識せざるを得ない状態である。とくに，これは自分自身の抱える困難が，自分の能力の低さや不適切さ，失敗などによる場合に大きくなる。また，そのような原因帰属を他者が行う可能性があるときに，自尊心への

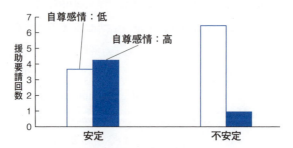

図 6.6　**自尊心の高低および安定性と援助要請の関係**（脇本，2008，2014 より一部修正）
自尊感情の高低および安定性得点の平均±1 SD の値での推定値。
援助要請回数は家族以外の他者に要請した数の 1 週間の合計値。

脅威はいっそう大きくなると考えられる。

　なお，援助要請と自尊心との関係については，近年，自尊心の高低だけでなくその安定性（短い期間で変動しやすいかどうか）の観点を加味した検討が行われている。脇本（2008）は，1週間の日誌調査によって，自尊心が高いが不安定である場合に自尊心を脅かされたくないので援助要請をしようとしない，ということを示唆する研究結果を報告している（図6.6）。

6.4.3　援助を求めやすく（受けやすく）なるために

　他者を助けることは社会的にみて望ましいとされるのに，助けられることには抵抗を感じる，というのはある意味皮肉である。援助は援助者と被援助者の相互関係の中で行われる。援助を「受けてくれる」人がいなければ，そもそも援助はできない。電車で席を譲ろうとしたときに断られ，少しがっかりしたというエピソードは，多くの人が容易に思い浮かべられるであろう。

　従来の研究からは，援助をしたことによる肯定的な援助成果の経験が，他者に援助を求めることの抵抗感を和らげると考えられている。他者を助けることができる人は，他者に助けを求めることもできる，という具合である。たとえば妹尾（2007）は，場面想定法を用いて，援助成果の認知が援助要請行動への動機づけを促進することを報告している。また，高木と妹尾（2006）は，近隣での援助行動に関する調査で，援助や被援助の結果に対する評価が，将来の援助や被援助に対する態度や動機づけに影響する（たとえば，よい援助ができたという経験が援助を受けることに対しても肯定的な見方を促す）ことを検証している（図6.7）。

　援助をすることと援助を受けることは，本来同じ人が経験し得る事柄である。「お互いさま」という言葉は，双方が利他的に振る舞うことで結果的に両者の適応が促進されるという**互恵的利他主義**（reciprocal altruism；Trivers, 1971）を表すとされる（橋本，2017）。援助を必要とする人が援助成果を経験したり，援助成果を経験した人がそのことを被援助者に伝えたりすることで，援助を求める際の心理的負債や自尊心への脅威は弱められるであろう。田中（2004）は，自然災害の被災者に対する子育て支援ボランティアの実践から，その参加者

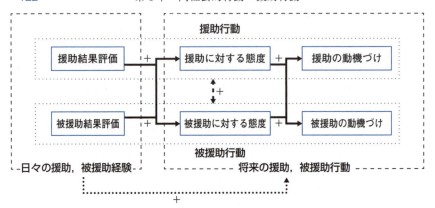

注1） ➡ 高木（1997）の援助と被援助後の内的・心理的な影響出現過程モデルに基づく援助，被援助経験後の内的・心理的な影響過程
注2） ┅▶ 日々の援助，被援助経験が将来の援助，被援助行動を規定
注3） ◆➡ 援助行動と被援助行動の関連

図 6.7　援助行動と被援助行動の個人内循環モデル（高木と妹尾，2006）

（支援者であるボランティアと被支援者である母親）がそれぞれ参加によって得たものを確認しともに感謝することで，長期にわたる効果的な支援が可能になることを指摘している。

　なお，「**感謝**」は互恵性の基盤である（本多，2010）。被援助者による感謝は将来のニーズに対する援助者の応答性を高め（Grant & Gino, 2010），また被援助者自身の将来の援助行動への動機づけを促す（Bartlett & Desteno, 2006）。感謝は他者のニーズに対する感受性の中核であり，親密で安定した対人関係へと人々を結びつける（Nadler, 2015）。このような関係においては心理的な負債は和らげられ，自らも援助を求めやすくなり，また相手が援助を受け入れてくれる可能性も高くなると考えられる。

トピック 6.3　ソーシャル・サポート

　しばしば援助行動と合わせて取り扱われる（たとえば松井と浦，1998；西川，2000）類縁概念に，ソーシャル・サポート（social support；「・」（中黒）のない形で「ソーシャルサポート」と表記されることも多い）がある。ソーシャル・サポートは直接には地域精神衛生（Caplan, 1974）の

分野で誕生した，おもに日常的な（専門家ではない）人々の間で行われる支援的行動である。ソーシャル・サポートには，大別して情緒的な機能と道具的な機能の2つがあるとされる。前者には励ましや慰め，評価（価値を認めること）など，後者には必要な情報の提供，あるいは金銭的支援や行動的介入（仕事を手伝うことなど）が含められており（橋本，2005），具体的な支え合いがもつ効果に注目した概念であるとともに，行動のレベルでは援助行動研究で扱われている現象と重複する部分が多い。ソーシャル・サポートは生活上のストレッサーが心身の健康に及ぼす影響を検討する中で注目されてきた経緯があり，ストレッサーを経験していてもソーシャル・サポートがあることで健康が保たれるという「ストレス緩和効果」(Cohen & Wills, 1985) が有名である（ただし，愛着の基盤等としてストレッサーとは関係なくソーシャル・サポートが有益であるという主張もあり，ソーシャル・サポートの「主効果」とよばれる）。心理的ストレスモデルとの関連では，実際に支援を受けることの効果もあるが，そうでなくても，必要なときにそれが得られるという期待（知覚されたサポート；perceived support）がストレッサーに対する認知的評価に影響するという考え方が知られている (Cohen et al., 2000)。

●練習問題

1. 援助行動についての社会的規範（人々が一般に共有している考え方）には，どのようなものがあると思うか，できるだけ多面的に考えてみよう。
2. 誰かを「助けたほうがよいと思ったが，できなかった（しなかった）」経験を思い起こし，その原因を，本章の説明と結びつけて考えてみよう。
3. 誰かに相談したいと考えたとき，相談しやすい人と相談しにくい人を思い浮かべてみよう。それぞれ，どのような人があてはまるか。また，それはなぜだろうか。
4. 互いに助け合える人々のつながりを実現するために，どのような取組みがあり得るだろうか。援助をする人，援助を受ける人の両方の視点から，考えてみよう。

●参考図書

高木　修（1998）．人を助ける心――援助行動の社会心理学――　サイエンス社
　著者が積み重ねてきた援助行動の分類や援助・被援助の意思決定に関する研究を含め，援助行動に関する従来の社会心理学的研究とその論点を整理して解説している。

高木　修・竹村和久（編）（2014）．思いやりはどこから来るの？――利他性の心理と行動――　誠信書房
　人を思いやることに関する最先端の知見を魅力的に示してくれる一般向けの図書。

中村陽吉・高木　修（編著）（1987）．「他者（ひと）を助ける行動」の心理学　光生館
　日本での援助行動に関する初期の論考や研究がまとめられている。

水野治久（監修）永井　智・本田真大・飯田敏晴・木村真人（編）（2017）．援助要請と被援助志向性の心理学――困っていても助けを求められない人の理解と援助――　金子書房
　「援助を求める」人の心理について多面的に論じた専門書。

ラタネ，B.・ダーリー，J. M.　竹村研一・杉崎和子（訳）（1997）．新装版 冷淡な傍観者――思いやりの社会心理学――　ブレーン出版
　キティー・ジェノビーズ事件を端緒に行われた一連の研究を解説した本（原書1970年刊）。さまざまに工夫された実験で傍観者効果を立証している。

反社会的行動：攻撃行動

　本章では，反社会的行動，とくに他者に対する攻撃行動について説明する。傷害，強盗，殺人といったニュースは毎日のように報道されている。攻撃行動はこうした悲惨な出来事に深く関わっている。また，事件にはならなくても，子どもの頃に取っ組み合いの喧嘩をしたり，あるいは日々の暮らしの中で誰かに対してイライラした経験は誰しもあることだろう。本章を通じ攻撃行動や怒りについて学ぶことで，自分自身が争いの加害者，あるいは被害者にならないための備えとしてほしい。

7.1 反社会的行動,そして攻撃行動とは

　本章では反社会的行動,とりわけ攻撃行動について以下の3つのトピックについて説明する。すなわち,①反社会的行動および攻撃行動の定義,②攻撃行動を促す個人内要因と環境要因,そして③攻撃行動と怒りとの関係である。具体的な攻撃研究の説明をするに先立ち,7.1では心理学において攻撃行動がどのように定義されているのかを説明する。つまり,人のとり得る行動のうち,どのような行動を心理学は「攻撃行動」とみなすのかを説明する。なぜならば,すべての研究は研究対象あるいは研究の範囲を明確に限定することからスタートするためである。加えて「攻撃」という言葉は心理学の専門用語としてだけでなく,日常的にも用いられる。したがって,日常会話の中で使われる「攻撃」と心理学の研究対象としての「攻撃」がどの部分で一致し,どの部分で異なっているかを認識することは,以降で説明する内容だけでなく,攻撃行動に関するすべての心理学研究を理解する上で重要となる。

7.1.1 反社会的行動および,攻撃行動の定義

　最初に本章の主題である反社会的行動の定義から始める。心理学において**反社会的行動**(antisocial behavior)とは「人権や財産権を守る法体系(規則,慣習,社会規範)に反する攻撃的,衝動的,暴力的行為のこと」と定義されている(『APA心理学大辞典』p.727)。たとえば,現代の日本においては基本的人権(たとえば,自由権)が保障されている。また,こうした法律にもとづくルールは「人のものを盗ってはいけない」「自分がされて嫌なことは他人にしてはいけない」といった素朴な規範として人々の間に浸透している。つまり反社会的行動とは,狭義には種々の法律を犯す行為であり,広義には,法には抵触しなくても,社会で一般に承認され共有されているルールを破る行為だといえる(『心理学辞典』pp.704-705)。そして,代表的な反社会的行動として攻撃行動があげられる。

　では次に攻撃行動について説明する。ここではまず,いくつかの攻撃行動の定義を紹介する。その後,攻撃行動の区分について説明する。**攻撃行動**(aggression behavior）の古典的定義としてバス（Buss, A. H., 1961）の定義がある。バス（1961）は攻撃行動を「他の有機体に対して有害な刺激を与える反応」（p.1）と定義した。このバス（1961）の定義は非常に簡潔である。しかし，あまりに簡潔なため，その後大別して2種類の批判がなされた。一つは，バス（1961）の定義では，攻撃行動の範疇に入れるべきではない他の行動を含みすぎるという批判であった。たとえば，外科医は治療行為の一環として患者の体をメスで切ることがある。体に傷をつけられるという点で，外科医の行為は患者にとって有害であるとみることができる。しかし医師の治療行為を攻撃行動とみなすことに同意する人はまずいないだろう。もう一つの批判は，バス（1961）の定義は，攻撃に関する思考や認知といった内的（非行動的）な要因を除外しているために狭すぎるという批判であった。たとえば，深呼吸をしようとして振り上げた腕が偶然誰かに当たってしまった場合を考えてみる。腕が当たったことにより他者が痛みを感じたり怪我をしたりしたとしても，この行為を攻撃行動とみなすことはないだろう。

　こうした批判の結果，現在の心理学が攻撃行動を定義する上で重要だと考えるに至った概念が**意図**（intention）と**期待**（expectancy）である。つまり，相手に危害を加えようと意図したり，自分の行動によって相手に害が及ぶとあらかじめ期待したりしてなされた行動を攻撃行動だと考えるのである（Krahé, 2001 秦と湯川訳 2004 p.2）。この定義にもとづくならば，先に示した外科医の治療行為は攻撃行動とはみなされない。また，事故や過失など，意図せず被害が生じた場合も攻撃行動とはみなされないことになる。一方で，援助を求める他者に対して，相手を苦しめるためにわざと手を差し伸べない行為は攻撃行動とみなされる。そしてこうした意図や期待を考慮した定義として，現在多くの心理学者に広く受け入れられているのがバロンとリチャードソン（Baron, R. A., & Richardson, D. R., 1994）の定義である。バロンとリチャードソン（1994）は攻撃行動を「傷つけられることを望まない他者に対して，傷つけようとする意図をもってなされた行動」（p.7）と定義している。

　バロンとリチャードソン（1994）による攻撃行動の定義には意図の要素が勘案されたことに加えて3つの特徴がある。第1に「傷つけられることを望まな

い他者」という被害者側の動機づけが考慮されている。したがって，格闘技の試合やサド・マゾ関係にある性愛行為など，お互い合意の下で相手に苦痛を与える行為は攻撃行動とはみなされない。第2に，攻撃行動の結果については言及していない。つまり，そうされることを望まない他者に対して，傷つけようという意図をもって行動したならば，結果として相手が傷ついても傷つかなくてもその行動は攻撃行動とみなされる。第3に，自傷あるいは自殺は攻撃行動に含まれない。なぜならば，自傷や自殺は本人が明らかに抵抗しない行為だからである[i]。

7.1.2 攻撃行動の分類

　ここまでいくつかの例をあげながら，どのような行動が攻撃行動であり，どのような行動が攻撃行動ではないという攻撃行動の定義について説明してきた。今度は攻撃行動自体に焦点を合わせ，種々の攻撃行動を質的に分類する代表的な切り口を3つ紹介する。なぜならば，攻撃行動にはさまざまなタイプがあり，個々人の攻撃行動は特定のタイプに偏る傾向があるためである（大渕，1996）。つまり，種々の攻撃行動をタイプ別に分類し分析することで，攻撃する行為主と攻撃パターンの関係を包括的に検討することが可能となる。さらに，攻撃行動の質的な違いは各攻撃行動が生じるメカニズムの違いを暗に示している。よって，攻撃行動の生起過程を理論的に考える上では，各タイプの攻撃行動を区別する必要がある。本章で紹介する攻撃行動の類型は，反応，目的，そして直接性にもとづいて区別した類型である。

　まず反応種別に類型化した攻撃行動について説明する。反応種別に類型化した場合，攻撃行動は**身体的攻撃**（physical aggression）と**言語的攻撃**（verbal aggression）の2種類に分類される。それぞれは文字通り，身体的な力を用いた攻撃行動と言葉を用いた攻撃行動を意味する。バスとダーキー（Buss, A. H., & Durkee, A., 1957）は**敵意**（hostility）[ii]を測定する尺度として敵意的攻

---

[i] ただし，自傷や自殺も攻撃に含む立場もある。たとえば『APA心理学大辞典』（2013）では攻撃を「競争心や怒りや敵意に動機づけられ，他者，または場合によっては自分自身に危害を与え，破壊や挫折へと至らしめる行動」（p.261）と定義している。

7.1 反社会的行動，そして攻撃行動とは

撃インベントリー（Buss-Durkee Hostility Inventory；以下 BDHI）を開発した。そして BDHI の開発過程で実施された初期の研究において，敵意の下位分類の中で身体的攻撃と言語的攻撃という区別がなされた（Buss et al., 1956）。その後，バスとペリー（Buss, A. H., & Perry, M., 1992）は BDHI を改訂し，自己記入式尺度として，攻撃質問紙（Aggression Questionnaire；以下 AQ）を開発した。そして，身体的攻撃と言語的攻撃の区別は AQ にも引き続き採用されている。

かつて女性は男性よりも言語的攻撃を行いやすいと考えられていた（たとえば，Frodi et al., 1977）。しかしその後の研究では，言語的攻撃が女性に多いという結果は安定して得られていない。たとえば AQ を開発する過程でバスとペリー（1992）が実施した調査では，男子大学生のほうが女子大学生よりも身体的攻撃得点，言語的攻撃得点のどちらも高いという結果が得られている。近年では，攻撃行動の反応種別における性差はほとんどないか，男性のほうが身体的，言語的攻撃を共にとりやすいという結果が多く報告されている（Archer, 2006）。

次に目的にもとづく攻撃行動の類型について説明する。その攻撃が何のためになされたかという観点に立った場合，攻撃行動は**敵意的攻撃**（hostile aggression）と**道具的攻撃**（instrumental aggression）の 2 種類に分類される[iii]。以下，それぞれの攻撃行動について順に説明する。敵意的攻撃の主な目的（動機）は，不快感情を表現するために相手に危害を加えることである。つまり，怒りや恐怖のような不快感情を経験した際，その感情を発散させることを目的になされる攻撃行動である。そして敵意的攻撃では他者を苦しめることが何よ

[ii] 敵意は怒り（anger）と区別されずに用いられることが多い用語である。また攻撃性とも明確な区別がなされないまま用いられることが多い。その中でスピルバーガーら（Spielberger et al., 1983）は敵意を「ものを破壊したい，他者を傷つけたい攻撃的行動に動機づけられたさまざまな複雑な態度の意味を含んだ概念である。また，敵意はしばしば怒り感情を伴う」（p.162）と述べている。ここでは攻撃しやすさの個人差に関与する概念の一つと理解しておいてほしい。なお，怒りについては 7.3，攻撃性については 7.2 で後述する。

りも重視される。これに対し道具的攻撃とは他者に危害を加えること以外を目的とし，攻撃をその目的達成のための手段に用いるタイプの攻撃行動である（たとえば，Rule, 1978）。道具的攻撃はそれによってどんな目的を達成しようとしているのかという動機に応じて4種類に大別される。すなわち，①防衛と回避，②影響と強制，③制裁と報復，④印象操作と同一性である。

防衛と回避とは，危害から身を守るために攻撃行動を行おうとする動機である。防衛と回避に動機づけられた攻撃行動の最たる例は正当防衛であろう。影響と強制とは攻撃したり攻撃を示唆したりすることで，他者に何かを無理強いしようとする動機である。たとえば強盗や恐喝は，金品を他者から奪うことを目的とし，そのために殴る蹴るといった暴力を振るったり刃物を突きつけて脅したりする。制裁と報復とは他者の悪い行為を罰したいという動機である。たとえば電車内でマナーの悪い人，あるいは順番待ちの列に割り込んできた人などルールを守らない人に対して注意する行動が該当する。この場合の注意は，先述の言語的攻撃の一種とみなすことができる。印象操作と同一性とは，他者に自分に対してある一定の印象を抱かせようとする動機である。攻撃を伴う印象操作（自己呈示と言うこともある）の場合，たとえば「強い」や「勇敢である」といった印象を他者に抱かせたいときに用いられる。あるいは，他者から侮辱されたり軽視されたりして不当な扱いを受けたと感じた際にも攻撃的な行動がとられる場合がある。

最後に攻撃行動の直接性にもとづく区分について説明する。すなわち**直接的**

---

iii 敵意的攻撃は情動（感情）的攻撃（affective aggression），あるいは衝動的攻撃（impulsive aggression）とよばれることもある。また，道具的攻撃は戦略的攻撃（strategic aggression）や，向行動（行為）的攻撃（proactive aggression），意図的攻撃（intentional aggression），略奪的攻撃（predatory aggression）とよばれることもある。さらに近年，敵意的攻撃と道具的攻撃は，それぞれ反応的攻撃（reactive aggression）と積極的攻撃（自発的攻撃；active aggression）という用語によって表現されることもある（たとえば，Crick & Dodge, 1996）。ただし，敵意的―道具的攻撃と反応的―積極的攻撃を等価とみなす立場（たとえば，Geen, 1990 神田ら訳 2005）もあれば，前者は目的による区分，後者は行動因による区分として区別する立場（たとえば，Krahé, 2001 秦と湯川訳 2004, p.3）もある。

攻撃（direct aggression）と**間接的攻撃**（indirect aggression）[iv]である。前者は文字通り，他者に対して直接何らかの攻撃行動をとることを意味する。一方後者は，表向きは害意がないように見せながらも実質的には相手に危害を加えようと画策するタイプの行動を意味する（Bjorkqvist et al., 1992）。この間接的攻撃の具体例には，他者をけしかけて攻撃させたり，攻撃対象となった人が仲間はずれにされるよう友人に働きかけたりすることがあげられる（Lagerspetz et al., 1988）。そして攻撃行動の直接性には性差のあることが比較的安定して示されている。すなわち，男性は女性に比べて直接的攻撃（とくに身体的攻撃）をしやすい。たとえば，アーチャー（Archer, J., 2004）は攻撃の直接性の性差を検討した研究を対象としてメタ分析を実施した。その結果，男性のほうが女性よりも身体的攻撃をしやすいという結果が得られた。一方，間接的攻撃の性差については，14歳から17歳を対象とした研究においてのみ，女子のほうが男子よりも間接的攻撃をするという結果が示され，間接的攻撃の性差は研究方法によって認められたり認められなかったりすることを示唆した。また，カードら（Card, N. A. et al., 2008）は18歳以下の子どもを対象に攻撃の直接性の性差を検討した研究のメタ分析を実施した。その結果，アーチャー（2004）同様，男子児童は女子児童に比べて直接的攻撃をしやすいという結果は安定して示されていることが確認された。一方，かつては女子児童のほうが男子児童よりも間接的攻撃をしやすいと考えられていたが，この知見は，研究方法によって性差が認められたり認められなかったりする不安定な結果であることが示唆された。なお，アーチャー（2004）もカードら（2008）も，他者評価式の研究では女性のほうが男性よりも間接的攻撃をしやすいという結果を示している。

　以上のように，種々の攻撃行動はさまざまな観点から類型化することが可能である。そして，動機や表出の仕方を区別することは，攻撃行動の生起過程を考える上で重要となる。たとえば本節では男性のほうが女性よりも身体的（直

[iv] 同様の意味で非顕在性攻撃（covert aggression）や，関係性攻撃（relational aggression），社会的攻撃（social aggression）という用語が用いられることもある。

接的）攻撃を行いやすいことを示した研究を紹介した。このような性差を示す知見は，攻撃行動の生起過程を考える際，生物学的基盤やジェンダーにもとづく，発達的あるいは社会文化的背景を考慮する必要性を示唆している[v]。ただし，攻撃行動を類型化する際には，さまざまな類型が排他的ではない点に注意する必要もある。つまり，敵意的攻撃には身体的攻撃もあれば言語的攻撃もある。言語的攻撃には直接的攻撃もあれば間接的攻撃もある。したがって，攻撃行動を少数のカテゴリーに分類し分析する際には，複数の分類区分の観点から多角的に検討することが肝要であろう。

7.2 攻撃を促す要因——個人差要因と環境要因

　これまでの人間関係の中で，なぜこの人はこんなに怒っているのだろう，なぜこんなことでこれほど攻撃的になっているのだろう，反対に，なぜこの人はあんなことをされたにも関わらず平然としているのだろう（自分だったら到底我慢できないはずだ）と感じたことはないだろうか。また，普段は温厚な人なのに，今はどうしてこんなにイライラしているのだろうと感じたことはないだろうか。こうした日常抱く素朴な感想は，攻撃行動の生起に個人差があること，そして特定の環境下では攻撃行動が生起しやすいことを暗に示している。そこで7.2では攻撃行動を促す要因として個人差要因と環境要因について検討した研究の結果を紹介する。なお，紙幅の関係上，攻撃行動の生起に影響するする多種多様な要因について詳述することができない。そこで7.2では，さらなる学習のきっかけとなるように広く浅く説明する。さらに理解を深めたい場合は，章末に示したより専門的な参考書を読んだり，7.2であげた用語や引用文献を頼りに文献を検索したりするとよいだろう。

---

[v] 攻撃に性差が存在することを示す証拠は多くの研究が示している。しかしなぜ性差が生じるかは未だ明らかになっていない（詳しくはKrahé, 2001 日比野訳 2004, 3章；Geen, 1990 杉山訳 2005, 4章参照）。

7.2.1 攻撃を促す個人差要因

　まず攻撃行動を促す個人差の説明から始める。心理学研究において攻撃行動に関与する個人差要因としておもに指摘されているのは，生物学的基礎（性別や遺伝），発達段階，パーソナリティ特性などである。以下，それぞれの個人差要因がどのように攻撃行動に関与しているか概説する。

　多くの研究がかなり明確に，男性は女性よりも全般的に攻撃的であると示していることは 7.1 で述べた。しかし，攻撃行動の反応種別や間接性において男女間に違いがあるのか否かは，今なお研究が続けられ議論がなされている最中である。同時に，なぜ攻撃行動に性差が存在するのかは未だ明らかになっていない。これまでに攻撃の性差を説明するために提案された立場はおもに 3 つある。それは性差の原因をホルモン（すなわち，男性ホルモンのテストステロン）に求める立場（たとえば，Archer, 1988），進化論的・社会生物学的な適応化に求める立場（たとえば，Hawley, 1999, 2007），そして社会的役割に求める立場（たとえば，Eagly & Wood, 1999）である。

　性別以外に攻撃行動の個人差に関与する生物学的要因としては，遺伝の影響があげられる。遺伝の影響を調べるためには養子研究や双生児研究が実施される。これまでに実施されてきた研究の知見を統合した結果，少なくとも人間の攻撃性にはある一定の割合で遺伝が影響している[vi]という知見が得られている（Plomin et al., 1990）。ただしここで注意する必要があるのは，遺伝子だけでその人の攻撃性がすべて決定されるわけではないという点である。すなわち，個人が攻撃性に関する遺伝子を有していた場合，その人は攻撃的な人間になりやすいかもしれない。しかし，生育環境などの後天的な要因によって，遺伝の影響は強められたり弱められたりすることになる。

　人の攻撃行動の出現頻度や表出方法は**発達段階**（年齢）によっても異なる。攻撃行動における発達の差，とくに乳児期から児童期まで（おおむね 0 歳から

[vi] なぜこのような歯切れの悪い結論になるかといえば，攻撃性の指標として何を採用するかによって結果が大きくばらつくためである。そのため，遺伝性と攻撃性の間に関連があることは安定して示されていても，その影響力がどれほど強いのかという点は今なお明らかとなっていない。

6歳）の差は，発達過程で獲得される能力との関係が深い。つまり，どのような攻撃行動を"とるか"というよりはむしろ，どのような攻撃行動を"とれるか"という違いが表れる。たとえばスタンバーグとキャンポス（Stenberg, C., & Campos, J., 1990）は，生後4カ月と7カ月の乳児の観察を通じ，乳児もすでに怒りを経験しているものの，それを大人のように表現できずにいる可能性を指摘している。また，発達段階に応じて獲得されていく能力を考慮すると，敵意的，身体的，言語的攻撃を行えるようになるのは，幼児期前期（2歳から3歳頃）から児童期（6歳から12歳頃）にかけてのことだと考えられる（Fagot & Hagan, 1985）。よって，どの発達段階にあるかが年齢間の攻撃行動の個人差として表れる。このことに加え，発達の速度にはかなりの個人差がある。そのため，たとえ同年齢だったとしても個々人の発達の程度が結果として攻撃行動の個人差となって表れることとなる。

　攻撃行動をとりやすいパーソナリティ特性を**攻撃性**という。攻撃行動の個人差に関する最後の要因として攻撃性の影響を説明する。ここではとくに比較的古くから攻撃行動との関係が指摘されている**タイプA行動パターン**（単にタイプAとよぶこともある）に関連した**タイプAパーソナリティ**に焦点を合わせる。タイプAパーソナリティについて説明するためには，まずタイプA行動パターンの説明から始める必要がある。タイプA行動パターンとは，狭心症や心筋梗塞などの冠状動脈性心疾患や虚血性心疾患の危険因子として指摘された行動傾向である（Friedman & Rosenman, 1959）。タイプA行動パターンの特徴には，①短時間にできるだけ多くのことをやろうと精力的に活動する，②競争心が強い，③短気で敵意や攻撃性をもつ，④自分への評価や承認・地位にこだわる，⑤多方面の仕事に没頭していつも締切りに追われている，⑥せっかちで動作が速いなどがあげられている。つまり，ここにあげた行動特徴を示す人は，心疾患を罹患するリスクが高いことを意味する。

　そして，タイプA行動パターンを生じさせるような背景となる性格として指摘されたのがタイプAパーソナリティである。グラス（Glass, D. C., 1977）は，タイプA行動の本質は，環境に対するコントロールの確立であると主張した。つまり，タイプA行動パターンは挑戦的と判断されるような環境スト

レスが高まるほど，その状況をコントロールしようとして精力的に行動する。とくに対処不能な事態に直面した場合，タイプA行動パターンはもっとも先鋭化される。すでにタイプA行動パターンの3つ目の特徴で明示したように，タイプAパーソナリティは敵意や攻撃性と関連するパーソナリティ特性である。

　ただし近年，タイプAパーソナリティが攻撃行動と即座に結びつくわけではないことを示した研究がある。ベッテンコートら（Bettencourt, B. et al., 2006）は種々のパーソナリティが攻撃行動に及ぼす影響を検討した研究を対象にメタ分析を行った。その結果，タイプAパーソナリティが攻撃行動の生起に関係するのは，タイプAパーソナリティ傾向の強い人が挑発された状況下においてのみだという結果が示された。つまり，タイプAパーソナリティ傾向の強い人ほど，挑発された状況ではより攻撃行動をとる。しかし挑発されていない平時では，タイプAパーソナリティ傾向の強さと攻撃行動のとりやすさの間に関連が認められていない。よって，タイプAパーソナリティ傾向の強い人が常に攻撃行動をとりやすいわけではないと考えられる。

7.2.2　攻撃を促す環境要因

　ここまで攻撃行動の生起に関与する個人差要因について説明してきた。しかし，ある人が攻撃行動をとりやすいかどうかは，その人の個人的な要因だけでなく，その人がおかれた環境にも左右される。つまり，人が攻撃的になりやすい環境（条件）というものがある。この攻撃行動を促す環境は大きく2種類に区別することができる。一つは**受動的環境**であり，もう一つは**能動的環境**である。受動的環境とは，自分の意思とは無関係に，多くの場合嫌々ながらにさらされている環境を意味する。一方能動的環境とは，本人の意思によって自ら身をおいた環境を意味する。これまでの研究で攻撃行動を促進することが示された受動的環境要因には気温，クラウディング，騒音，空気汚染，攻撃手がかりがある。そして，能動的環境要因としては，アルコールやドラッグの摂取，暴力的メディアの視聴がある。

1. 受動的環境

気温，とくに高温状態におかれると，人は攻撃的になることが示されている。古くから「人は暑いと攻撃的になるのではないか」と考えられてきた（高温仮説；heat hypothesis）。そして高温仮説は3種類の異なる研究法にもとづいた研究結果によって支持されている（レビューとして Anderson & Anderson, 1998；Anderson et al., 2000）。まず**地理的地域研究**では，暑い地域の町では寒い地域の町よりも暴力犯罪の発生件数が多いことが示されている。次に**時間周期研究**では，気温の時系列的変化（すなわち，年，月，日単位での気温の変化）と攻撃性の関連を調べている。その結果，年単位で見た場合，暴行犯罪の月間発生件数は，他の月に比べ夏場に多く発生している。この他，気温が高い日，月，年と低い日，月，年の暴力犯罪発生件数を比較しても，気温が高いときのほうが，低いときよりも発生件数が多いという結果が得られている。最後に**随伴的測定研究**は，気温と攻撃行動を同時に測定する方法である。たとえば人工的に気温の高い状況を作り出し，その状況下での攻撃行動の生起を測定する方法である。バロンとその研究チームが行った一連の随伴測定研究（Baron, 1972；Baron & Bell, 1976；Bell & Baron, 1976）の結果は，気温と攻撃行動の関係は直線的なものではなく，逆U字曲線（上に凸）な関係であることを示唆している。すなわち，気温が上がれば上がるほど攻撃的になるわけではなく，気温がある一定の水準に達した後は，逆に攻撃行動が抑制されるようになることを示唆している。

　クラウディング（crowding）とは高密度状況（すなわち，混雑状況）において，空間とそれを共有する人々の間に生じたネガティブな主観的，心理的状態を指す概念である（『心理学辞典』p.203）。単に一定の空間内に大勢の人がひしめき合っているという物理的な状況だけでなく，そのことを不快で嫌悪的なものと感じていることがクラウディングの要となる。つまり同じ空間密度でもクラウディングを経験する人もいればしない人もいる。また，ある状況（たとえば，野外コンサートやライブハウス）ではクラウディングを経験しなくても，違う状況（たとえば，満員電車）ではクラウディングを経験するということもある。フリードマンら（Friedman, M. et al., 1972）は，クラウディングと攻撃行動の関係を検討するために実験を行った。この実験（実験1）では高校生

7.2 攻撃を促す要因――個人差要因と環境要因　　137

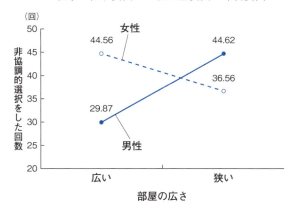

図 7.1　フリードマンら（1972）の実験 1 における最後のゲームで 4 人 1 組のグループ内で非協調的選択がされた平均回数（Freedman et al., 1972 の結果を元に作成）
全部で 20 回選択の機会があったため，グループ内で非協調的選択が選ばれる回数の理論的最大値は 80 である。
図をみると，狭い部屋で過ごした男性グループは広い部屋で過ごした男性グループよりも非協調的選択をした回数が多いことが分かる。女性グループでは，一見，広い部屋で過ごしたグループのほうが狭い部屋で過ごしたグループよりも非協調的選択をした回数が多いようにみえる。しかし，女性グループ間の広い部屋と狭い部屋の非協調的選択回数は，統計的には差があるとはいえない程度の違いであった。

の参加者が 4 人 1 組の同性のグループとなって，広い部屋か狭い部屋のどちらかで 4 時間過ごした。広い部屋は 1 辺の長さが約 2.6 m であり，狭い部屋は 1 辺の長さが約 1.5 m であった。つまり，広い部屋に入った参加者は 1 人あたり 1.3×1.3 m ほどのスペースを占有し，狭い部屋の参加者は 1 人あたり 0.75×0.75 m ほどのスペースを占有したことを意味する。参加者たちは各部屋に入ると，最初の 3 時間の間に自己紹介をしたり，実験者に与えられたテーマで議論したり，2 人 1 組でチームを組んでラビリンスゲーム[vii] の得点を競ったりした。そして最後の 1 時間で参加者たちは囚人のジレンマ（第 8 章参照）のような葛藤状況を作り出すゲームに参加した。そしてフリードマンら（1972）は，参加者がこのゲームで協調的選択と非協調的選択のどちらを選択するかに部屋の広さと性別が関係するか分析をした。その結果，女性の場合はゲームにおける選択と部屋の大きさの間に関連はみられなかった。しかし男性の場合，狭い

[vii] 球を転がして穴に落とさないようにしながらゴールを目指すゲームのこと。

表7.1　ジーンとオニール（1969）の実験参加者が割り当てられた条件の組合せ一覧

		騒音	
		あり	なし
映像の種類	攻撃的	①	②
	非攻撃的	③	④

①から④にはいずれも異なる参加者が割り当てられた。

部屋で過ごした参加者のほうが広い部屋で過ごした参加者よりも多く非協調的選択をしていた（図7.1）。フリードマンら（1972）の結果と同様に，男性のほうがクラウディングを経験した際，攻撃的行動をとりやすいという結果は他の研究からも得られている（たとえば，Baron & Richardson, 1994 参照）。また，カヤとエルキプ（Kay, N., & Erkip, F., 1999）は男性は相手が同性の場合とくに，相手から距離をとりたいと感じることを示している。このような結果は，男性のほうがパーソナルスペース[viii]を要求するためだと考えられている。

騒音（noise）もまた，人の攻撃行動を促す受動的環境要因の一つである。ただし騒音はうるさければ攻撃的になるといった単純なプロセスで影響するわけではないと考えられている。つまり，騒音はすでに高められた攻撃性をより増幅する働きがあると考えられている。このような知見を示したのがジーンとオニール（Geen, R. G., & O'Neal, E. C., 1969）の研究である。この研究では攻撃行動と騒音の関係を検討するため，教師－生徒パラダイムを用いて2つの要因が操作された（表7.1）。1つ目の要因として攻撃性が操作（暴力的映像の視聴の有無）され，2つ目の要因として騒音が操作された（騒音の有無）。具体的な手続きは以下の通りである。参加者は教師役となりペアとなる生徒役の参加者（実は実験者の用意したサクラ）が，ストレス状況下で回答したテストの出来を評価し，成績に応じて10段階の電気ショックをサクラに与えるよう求められた。そして，参加者は生徒役がテストに回答している間，記憶に関

[viii] 個人の体の周りに展開する目に見えない境界領域であり，とくに他者が侵入すると不快に感じる空間範囲を示す概念である（ソマー，1969）。

7.2 攻撃を促す要因——個人差要因と環境要因

する別の実験に参加することを求められた。記憶に関する実験とは、ある映像を見た後、その内容に関するテストに答えるという内容であった。ただし実験者の真の狙いは記憶実験を行うことではなく、映像の視聴によって参加者の攻撃性を操作することであった。そのため参加者は、2種類用意された映像のどちらか1つを視聴した。攻撃性を高める条件（攻撃的映像条件）ではボクシングの試合の映像（映画『チャンピオン』の1シーン）が用いられ、攻撃性を操作しない条件（統制条件）では野球、テニス、重量挙げの様子を撮影したものが用いられた。そして、どちらかの映像を視聴したのち、参加者は生徒役の答案用紙を受け取った。参加者が生徒役の答案用紙を評価し、電気ショックを与える際、参加者たちは先に視聴した映像の種類に関わらず2つのグループのどちらかに分けられた。どちらのグループも「実験室の外がうるさいため」という理由でイヤホンを渡された。このとき、騒音あり条件ではイヤホンから60dbのホワイトノイズが流され、騒音なし条件ではイヤホンからは何の音も流れていなかった。そして、このような2度の実験操作（攻撃性の操作と騒音の操作）をした後、参加者がサクラに与える電気ショックの強さとショックを与える回数が測定された。

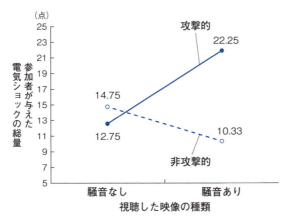

図7.2 参加者がサクラに与えた電気ショックの総量（Geen & O'Neal, 1969を元に作成）ここでいう「総量」とは電気ショックの強さと回数を加算して算出されたものである。たとえばある参加者がレベル「10」の強さのショックを「3」回与えていた場合、この参加者の与えた電気ショックの総量は30となる（10×3＝30）。

ジーンとオニール（1969）の主要な実験結果を図7.2に示した。図をみて分かるように，非攻撃的な映像を視聴した参加者は，その後騒音を聞こうが聞くまいがサクラに与える電気ショックの総量に大きな差は認められない。ところが，攻撃的な映像を視聴した参加者の場合，騒音を聞いていた参加者のほうが騒音を聞いていなかった参加者よりも，サクラに与えた電気ショックの総量が多い。このような結果が，騒音はすでに高められた攻撃性をより増幅する働きがあると考えられている所以である。ジーンとオニール（1969）と同様の結果は，ドンナーシュタインとウィルソン（Donnerstein, E., & Wilson, D. W., 1976）の研究でも確認されている。

人の攻撃行動を促す第3の受動的環境要因は**空気汚染**（air pollution）である。汚れた空気や不快な臭いがする環境下では人の攻撃行動が促進されることを示した研究がある。ジョーンズとボガット（Jones, J. W., & Bogat, G. A., 1978）は18歳から25歳までの非喫煙者の男女48名を対象に，煙草の煙と攻撃性の関係を検討した。この研究では教師-生徒パラダイムを用い，煙草の煙にさらされた参加者とさらされなかった参加者で生徒役に与える罰の強さが異なるか検討した。その結果，煙草の煙にさらされた参加者はさらされなかった参加者よりも強い罰を生徒役に与えていた。ここで注目すべきは，生徒役が煙草を吸っていたわけではないという点である。クラウディングや騒音にも該当することだが，攻撃を促進する受動的環境要因にさらされた人は，その環境要因の発生源とは無関係な対象を攻撃することがある。このような挑発事象を経験した人が，挑発の源泉ではない対象に表出する攻撃行動を**置き換えられた攻撃**（displaced aggression）とよぶ（Marcus-Newhall et al., 2000；淡野, 2010）。

受動的環境要因として紹介する最後の要因は**攻撃手がかり**（aggressive cues）である。銃や刃物といった凶器（攻撃手がかり）が手近に存在していると攻撃行動が促進されるという研究結果があり，このような現象は**凶器効果**（weapon effect）とよばれている。カールソンら（Carlson, M. et al., 1990）は攻撃手がかりと攻撃行動の関係について検討した研究のメタ分析を行っている。そして分析の結果，以下の知見を示した。すなわち，攻撃手がかりの存在が攻撃行動を促進するのは①参加者がすでに不快感を喚起されている場合，②

攻撃対象の社会的経済的地位が相対的に低い場合や攻撃対象が外集団に属している場合，そして③攻撃対象を傷つける可能性が高い場合であった。なお凶器効果は参加者が怒りにもとづく不快感情を経験していようが経験していまいが関係なく生じるようであった。

　ミステリーやサスペンスなどの創作作品の世界では，カッとなった人物が手近にあった物で憎むべき相手を衝動的に殺害してしまうという場面がしばしば描かれる。攻撃手がかりの観点から見た場合，フィクションの世界の住人は手近なところに重厚な灰皿やトロフィー，先の尖った物品などが存在しなければ，加害者とならずにすんだのかもしれない。

2. 能動的環境

　7.2.2 の冒頭で述べた通り，能動的環境とは本人の意思によって自ら身をおいた環境を意味する。そして攻撃行動を促進する能動的環境要因にはアルコールの摂取や暴力メディアの視聴がある。

　酒に酔った人を目撃したり，実際に自身が酔ったりしたことがあれば，アルコール摂取時の言動が非摂取時とは異なることを経験的に理解しているだろう。心理学研究においても，飲酒と攻撃行動の共起性を裏づける結果を示した研究は多数ある（たとえば，Bushman & Cooper, 1990）。これはアメリカの事例となるが，傷害の罪で収監されている男性の約 40%（Greenfeld, 1998），殺人犯の約 60%（Quigley & Leonard, 2000），そして婦女暴行者の 50% から 65%（Barnard et al., 1979；Rada, 1975）が，犯行前あるいは犯行時に飲酒をしていたというデータがある。しかし，アルコールと犯罪の関連は，加害者だけの問題ではない。犯罪被害者においても，被害時にアルコールを摂取していたことをいくつかの研究が示している（たとえば，Johnson et al., 1978）。このことは飲酒によって気が緩み，強盗や婦女暴行，傷害といった犯罪被害に遭うリスクが上昇したものと考えられている（Markowitz, 2005）。また，飲酒とドメスティックバイオレンス（DV）[ix] の関連も見過ごせないものである。フォーラ

[ix] 英語では日本の DV にあたる語として intimate partner violence（IPV；親密なパートナーへの暴力）を用いている。ここでは理解しやすさを優先し DV と表記した。

ンとオレアリー（Foran, H. M., & O'Leary, K. D., 2008）が行ったメタ分析の結果は，DVにはアルコールが影響していることを示唆している。さらに飲酒がDVに及ぼす影響は男性が加害者の場合だけでなく，多少効果は小さくなるものの，女性が加害者の場合にも認められていた。このようにアルコールがさまざまな攻撃行動と関連していることは多くの研究が示している。

　しかしながら，アルコールと攻撃行動の間に関連性があるからといって，アルコールの摂取が攻撃行動の原因であると断定することはできない。どういうことか，DVにおける飲酒を例にあげて説明する。酔った人がパートナーに暴力を振るったら，一見それはアルコールの摂取が原因となって攻撃行動がとられたように思える。しかし見方を変えると，暴力を振るう言い訳にアルコールを摂取したとも考えられる。つまり，酔って暴力を振るうことで，暴力を振るったのは本人のせいではなく，お酒のせいだと言うことができる。実際，マーコウィッツ（Markowitz, S., 2005）は，女性のDV被害者支援団体の中には，DVにおいてアルコールが果たす役割を支持する団体があると述べている。また，被害者の中には「彼は本当はいい人で，酔っていただけなのです。彼自身何をしたか分かっていなかったのです」と言って，暴力を振るったパートナーを許そうとする女性もいると述べている（この他，レビューとしてQuigley & Leonard, 2006）。

　そこで，アルコールの摂取そのものがどの程度攻撃行動と関連するのか，いくつかのメタ分析による検討が行われている。ブッシュマンとクーパー（Bushman, B. J., & Cooper, H. M., 1990）やイトウら（Ito, T. A., 1996）によるメタ分析の結果によると，現時点では，アルコールを摂取すれば暴力の言い訳になるという期待だけでは攻撃行動は促されないことが示されている。さらに，期待がなくともアルコールの摂取によって体内に生理的変化が生じれば攻撃行動が促進されるという結果も示されている。

　攻撃行動を促進する2つ目の能動的環境要因は**暴力的メディア**である。凄惨な犯罪が発生すると，マスメディアは，犯人が「グロテスクなホラー映画を好んで観ていた」や，「普段から残虐な戦争映画ばかり観ていた」といった情報を事件の内容と合わせて報道する。断定はしていないものの，犯人が事件を起

こした背景因として暗に暴力的メディアの影響をほのめかしているように思われる。確かに，普段から暴力的な内容のテレビ番組や映画を好んで視聴していた人物が，暴力的事件を起こしたというストーリーは筋が通っているように聞こえる。しかし，先述したアルコールと攻撃行動と同様，その因果関係を研究するのは一筋縄ではいかないことである。そこでまず，これまでの研究から安定して得られている知見を紹介する。その後，暴力的メディア研究の今後の検討課題について解説する。なお，「メディア」は映像，音楽，文章，テレビゲームなどさまざまな形態の情報媒体を含む用語である。ここでは比較的研究結果が蓄積されている**暴力映像**に絞って説明をする。

　日本で凶悪事件と暴力的メディアの関係に関心がもたれ始めたのは1990年代後半のことである。一方欧米では1950年前後からすでに暴力的メディアと攻撃行動の関係を検討する研究が行われてきた。そして50年近く調査や実験を重ねた結果を踏まえ，アメリカ心理学会（American Psychological Association；以下APA）は1993年に「暴力的メディアの視聴は有害である」という見解を公表した（APA, 1993）。ここでいう「有害さ」の具体例には，①幼い頃から暴力的メディアを視聴すると攻撃的習慣を学習し，態度や行動が変容する，②他者に対して暴力的になる，③自分が暴力の被害者になるのではないかと怯え，他者を信じられなくなる，④暴力に対して鈍感になり，暴力の被害にあっている人を見ても何も感じなくなる，といった内容があげられている。

　ただし，APA（1993）の見解を鵜呑みにすればいいということでもない。たとえば，どれぐらいの時間，暴力的メディアを視聴した場合，APAが指摘するような有害な影響が表れるかは定かでない。また，同じ長さの時間暴力的メディアを視聴しても，すべての人が同じように影響を受けるわけでもない。少なくとも先行研究で安定して見出される暴力的メディアの代表的な効果は，次に示す通りである。まず，暴力的映像の視聴は短時間，視聴者の攻撃性を高める（Geen & O'Neal, 1969）。次に，パーソナリティ特性として元々攻撃性の高い人のほうが暴力的メディアの視聴後に攻撃行動を促進されすい（Josephson, 1987；Bushman, 1995）。最後に，暴力的メディアの影響は，映像の視聴前に挑発操作（怒りの喚起）をした場合のみ，視聴後の攻撃行動を促進しやす

い（Berkowitz, 1965；Geen & Berkowitz, 1967）。この他にも比較的安定して確認される効果はあるので，詳しくは湯川（2005）を参照されたい。

　では最後に，暴力的メディア研究の今後の検討課題について解説する。日本で系統的に暴力的メディアと攻撃行動の関係を検討してきた湯川（2005）は，この研究領域の最大の課題として日本の研究が圧倒的に少ないことをあげている。そして，日本独自の実証データを蓄積することが必要となる根拠として，暴力的メディアや攻撃性の問題には社会的文化的背景の影響を多分に孕んでいると考えられるためだと述べている。そして湯川（2005）は社会的文化的背景として3つのことを指摘している。まず，日本は犯罪率が低く，欧米ほど暴力に対する危機感を抱いていない。次に，日本人は高度に様式化された時代劇の殺陣や歌舞伎の舞などを暴力だとする認識が非常に薄い。そして最後に，日本では攻撃に対する抑制的な美意識（道徳）が強く働いている可能性がある。このような社会的文化的背景があると，欧米の研究で示された結果が日本人を対象とした研究では再現されない可能性が考えられる。そのため，日本独自の研究を蓄積していく必要があると考えられるのである。

7.3　攻撃と怒りの関係

　これまでの説明の中でもしばしばふれてきたが，**怒り**は攻撃行動との関係が非常に深い感情状態である。本章では最後にこの怒りについて，①怒りはどのように生じるのか，②怒ると人の体内ではどのような変化が起きるのか，③怒りにはどのような意味（機能）があるのか，④そして最後に，怒りに振り回されないためにはどうしたらよいか，という4つの観点から解説する。

　まず，人はどのように怒りを経験するのかを説明する。生起する感情は目の前の人や状況をどう解釈するか（認知）によって左右される。たとえば友人が待ち合わせに遅れてきたとき，相手が自分との約束を蔑ろにしたと解釈したら怒りが生起するだろう。しかし，相手も何か事情があったのだろうと解釈すれば同情が生起するだろう。このようにその状況が直接感情を生起させるのではなく，感情は**認知的評価過程**を経ることで生起する。そして怒り感情の場合，

自分が不当な扱いを受けた，自分の権利が侵害されたと認知した場合に生起する。たとえば大渕と小倉（1985）は，人は物質的損害があったときや相手の悪意を知覚した際に怒りを経験しやすいことを示している。またこの研究では，顔見知り程度の親しさの人物が対象のときに怒りを経験しやすい一方で，好きな知人が対象のときには怒りを経験しにくいことも示している。したがって，単純に出来事をどう解釈するかのみならず，相手との関係性など社会的要因も少なからず影響することも忘れてはならない。

　心理的な状態と生理的な状態は密接に関わっている。誰でも緊張で「胸がドキドキする」，怒りで「頭に血が上る」経験をしたことがあるだろう。怒りはとくに顕著な生理的変化を伴う感情である。怒り感情が生起すると，まず自律神経系では交感神経の活動が活発化し，副腎からはアドレナリンが分泌される。交感神経が活発化することで，心臓血管系の活動も活発化する。つまり血圧，心拍がともに上昇する。さらに瞳孔は散大し，発汗も増える（怒り感情が生起した際の自律神経系の活動に関するレビューとしてKreibig, 2010）。

　怒りによってなぜここまで劇的な生理的変化が生じるのだろうか。これは，全身を戦闘態勢へと変化させるためと考えられている（たとえば，闘争か逃走か反応；Cannon, 1929）。先述の通り怒りは自らが立ち向かうべきと認知した，自分に害をなすような状況で生じる感情である。危機的状況において怒りの生起を契機として行動へのエネルギーを全身に動員し，活力を誘導することで，緊急事態に自己を防衛する能力を高めていると考えられる。進化の過程においては，生存率や繁殖率を高めるために適応的な性質であったと考えられる。今なお攻撃性に性差が認められるのは，男性（雄）が他の雄と競って配偶者を奪い合っていた時代の名残だろう。ただし，怒りは単なる進化の過程の遺産ではない。社会的構成理論（Averill, 1979）では，怒りを社会的に構成された反応であり，悪事や不正に報復を与えることで，社会秩序の調整や維持に役立つと考える。すなわち，怒りは進化の過程で適応的に機能し，現代では社会秩序の維持に一役買っているといえる。

　とはいえ，怒りは強い感情であるため，自らの意思で制御することは難しい。いつまでもイライラしていると対人関係上に問題が生じてしまう可能性もある。

そのため，怒りを適切にコントロールできるようなスキルを身につけておくと安心である。もっともよくないことは，いつまでも頭の中でグルグルと怒りについて考えることである。このように怒りや悲しみに関して繰返し思い出したり考えたりすることを反芻という（Nolen-Hoeksema & Morrow, 1991）。反芻をしているといつまでも気分が晴れないどころか，怒りがかえって増大することもある（Ray et al., 2008）。気晴らしも有効ではあるが（Morrow & Nolen-Hoeksema, 1990），根本の問題が解決していないような場合は，その場しのぎにしかならない。このようなときは，頭の中で考えるのではなく，紙に思考を書き出すとよい。そして自分の気持ちや怒りを感じたときの出来事を言葉で整理する。後は，その怒りを喚起された出来事に対して，別の見方ができないかさまざまな角度から検討するとよい。怒りを感じていた原因は，意外と自分一人の思い込みでしかないと気づくこともある。このような技法を**認知再構成法**（たとえば，大野，2014）とよぶ。

●練習問題

1. 以下にあげる行為はバロンとリチャードソン（Baron & Richardson, 1994）の定義にもとづく場合，攻撃とみなされるだろうか。また，攻撃とみなすべきだろうか。もし攻撃とはいえないと考える場合，攻撃をどのように定義すればよいだろうか。
   ①泣き叫ぶ子どもを無理やり歯医者へ連れて行く親の行為。
   ②遅刻した生徒を懲らしめる罰として，嫌がる生徒に校庭を走らせる教師の行為。
2. 高温仮説では暑いと人は攻撃的になるとしており，その仮説を支持するデータも得られている。では，なぜ寒い場合には人は攻撃的にならないのだろうか。
3. 実際に認知再構成法をやってみよう。認知的再構成法は怒りだけでなく，抑うつなど他の不快な感情が中々晴れないときにも用いることができる。

●参考図書

湯川進太郎（2005）．バイオレンス――攻撃と怒りの臨床社会心理学―― 北大路書房

　平易な文章で書かれイラストも豊富なため，初学者でも非常に読みやすい。本章を

読んで攻撃に興味をもったなら，次に読む本として最適だろう。

大渕憲一 (2011). 新版 人を傷つける心――攻撃性の社会心理学―― サイエンス社

　なぜ人は攻撃行動をとるのか，そのメカニズムを説明するさまざまな理論と理論を構築する根拠になっている研究を網羅的に解説している。初学者から中級者向けの一冊である。

岡田　督 (2001). 攻撃性の心理　ナカニシヤ出版

　攻撃性について，とくに臨床心理学や精神分析の観点からの解説に焦点を合わせている。ある程度攻撃について学んだ後，精神障害や精神疾患における攻撃性に興味がある人は手に取ってみるとよいだろう。中級者以上向けの一冊である。

8

個人と集団

　個人が一人でいるときと集団の中にいるときとでは，どのような違いがあるのだろうか。また，集団は個人にどのような影響を与えるのだろうか。集団の中で個人は他の個人とどのような関係をもち相互作用を営むのだろうか。さらに，その相互作用のあり方によって集団は集団としてどのような意思決定を行い，どのように行動するのだろうか。個人と集団，そして集団と集団はそれぞれの利害の対立を乗り越えてどのように折り合いをつけるのだろうか。本章では，個人と集団の関係を考える中で，これらの問に答えようとする。

8.1 集団の機能と構造
8.1.1 集団への所属

集団（group）とは，「お互いに依存しあいながら相互作用を営む2人以上の人々」と定義される。集団は，2人以上の人々がたまたま同じ空間に居合わせただけの集合とは異なり，集団の中では，その集団に所属する成員（メンバー）が，それぞれの欲求や目標をもちながらも，集団としての目標や課題を共有して，その目標達成や課題遂行を目指して相互作用を行う中で，お互いに依存し，お互いに影響を与え合っている。

人々は，多くの集団に所属している。家族，大学の集団（ゼミ，サークルなど），地域の集団（ボランティア団体，青年団，町内会など），趣味の集団（スポーツチーム，音楽団体など），仕事の集団（アルバイトの職場，会社など）など，自発的・非自発的にも，また，一時的・長期的にも，人々は，さまざまな目標や課題をもつ集団に所属しながら日々の社会生活を営んでいる。

人々には，集団に所属したいという生得的な欲求があると考えられている。人間は，長い進化の歴史の中で，数十人を単位とする部族を形成することによって，自然の猛威や野獣などから身を守り，食糧を獲得・生産し，伴侶を得て子どもを育てることに成功してきた。その結果，人間は，集団への所属欲求を生得的傾向としてもつようになり，孤立や社会的排除を嫌い，社会的包摂を好むようになった。**集団所属**（group belongingness, membership）には進化的・生存的価値があるのである。

人々が集団に所属する利益や価値はほかにも多く考えられている。たとえば，集団所属には道具的価値がある。個人が自分の欲求を充足させ，自分の目標を達成するために，集団は情報や機会を提供するだけでなく，集団に所属しなければ達成できないような目標もある。夫婦や会社，管弦楽団や集団競技チームなどに所属することによって，人々はその集団を使って自分の欲求を満たし目標をかなえるのである。また，たとえば，集団所属には自己定義的価値がある。人々は集団に所属することによって自分を定義し，それを自分の存立基盤とすることがある。人々には，「私は有能である」「私は社交的で明るい」といった

個人的アイデンティティもあれば,「私は○○大学の学生である」「私は○○会社の社員である」といった社会的アイデンティティもある。所属集団が，人々の自己概念の一部になっているのである。

8.1.2 集団規範

　集団には,それぞれの成員がそうすべきと他の成員から期待されている行動がある。**集団規範**（group norm；社会的規範（social norm））は，たとえば,「ネクタイを締めるべき」といった表面的なことから,「年長者を尊敬すべき」といった精神的なことまでを含み,「人を殺してはいけない」といった，人々が所属する社会全体に共通していたり,「制服を着るべき」「普段着にすべき」といったように，それぞれの集団に特有であったりする。成員が集団規範に違反すると，他の成員から非難されたり，極端な場合には，その集団から排斥されたりする。集団成員には，集団規範に従うべきという強い圧力が働いているのである。

　シェリフ（Sherif, M., 1935；Sherif & Sherif, 1969）は，このような集団規範が形成され維持される過程を実験室で確認した。彼は，暗闇の中で静止している小さな光点が移動して知覚されるという自動運動現象を利用した。実験参加者に暗室で光点を見せ，その移動距離を報告させると，最初の何回かは，大きな距離を報告したり，小さな距離を報告したりしてでたらめな報告を繰り返していたが，何度も同じことを繰り返すうちにある一定の範囲の距離を報告するようになり，実験参加者は一人ひとり自分の知覚の枠組みを形成した。このようにして独自の個人的規範を形成した実験参加者を，今度は，2人または3人の集団で暗室に入れ，他の実験参加者に聞こえるように移動距離を報告させると，最初は個人の規範に従って各実験参加者がばらばらな距離を報告していたが，これを何度も繰り返すうちに，次第に個人の規範を離れ，2人ないし3人が同じような移動距離を報告するようになり，彼らは，集団としての知覚の枠組み，すなわち集団規範を形成した。逆に，最初から集団状況で移動距離の報告をした実験参加者は，他の実験参加者との相互作用の結果，最初から集団としての知覚の枠組みを形成したために，その後に個人状況で報告することに

なっても，集団規範とは異なる独自の個人規範を形成することなく，集団規範に従った判断を行い続けた。この実験は，明確な規則や規範がない状況では，その状況を何度も繰り返して経験するうちに，独自の個人規範が形成されること，そして，そのようにして形成された個人規範が，集団の中では他の成員との相互作用を繰り返すうちに変化していき，集団規範が形成されること，さらに，そのようにして形成された集団規範は，個人状況になっても維持されることを示している（なお，集団規範の発生については第10章も参照）。

8.1.3 地位と社会的役割

　集団の中には，さまざまな**社会的役割**（social role）があり，集団の中の特定の**地位**（status；位置（position））にある成員がそうすべきと他の成員から期待されている行動がある。たとえば，部活動における部長という役割には，リーダーとして他の部員をまとめ，ひっぱっていくような言動が部員から期待され，それぞれの部員という役割には，部長や他の部員から，部長の言うことに従うような言動が期待されているかもしれない。それぞれの成員が自分に割り当てられた社会的役割に沿う行動をするときには，一般的に，その集団はうまく機能するし，その集団に対する成員の満足感も高くなる（なお，リーダーとリーダーシップについては第9章を参照）。

　成員が自分の社会的役割に沿わない行動をとると，他の成員から非難され排斥されることがある。たとえば，組織の中で部下が上司に逆らった言動をするとどうなるかを想像すれば分かるだろう。成員を社会的役割に従わせようとする集団圧力は，その社会的役割が合理的で公正に決められているのであれば機能的であるが，そうでない場合には問題を起こすことになる。たとえば，わが国ではいまだに不公正な性役割規範が残っており，職場では同僚であるにもかかわらず女性にお茶くみが期待され，職場内結婚では女性社員が異動・退職を求められることがある。

8.1.4 集団内の地位への過剰反応

　成員が，集団の中での地位に過剰に反応して，「自分を見失う」ことが問題

になることがある。たとえば，兵士は，たとえ自分の意に反する非人道的なことでも，集団の中で権威を与えられた上官の命令であれば，部下としてそれに服従することがある。軍隊という集団の中の上官と兵士という地位関係がそうさせるのである。

　第2次世界大戦中，ナチス親衛隊のアドルフ・アイヒマンは，ユダヤ人の絶滅収容所への輸送計画の責任者であった。戦後の裁判で彼は，オフィスで職務命令を忠実に実行していただけの平凡な官吏であるとして，自分に個人的な責任はないと主張した。しかし，彼は絞首刑に処せられた。権威のある人物から命令や要請を受けたときに，それが自分の意思に反したものであっても，それに従った行動を行うことは，**服従**（conformity）とよばれる。

　ミルグラム（Milgram, S., 1974）は，記憶と学習の研究への実験参加者を，別の見知らぬ実験参加者（実はサクラ）と2人1組にし，くじ引きで教師役と生徒役を決めさせた。このくじには細工があり，実際の実験参加者が教師役になり，サクラが生徒役になった。教師役は生徒役に記憶再生の問題を出し，生徒役が間違えると電気ショックを，間違えるたびに1段階（15 V；ボルト）ずつ強くして送るように実験者から指示された（図8.1）。生徒役は予定通りに間違え，教師役が送電盤から電気ショックを送ると，75 Vまでは不平をつぶやき，135 Vでは苦しいうめき声を発し，150 Vから悲鳴をあげ実験の中止を求め，330 Vからは何の反応もしなくなった。実験者は教師役に，生徒役の無反応は誤答とみなして電気ショックを送るように命令した。教師役が2度続け

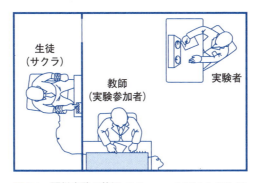

図8.1　服従実験の状況（Milgram, 1974から作成）

て実験の中止を申し出たところで実験は終了した。

教師役の実験参加者の中には，冷や汗をかき，震えをおさえられず，ヒステリックな笑いを浮かべ，極度の緊張を示すものもいた。しかし，40人の実験参加者の約6割が，実験者の命令に従って，生徒役が苦痛にのたうち回り，ついには何の反応もしなくなる最後の450Vまで送電し続けた。この実験の参加者は，地方紙の広告で募集した20歳から50歳までのアメリカ人男性で，職業もさまざまな普通の人たちであった。

ミルグラムによれば，日常生活では責任感のある自律的な人々でも，権威というヒエラルキー構造の中に埋め込まれることによって，代理状態に移行する。この心理状態は，個人が自分自身を他者の要求を遂行する代理人とみなす状態であり，個人は他者に責任転嫁を行い，自分の行動に責任を感じなくなるのである。

8.1.5 集団内の役割への過剰適応

成員が，集団の中で割り当てられた社会的役割に過剰に適応して，「自分を見失う」ことが問題になることがある。たとえば，捕虜収容所や刑務所では，上官に命令されたわけでもないのに，看守は看守になり，囚人は囚人になっていく。看守も囚人も，最初は私たちと同じような普通の人間でありながら，刑務所という非日常的状況の中でそれぞれの役割を与えられ，その役割に沿った行動をしていくうちに，非人間的で病理的な行動を示すようになることがあるのである。

ジンバルドーら（Haney et al., 1973；Zimbardo, P. G. et al., 1977）は，刑務所生活に関する心理学的研究の新聞広告に応募してきた75人の中から，もっとも健全な21人の男子大学生を選び出し，10名を看守役に11名を囚人役にランダムに割り当てた。実験は2週間の予定で行われることになっていた。模擬刑務所は，スタンフォード大学の心理学部の地下室に，実際の刑務所に模して作られた。囚人役の学生は自宅にいるところを地元の警察署員によって突然逮捕され，警察署でのすべての手続き（指紋，写真，全裸検査など）を受け，この模擬刑務所に送られてきた。この刑務所の作りや生活は，実際の刑務所の

重要な特徴や機能は忠実に模してあった。それらは，服装や装具，私物の禁止，ID 番号の使用，点呼から食事の毎日のきまり，格子窓からの監視，手紙やタバコやトイレなどの許可制，面会の取り決めなど細部にわたっていた。

　実験開始後 2 日もしないうちに，囚人役の側に極度の感情の落ち込み，号泣，激怒，不安の兆候が現れだし，5 人の囚人役はすぐに解放された。そのうちの 1 人は心身症性の全身発疹の治療が必要であった。囚人役も看守役も，実際の囚人や看守になりきってしまい，役割演技と本当の自分との区別がつかなくなってしまっていた。看守役は，侮蔑的，攻撃的，権威的，支配的になり，囚人役は，受動的，従属的，抑うつ的，無気力，自己否定的になった。看守役は，囚人役をあさましい動物であるかのように見下し，自分たちの残忍さを楽しむようになり，囚人役は自分の逃亡や安全だけを考え，看守役に対して憎悪を募らせるだけの隷属的ロボットになりさがってしまった。このような事態は，2 週間の予定で始めた実験をたったの 6 日で中止に追い込んだのである。

8.1.6　集団凝集性

　特定の集団に所属する成員間では，年齢や性，信念や意見，行動傾向などが類似しがちであり，集団内の**同質性**（homogeneity）は高くなりがちである。集団内の同質性が高くなるのは，まず，第 5 章で紹介したように，人々は自分と類似した人々に魅力を感じやすいので，類似した人々を新たな成員として迎え入れやすいためである。次に，人々は，いったん特定の集団の成員になるとその集団の規範を内面化していく中で，類似した信念や意見をもち，類似した行動をとるようになるからである。そして，成員間の類似性が高まるにつれて，成員間でお互いに魅力をいっそう感じやすくなるのである。

　集団凝集性（group cohesiveness）は，成員にとっての集団の魅力の総体と定義され，対人的凝集性と課題達成的凝集性とに分類されることがある。対人的凝集性は，その集団に所属する成員がお互いにどのくらい魅力を感じ合っているかであり，課題達成的凝集性は，その集団の目標や課題がどのくらい達成でき，成員の欲求をどのくらい満たしているかである。成員の仲がよく，成員が集団の成果に満足している集団は，凝集性が高い集団ということになる。

集団凝集性は，スポーツ・チームや軍隊など，緊密な協力がなければその集団の課題を達成できないような集団では高いほうがよい。しかし，政府や会社の重役会など，公平で客観的，合理的な問題解決が求められるような集団では，集団凝集性が高くなると，成員間の良好な関係を維持しようとするあまり，成員間でお互いに批判をすることを避けるなどして，その問題解決に支障をきたすことがある（8.3.3 参照）。

8.2 集団の影響

8.2.1 同　調

集団にはその成員を一致へと向かわせようとする斉一性への圧力が存在する。**同調**（conformity）とは，この集団圧力のために，個人の意見や行動が，ある特定の意見や行動に収斂するように変化することである。たとえば，部活のユニフォームの色を決めるのに，最初の部員が赤色を主張し，次の部員も赤色を主張して，そして，いつの間にか全員一致で赤色に決まっているというようなことがあるだろう。同調が生じるのは，他の成員の意見や行動が，成員一人ひとりが適切な判断を下すための有用情報となるためでもあれば（**情報的影響**；informational influence），それらが集団規範となって成員一人ひとりがその規範からの逸脱にともなう制裁を恐れるためでもある（**規範的影響**；normative influence）。

アッシュ（Asch, S. E., 1951, 1955）は，お互いに面識のない 8 人の実験参加者をコの字型に着席させ，2 枚のカードを見せた（図 1.4 参照）。1 枚のカードには明らかに長さが異なる 3 本の線分が描かれてあり，もう 1 枚には 1 本の線分が描かれていた。実験参加者は，3 本の線分のうちどれが 2 枚目のカードの線分と同じかを判断するよう求められた。実験参加者は，実験者の左手の人から時計回りに順番に口頭で回答していった。実は，この実験では，本当の実験参加者は 7 番目に回答を要求される人のみで，他の 7 人は，どのように回答するかをあらかじめ実験者と打ち合わせておいたサクラであった。このような線分判断は，線分の長さを少しずつ変えながら，18 回行われた。このうち 12

回は，7人のサクラが全員一致して同じ誤った回答を行う集団圧力試行であった。本当の実験参加者の誤答は，集団圧力をかけられない統制条件では1%に満たないほど簡単な課題であった。しかし，集団圧力条件では，全員一致の判断に同調した誤答は，全判断の32%に達した。

この実験では，全実験参加者50人中，多数者に影響されずに12のすべての試行で正答を行った者が13人もいた。一方，半数以上の試行で同調を示した者は3分の1にも達しており，個人差という要因が同調行動に大きく関わっていることが分かる。

アッシュは，この実験のいくつかの条件を変えて，同調行動を規定する状況的要因をさらに検討した。たとえば，8人の集団の中に本当の実験参加者が2人いて，回答の順番が4番目と8番目であったときには，本当の実験参加者が多数派に同調して誤答する率は，全判断のうち10.4%にまで下がった。また，8人の集団の中に，必ず正答を行う味方が1人（この人もサクラ）でもいる場合には，同調した誤答は5.5%にまで下がった。さらに，この味方が，途中から寝返って多数派に同調した誤答をするようになると，本当の実験参加者の同調も28.5%と，最初の実験の同調率に近くなった。つまり，多数派が全員一致であるかどうかが，同調行動を規定する重要な要因になったのである。

8.2.2 少数派の影響

アッシュの実験は，集団の中で多数派の影響力が強いことを示しているが，少数派が多数派に影響し，集団を変革していくこともある。モスコヴィッチら（Moscovici, S. et al., 1969）は，6人の実験参加者が36枚のスライドの色を次々と判断する状況を作り出した。どのスライドもほとんどの人が青色と判断するような色であった。6人のうち2人は，実験者と打ち合わせたサクラであり，一貫条件では，サクラは36枚すべてで緑色と主張し，非一貫条件では24枚で緑色と主張した。本物の実験参加者がサクラの影響を受けて緑色と判断したのは，非一貫条件では全判断の1.25%に過ぎなかったが，一貫条件では8.42%にもなった。この実験は，少数派が多数派に影響するためには，少数派が一貫した主張をすることが重要であることを示している。

8.2.3 集団の生産性

個人が何らかの作業をするときに，その場に他者がいたり（**単純存在効果**；mere presence effect），他者が同じ作業をしていたり（**共行為者効果**；coactor's effect），その場で他者が作業を観察していたり（**観察者効果**；observer's effect）すると，個人の作業成績が変化することは，**社会的促進**（social facilitation），**社会的抑制**（social inhibition），**社会的手抜き**（social loafing）の問題として，第4章で紹介されている。しかし，他者が存在するときの個人の成績だけでなく，集団で作業を行い集団としての作業成績が問われるような状況では，これらの問題はどのようにかかわってくるのだろうか。

第4章で紹介したように，他者の存在は個人を覚醒させ，動因水準を上昇させる。これは，他者に注意を払うからであり，他者がいて気が散るからであり，また，他者からの評価が気になる（**評価懸念**；evaluation apprehension）からである。そして，動因水準の上昇は優勢な反応の出現確率を高めるため，正反応が優勢な単純な作業では個人の成績が向上し，誤反応が優勢な複雑な作業では個人の成績が低下することになる。このような社会的促進と社会的抑制の現象は，個々人が他者のいるところで独立して作業を行い，個人の成績が個別に評価される状況で生じやすい。

しかし，集団で作業を行い集団としての成績が問われる状況では，個人の努力や成績を個別に判別しにくいことがある。たとえば，管弦楽団の第1バイオリンなどそれぞれのパート内では，誰が上手に頑張ったか，誰が手を抜いたかを特定することは難しい。このように個々人の努力や成績が集団のそれらに紛れ込んで個別に特定されない状況では，評価懸念が生じず，動因水準は比較的低い状態で，リラックスして作業に取り組むことができるため，社会的促進と社会的抑制とは逆の現象が生じる。つまり，単純な作業では成績は低下し，複雑な作業では成績が向上しやすくなる。ジャクソンとウィリアムズ（Jackson, J. M., & Williams, K. D., 1985）は，同じ部屋で2人の実験参加者に各自のコンピュータ画面上で単純な迷路か複雑な迷路のいずれかを解かせた。実験者は，評価懸念条件では，個別に成績をだすと実験参加者に教示し，非評価懸念条件では，コンピュータが2人の成績の平均をだすと教示した。実験参加者は，

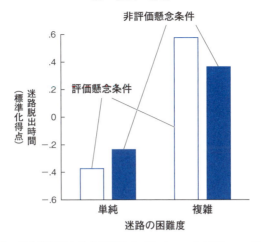

図 8.2　社会的促進と社会的手抜き (Jackson & Williams, 1985)

単純な迷路では評価懸念条件で速く迷路を解き，複雑な迷路では非評価懸念条件で速く迷路を解くことができた（図 8.2）。

　他者が存在し評価懸念が高いときには，単純な作業の成績は良く（社会的促進），複雑な作業の成績は悪くなる（社会的抑制）が，個人が集団に埋没して評価懸念が低いときには，単純な作業の成績は悪く（社会的抑制），複雑な作業の成績が良くなる（社会的促進）ことがあるのである。そして，評価懸念が低いときの社会的抑制は，一人ひとりの個人が集団の成績への責任を感じず（**責任の拡散**；diffusion of responsibility），努力を怠ることから，社会的手抜きとよばれる。

8.2.4　没個性化

　作業の成績への影響以外にも，個人が集団に埋没し，**匿名性**（anonymity）が高まることの影響はある。個人は集団の中にあることによって，**没個性化**（没個人化；deindividuation）が生じ，いわば集団を隠れ蓑にして，衝動的で逸脱した行動をとることがある。たとえば，ヨーロッパでは，フーリガンとよばれるサッカーファンの集団が騒動を起こしている。アメリカ合衆国では，かつて，クー・クラックス・クラン（KKK）という白人至上主義の秘密結社の

白人たちが，同じ白装束・白頭巾で正体を隠し集団になって，黒人をリンチして死に至らしめる事件が頻発していた。人類の戦争の歴史は，兵士たちが，同じ軍服に身を包み，女性や子どもなど無辜の民を意味もなく虐殺するのを目撃してきた。

リームら（Rehm, J. et al., 1987）は，5年生の子どもたちを無作為に5人組にし，ハンドボールの試合をさせた。一方のチームは，全員がオレンジ色のシャツを着せられ，対戦相手のもう一方のチームは普段着のままであった。試合の中でオレンジ・チームの子どもたちは普段着チームの子どもたちよりもプレーが攻撃的であった。ユニフォームのような些細なことであっても，集団の中で個人としての識別可能性が低くなると，個人はより攻撃的に振る舞うことがあるのである。

8.3 集団の意思決定
8.3.1 集団分極化現象

集団意思決定（group decision-making）とは，集団の成員が討論や票決を経て，何らかの形で合意に達し，集団としての1つの判断を下すことである。集団討議を経て下される集団意思決定と，個々人が行う意思決定とにはどのような違いがあるのだろうか。ウォラックら（Kogan & Wallach, 1964；Wallach, M. A. et al., 1962）は，ストーナー（Stoner, J. A. F., 1961）が行った未発表の研究を発展させて，個人の意思決定よりも集団の意思決定のほうがリスキーなものになることを示した。彼らは，お互いに面識のない同性の実験参加者6名を一室に集め，その一人ひとりに選択ジレンマ質問紙に回答させた。この質問紙には，ある人物が2つの選択肢のどちらをとったらよいか迷っている場面が描かれていた。それらの選択肢は，一方が他方よりも，成功する確率は少ないリスキーなものであるが，同時に，成功したときの利益が大きいというものであり，表8.1の例に示すような12の仮想的状況が用意された。実験参加者は，それぞれの状況におかれた人物に対して，その選択肢が成功する確率がどのくらいのときにその選択肢を採用するよう助言するかを尋ねられたの

表8.1 選択ジレンマ質問紙に描かれた仮想的状況の例（要約）

状況1	：ある電気技師が，ほどほどではあるが十分な給料が保証されている現在の会社にとどまっておくか，それとも，会社の将来性は不確かであるが，かなりの高給が見込める新しい会社に転職するかで迷っている。新会社が成功する確率がどのくらいなら転職すべきか。
状況2	：ある人が重い心臓病を患って，大手術を受けなければ普通の生活をあきらめなければならない。しかし，その難しい手術は，成功すれば完治するが，失敗すれば命にかかわる。その手術をするかどうかで迷っている。手術が成功する確率がどのくらいなら手術を受けるべきか。
⋮	
状況12	：ある婚約したカップルが，最近，意見の根深い食い違いに直面した。結婚カウンセラーは，幸せな結婚は，可能ではあるが保証できないと言っている。結婚するかどうかで迷っている。結婚が幸せになる確率がどのくらいなら結婚すべきか。

である。6人全員が個人の判断を終えると，次に，実験参加者は，選択ジレンマ質問紙のそれぞれの状況について6人の集団で話し合って全員一致の結論を出すように求められた。どうしても全員一致の結論を出せなかったケースもあったが，それはほんの1，2例であった。最後に，実験参加者はお互いに離れて座り，もう一度，同じ選択ジレンマ質問紙に，個人としての判断を回答した。

この実験の結果は，多くの状況で，集団討議前の個人の意思決定の平均値に比べて，集団討議後の集団の意思決定のほうがリスキーな方向にシフト（**リスキー・シフト**；risky shift）することを示した。さらに，それらの状況では，集団討議前の個人の意思決定の平均値よりも集団意思決定後の個人の意思決定の平均値のほうがよりリスキーなものであり，集団意思決定が個人に及ぼす影響が持続的なものであることを示していた。

しかし，**表8.1** の状況12が示すように，これらの状況の中には，個人の意思決定よりも集団の意思決定のほうがむしろ安全で保守的な方向にシフト（**コーシャス・シフト**；cautious shift）するものもあった。選択ジレンマ質問紙を利用したその後の多くの研究は，最初の個人の意思決定がリスキーな方向であれば，集団の意思決定はよりリスキーな方向にシフトし，最初の個人の意思決定がコーシャスな方向であれば，集団の意思決定はよりコーシャスな方向にシ

フトすることを示している。すなわち，集団討議と集団意思決定によって，最初の個人の意思決定がより極端なものになるのである。このような**集団分極化現象**（集団極化現象，集団成極化現象；group polarization phenomenon）は一般的な現象であり，リスクを含む話題に限らず，さまざまな社会的態度でも生じることが確認されている。たとえば，モスコヴィッチとザバロニ（Moscovici, S., & Zavalloni, M., 1969）は，フランスのドゴール大統領に対する好意的態度が集団討議を経てより好意的になり，アメリカに対する非好意的態度が集団討議を経てより非好意的になることを示している。

集団分極化現象が生じるのは，集団討議を通して，人々が，他の人が表明するさまざまな**説得的議論**（persuasive argument）の中から，自分の立場を支持する議論だけを選択して受け入れようとするからである。自分の立場を支持する議論の中には，自分が最初には思いもつかなかったものもあり，それらを受け入れることによって，人々は自分の最初の立場が正しいことをより強く確信し，自分の立場をより極端なものにしていくのである。

また，集団分極化現象は，人々が自分の立場と他の人の立場を比較（**社会的比較**；social comparison）することによっても生じる。人々は，自分の立場は他の人の立場よりも正しいと思いたがる傾向をもっているために，集団討議の中で他の人の立場に接して，他の人の立場のほうが自分の立場より極端なときには，自分の正しさを示そうとして，その人よりもいっそう極端な立場を主張しがちである。そうすることによって，集団の中での自分の評価を上げていこうとするのである。

8.3.2 プロセス・ロス

個人の意思決定には，あらゆる主観とあらゆるバイアスが含まれているが，集団で意思決定をするさいには，人々が意見や情報を交換し，お互いのバイアスや誤りを正すことができるので，よりよい意思決定が行われると考えられがちである。しかし，集団討議によって，たとえ個々人のバイアスや過ちが正されるとしても，最終的な集団の意思決定は，その集団の中のもっとも専門的な個人を中心にしてなされなければ，そのもっとも専門的な個人の個人的な意思

8.3 集団の意思決定

決定以上のものにはならないだろう。集団意思決定は，お互いがお互いの意見や情報に耳を傾け，かつ，もっとも専門的な個人を中心にしてなされるのであれば，個人の意思決定に勝る可能性がある（Davis & Harless, 1996）。

スタイナー（Steiner, I. D., 1972）は，集団での成員間の相互作用のあり方が集団意思決定の質を落としてしまうことを**プロセス・ロス**（過程損失；process loss）とよんでいる。たとえば，集団の意思決定では，もっとも専門的な人が他の成員を説得できるとは限らないし，そもそも専門性に焦点を当てた議論がなされないかもしれない。また，人々は，素直に自分のバイアスや誤りを認めるとは限らないし，自分の誤りを認めたがらない人は声を大きくして議論を主導しようとするかもしれない。

集団討議では，成員間ですでに共有されていた情報に焦点が当たり，あらかじめ全員に共有されていない情報は無視される傾向がある。個々の成員，あるいは一部の成員しかもっていないユニークな情報は集団討議を経て失われるのである。ステイサーとタイタス（Stasser, G., & Titus, W., 1985）は，候補者の中から誰を学生の代表にするかについて4人の実験参加者に集団意思決定を行わせた。彼らは，実験参加者に，候補者Aについて8つの長所と4つの短所に関する情報を与えて，候補者Aがその他の候補者よりもふさわしいと思わせようとした。長所共有条件では，4名の実験参加者全員が8つの長所と4つの短所の情報を受け取って集団討議に臨み，その結果，83％の集団が候補者Aを推薦した。長所分散条件では，4人の実験参加者は，それぞれが異なる2つの長所と，全員同じ4つの短所の情報を受け取った。もし，集団討議の中で長所に関する情報がすべて交換され受け入れられれば，この条件でも長所共有条件と同じ8つの長所が4人に共有されることになっていた。しかし，この条件で候補者Aを推薦したのは，24％の集団にとどまった。最初に共有されていなかった情報は，集団討議を経ても，結局は共有されず，集団の意思決定に影響を及ぼさないのである。

8.3.3 集団思考

　他の成員の異なる意見が，意思決定者集団に共有されなかったために大惨事に至った事例がある。1986年1月28日，スペースシャトル・チャレンジャー号の打ち上げ直後の爆発である。民間の教師も含む7人の宇宙飛行士が犠牲になった。アメリカ航空宇宙局（NASA）の執行部は，それまでの打ち上げ成功の実績と，初めての民間人の搭乗の熱気（「先生を宇宙へ！」）と，そして，打ち上げに成功して連邦議会から予算獲得をしたいという動機のために，打ち上げを決行し，それは必ず成功するという方向に傾いていた。一方，チャレンジャー号のブースター・ロケットを製造した会社の技術者たちはそのジョイント部のリングの強度に強い懸念を示し，打ち上げに強く反対していた。その会社の重役たちには葛藤があった。会社の経営はNASAに依存しているのにもかかわらず，技術部門の副社長が，技術者たちの意見を聞き入れ打ち上げに反対していたからである。他の重役たちは，その副社長に経営的な判断をするように圧力をかけた。重役たちは，この葛藤を解決するために，社員たちの投票を行った。ただし，その投票は経営にかかわる社員だけが行い，技術者たちの投票は行われなかった。そして，NASAの執行部と会社の重役との最後の会議では，出席者全員が打ち上げ決行の方向へとお互いに強め合ったのである。

　ジャニス（Janis, I. L., 1972, 1982）は，1961年にジョン・F・ケネディの「キャメロット」政権がキューバのピッグズ湾にアメリカ軍を侵攻させて大失敗をした事例や，ニクソン大統領と「宮廷護衛官たち」によるウォーターゲート事件で合衆国史上唯一の大統領辞任に至った事例などを分析する中で，**集団思考**（集団浅慮；groupthink）が生じていることを明らかにした。ジャニスは，集団思考を，「凝集性の高い集団の中で同意を求める傾向（**同意追求**；concurrence-seeking）があまりにも支配的になるがために，他の行為を採ったらどうなるかを現実的に評価できなくなりやすいときに人々が行う思考の方法」と定義している。図8.3に示すように，集団思考は，凝集性が高く，他の意見から隔離された集団の中で，リーダーが支配的に自分の意向を知らしめようとするときに生じやすい。そこでは，自分たちは絶対に正しく無敵であるという幻想が生じ，対立する立場を敵視し，自ら反対意見を言うのを控え，反対

8.3 集団の意思決定

先行条件
- 高い凝集性　成員が集団に価値をおき，魅力を感じ，成員であり続けたいと思う。
- 孤立した集団　集団が孤立して，他の集団から別の意見を聞くことができない。
- 支配的リーダー　リーダーが議論を支配し，自分の意向を通そうとする。
- 高いストレス　自分の集団に対する脅威があると成員が思っている。
- 意思決定手続きの不備　他の意見を考慮するための標準的手続きを準備していない。

症状
- 不敗の幻想　自分たちは正しく無敵であると信じている。
- 道徳的正義を信奉　「神は私たちとともにある」。
- 外集団をステレオタイプ化　対立する集団に対して単純化した決めつけを行う。
- 自己検閲　反対意見を言わないように自ら規制する。
- 反対者への同調圧力　反対意見を言う成員に対して多数派に従うよう圧力をかける。
- 全員一致の幻想　反対意見はない，全員が同じ考えであると信じている。
- マインドガードの出現　リーダーや成員を反対意見に接触させないよう監視する成員が現れる。

意思決定の問題
- 目的や他の意見を十分に吟味しない。
- 情報を十分に探索しない。
- 情報を選択的に処理する。
- 採用する意見がもたらすリスクやコストを検討しない。
- 不採用の意見を再検討しない。
- 不測の偶発事態への対処を策定しない。

図 8.3　集団思考の先行条件，症状，意思決定の問題（Janis, 1982 から作成）

者には露骨な圧力をかけて同調させようとする。その結果，全員一致で結束しているという幻想が生じる。この幻想を守るために，反対者や反対意見が集団に入り込まないように監視する役割を果たす成員（**マインドガード**；mind-guard）も現れてくる。このような思考の結果，その集団の意思決定は，他の選択肢の可能性を吟味せず，自分たちの選択の問題を直視しようとせず，状況即応的な計画を策定しないなど，多くの欠陥を含むものとなる。

　集団思考を避けるためには，リーダーは，どの集団でも集団思考に陥る可能性があることを認識しておかなければならない。その上で，リーダーは，支配的にならずに，公平であるべきであり，その集団の外部の人々で，その集団の

凝集性を維持することに関心がない人々の意見を歓迎すべきである。リーダーは，その集団を複数の下位集団に分けて，それぞれの下位集団ごとに議論をさせた後に，全員で議論をすることによって，さまざまな意見を聞くことができる。また，リーダーは，投票を匿名で行わせたり，あらかじめ匿名の意見書を提出させたりして，自己検閲を避けさせ，他の成員からの批判に晒されないようにすることもできる。

8.4 葛藤と協力

8.4.1 内集団ひいきと社会的アイデンティティ

　人々には，自分の所属する集団（**内集団**；ingroup）を高く評価し，好意的に扱う傾向があり，自分の所属しない集団（**外集団**；outgroup）を低く評価し，非好意的に扱う傾向がある。この傾向は，**内集団ひいき**（ingroup favoritism），ないしは**内集団バイアス**（ingroup bias）とよばれる。たとえば，自分の家族と他の家族，自分のサークルと他のサークル，自分の大学と他の大学，日本人と他の国民などに対する自分の感情や行動を想像してみれば分かるだろう。

　タジフェルら（Tajfel, H. et al., 1971）は，単に別々の集団に所属するだけで内集団と外集団を分ける社会的カテゴリー化が行われるだけで内集団ひいきが生じることを，**最小条件集団状況**（minimal group situation）を作り出して実証した。タジフェルらは，8人の生徒を一室に集め，たくさんの点が描いてあるスライドを短時間スクリーンに呈示して，その数を推測させ書きとめさせた。生徒たちはこの点推測判断を40回行った後で，実験者から，まったく異なる別の判断実験への協力を要請され，その判断のために便宜的に2つの集団に分けられることになり，その集団は点の数を多めに推測した人々（過大推測集団）と少なめに推測した人々（過小推測集団）で分けられると告げられた。さらに，生徒たちは，次の判断実験が，自分以外の他の人に実際のお金で賞や罰を与えることを扱っているので，お互いを匿名にしてコード番号でよぶことにすると告げられた。これらの説明を受けた後に，生徒たちは，一人ひとり個室へ案内され，そこで，自分が過大推測集団と過小推測集団のいずれに属する

8.4 葛藤と協力

マトリックスA 内集団成員(例：過大推測集団) 成員番号74	1	2	3	4	5	6	7	8	9	10	11	12	13	14
外集団成員(例：過小推測集団) 成員番号44	14	13	12	11	10	9	8	7	6	5	4	3	2	1

マトリックスB 内集団成員(例：過大推測集団) 成員番号74	7	8	9	10	11	12	13	14	15	16	17	18	19
外集団成員(例：過小推測集団) 成員番号44	1	3	5	7	9	11	13	15	17	19	21	23	25

図8.4 最小条件集団実験で用いられた分配マトリックス（Tajfel et al., 1971から作成）

かを教えられて，図8.4に示すようなマトリックスを用いて，たとえば「過大推測集団の74番の人」と「過小推測集団の44番の人」に賞罰の分配を行った。なお，実際には，生徒たちは無作為に過大推測集団か過小推測集団に分けられていた。

その結果，生徒たちは，マトリックスAの右側のほうの分配を選ぶ傾向を示した。生徒たちは，自分と同じ集団に属しているというだけで，自分の利益にならないにもかかわらず，誰か分からないその人に利益になるような選択をしたのである（内集団ひいき）。さらに注目すべき結果は，マトリックスBを用いた第2実験で得られている。生徒たちは，左側のほうを選ぶ傾向を示したのである。マトリックスBでは，右側のほうを選択すれば，内集団の人の利益になるが，それは同時に，それ以上に外集団の人の利益にもなる。生徒たちは，内集団の人に対する利益を減らしてでも，外集団の人に格差をつけて，その人の利益にならないような選択を行ったのである（**差別**；discrimination）。

タジフェルとターナー（Tajfel, H., & Turner, J. C., 1979）は，こうした実験結果を説明するために社会的アイデンティティ理論を展開している。社会的アイデンティティとは，自分が特定の集団の一員であるという知識であり，その知識はその人の自己概念の一部となっている。人々には，一般的に，自分の自尊心を高揚させようとする欲求がある。そこで，人々は，自分の内集団をひいきし，外集団を差別することによって，自分の内集団の優越性，ひいては自分自身の自尊心を高揚させようとするのである。

8.4.2 集団間葛藤の発生と解消

現実葛藤理論（realistic conflict theory）では，内集団ひいきや外集団への差別や敵意は，2つの集団間で希少な資源をめぐって発生すると考えられている。たとえば，自分の家族と隣の家族が飢えているところに，小さなパンが1つだけ与えられた状況を想像すれば分かるだろう。

シェリフら（Sherif et al., 1961；Sherif & Sherif, 1969）は，少年たちのサマー・キャンプを利用して，内集団を形成させた上で集団間葛藤を発生させ，それを解消する試みを行っている。彼らは，11歳から12歳の22名の少年たちを均等な2つの集団に分けて，「泥棒洞窟」というキャンプ場に連れて行った。最初の1週間ほどは，2つの集団は別々に行動し，お互いの存在すら知らされなかった。この間に，それぞれの集団の中では，ハイキングなどの共同活動や相互依存的な作業を通して，仲間意識が強まるとともに，集団の規範が形成され，個々の成員の地位や役割が安定してきた（内集団の形成）。この1週間の最後の頃に，別の集団がキャンプに来ていることを知らされると，少年たちは，まだ見ぬ相手（外集団）に敵愾心を燃やし，自分たちの中で仲間意識をさらに強めていった。

その後，2つの集団は遭遇させられ，賞品のかけられた野球や綱引きなどの競争的なスポーツが次々に導入された。それぞれの集団は自分の集団の勝利を目標とするために，一方の集団の勝利が他方の集団の敗北を意味するこれらの競技では，2つの集団の目標はお互いに葛藤する。これらの競技を通して，集団の間では，お互いに対する敵対感情が徐々に高まり，相手集団やその成員を罵倒したり攻撃したりするようになり，それは競技場の外にまで広がった。ある試合で負けた集団が，夜の間に勝った集団の団旗を燃やしてしまい，翌朝にはその報復が行われた。一方，それぞれの集団の中では，お互いの団結や凝集性が高まり，相手を打ち負かすという目標に向けて集団規範や地位や役割が再編されていった。たとえば，多くの時間と労力が相手を打ち負かすための作戦会議に割かれるようになり，内集団形成期には乱暴者で低地位にいた少年がヒーローになった。この段階の最後に行われた友人調査（**ソシオメトリック・テスト**；sociometric test）では，自分の所属する内集団成員を友人として選ぶ

8.4 葛藤と協力

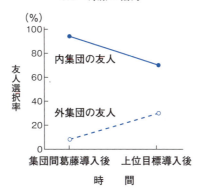

図 8.5 **集団間葛藤導入後と上位目標導入後の友人選択**（Sherif & Sherif, 1969 から作成）

少年がほとんどであった（図 8.5）。

最終段階では、この集団間葛藤の解決が試みられた。最初の試みとして、2つの集団が、映画や花火や食事などの楽しい時間を一緒に過ごす友好的な接触機会が設けられた。しかしこの試みは失敗に終わり、罵り合いや残飯の投げ合いなど、むしろ敵対的感情を助長する結果となった。集団間葛藤を最後に低減した試みは、2つの集団が協力しなければ達成できないような上位目標（superordinate goal）を導入し、相互依存関係を築き上げることであった。少年たちは、キャンプ生活には必須の給水が止まってしまい、2つの集団が協力して故障個所を探し出したり、食料供給車がぬかるみにはまったのを力を合わせて救い出したり、高価な映画を上映してもらうためにお金を供出し合ったりするという出来事を通して、徐々に罵り合いや小競り合いは減っていき、敵対的感情は友好的なものへと変わっていった。3週間に及ぶこのキャンプの最後に行われた友人調査では、相手集団の成員が友人として選択される数は約3分の1にのぼった（図 8.5）。最後には、集団ごとに別々のバスではなく、一緒に乗って帰りたいと言い、帰る途中では、一方の集団が試合で得た賞金の残りで飲み物を買い、もう一方の集団と分け合っていた。

シェリフらは同様の実験を3回繰り返し（上述の実験は3回目）、賞品などの希少資源をめぐる競争が集団間の葛藤を引き起こすことを示し、その葛藤の低減のためには、単なる集団間の接触ではなく、上位目標を達成するための協

力的相互依存関係が重要であることを例証したのである。

8.4.3 囚人のジレンマ

個人にとってもっともよいことが，集団にとってもっともよいこととは限らない。たとえば，前述のサマー・キャンプでは，両方の集団が自分の集団の利益を追求しようとしたために，罵り合いや喧嘩などの集団間葛藤がいたるところで発生し，キャンプ全体としては楽しくない罵声と暴力の思い出しか残さなかったかもしれない。

このように個々の利益と全体の利益が対立する状況は，もっと一般的には，**囚人のジレンマ**（prisoner's dilemma）として説明されている（図8.6）。その状況では，重要犯罪の共犯を疑われている2人の容疑者（図では囚人Aと囚人B）が，それぞれ別件の軽犯罪で逮捕され，別々の部屋で刑事から取調べを受けている。その重要犯罪には決め手となる証拠がなく，刑事にとっては容疑者の自白だけが頼りである。どちらの容疑者も，黙秘することもできるが，自白することもできる。しかし，別室の2人はお互いに相談して決めるわけにはいかない。2人ともが黙秘すれば重要犯罪が立件できず，2人とも別件の軽い刑ですむ（それぞれ懲役3年）。2人ともが自白すれば重要犯罪が立件され，2人とも重い刑になる（それぞれ懲役10年）。しかし，1人が自白して1人が黙秘すると，自白した人は，司法取引制度の捜査協力によって減刑されて，もっと軽い刑ですむが（懲役1年），黙秘した人は逆にもっと重い刑になる（懲役

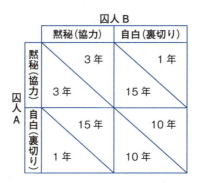

図8.6　囚人のジレンマの選択肢と懲役年数

15年)。

　この2人の容疑者の間では，黙秘は相手への協力であり，自白は相手への裏切りである．2人の間にコミュニケーションが許されず，相手の出方が分からない状況で，それぞれの容疑者が自分の利益を最大にしようとすると，それぞれが自白（裏切り）を選択することになる．なぜなら，仮に相手も自白するとすれば，自分も自白すると懲役10年，自分が黙秘すれば懲役15年であり，自白のほうが得である．そして，仮に相手が黙秘するのであれば，自分が自白すると懲役1年，自分も黙秘すれば懲役3年であり，やはり自白のほうが得だからである．相手の出方によらず裏切ったほうが自分の利益になるのである．しかし，この2人が集団の利益を最大にしようとすると，それぞれが黙秘（協力）を選択することになる．なぜなら，2人とも黙秘すれば2人の懲役を合わせて6年であり，2人とも自白すればそれが20年にもなるからである．このような状況では，個人の利益を優先して相手を裏切るか，集団の利益を優先して協力するかというジレンマに直面しているのである．

8.4.4　互恵性と進化

　このようなジレンマは囚人に限らない．たとえば，競合する商店の間では，両方とも価格を変えなければ，これまで通りの利益である（共栄状態）．しかし，価格カルテルを結ぶのは違法であり，お互いに相談はできない．もし価格を下げると，下げたほうに客は流れるが，両方とも価格を下げると客の流れは変わらず，両方とも価格を下げた分だけ損をすることになる（共貧）．しかし，もし一方だけが価格を下げると，下げたほうは大得をするが，変えなかったほうは大損をする（格差状態）．商店主が囚人と異なるのは，商店主は，毎日繰り返して同じ相手とこのジレンマに直面しているという点である．商店主たちは，どのような戦略を採用すれば，長期的にみてもっとも利益をあげることができるのだろうか．

　アクセルロッド（Axelrod, R., 1984）は，繰返しのあるジレンマ・ゲームで自分の利益をあげるための最良の戦略を明らかにするために，ゲーム理論の専門家たちに呼びかけて，戦略プログラムを募集した．14人の専門家が作成し

たプログラムに「ランダム戦略」(協力と裏切りが無作為に50%ずつ)を加えた15の戦略プログラムが，自分自身との対戦を含む総当たり戦に参加した。それぞれの対戦は200回繰り返して行われた。これらの戦略の中には，相手の出方をじっくり観察して相手の戦略パターンを見抜いた上で自分の戦略を決めるという高度で複雑なプログラムも含まれていた。しかし，このトーナメントでもっとも優秀な成績をおさめた戦略は，「しっぺ返し戦略」(**応報戦略**；tit-for-tat strategy)というもっとも単純なプログラムであった。しっぺ返しとは，初回は協力し，その後はすぐ前の回に相手が出した手を自分が出すという戦略である。つまり，最初は協力するが，2回目以降は，相手が協力してくれば協力でお返しするが，相手が裏切ってくれば裏切りでしっぺ返しをするという単純な戦略である。

アクセルロッドは，2回目のトーナメントを開催し，63の戦略プログラムを戦わせた。今回ももっとも優秀な成績をおさめたのは，最初のもっとも単純なしっぺ返し戦略であった。2回のトーナメントを通して，しっぺ返し戦略を含めて好成績をおさめた戦略に共通した特徴は，自分からは進んで裏切らないという「上品さ」であった。それに反して，相手の協力につけいるような「汚い」戦略はあまり良い成績をおさめられなかった。

アクセルロッドは，さまざまな戦略が混在する集団の中でどの戦略が繁栄し，

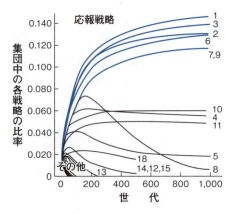

図8.7　進化シミュレーション (Axelrod, 1994)

どの戦略が衰退していくかを調べようとして，別のコンピュータ・シミュレーションを行った。ジレンマ・ゲームを繰返し行っていく中で，高い得点をあげた戦略は増加し（子孫を増やす），低い得点に終わった戦略は減少する（淘汰される）という進化アルゴリズムを組み込んだ。このシミュレーションの結果は，多くの戦略が数世代で絶滅したのに対して，自分からは裏切らない上品な戦略は集団の中での比率を順調に高めていくことを示している（図 8.7）。とくに，しっぺ返し戦略はそうであった。このことは，長期的な関係では，自らは裏切らず，お互いに協力し合う互恵主義的な戦略がもっとも利益をもたらすことを示している。

8.4.5 社会的ジレンマ

囚人のジレンマは，個人と個人，あるいは集団と集団の二者間の問題であるが，もっと多くの当事者を巻き込むと，それは社会的ジレンマ（social dilemma）となる。たとえば，公共財問題（public goods dilemma）では，すべての住民は，道路や水道などの公共財を整備するために税金を納めなければならない。しかし，一人ひとりの住民は，できるだけ納める税金を少なくしたいと思っている。もし，すべての住民がそう思ってそうしたら，道路や水道が維持できなくなり，すべての住民が不便をすることになるのである。また，たとえば，生物学者のハーディン（Hardin, G., 1968）は，「共有地（コモンズ）の悲劇（tragedy of the commons）」の問題を提起している。そこでは，村の真ん中に牧草地があり，すべての村人が放牧を許されている。一人ひとりの村人は，できるだけ多くの自分のヒツジに好きなだけ牧草を食べさせたいと思うが，すべての村人がそう思ってそうすると，その共有地は荒れ果て，不毛の地となり，村人は誰もヒツジを飼えなくなるという悲劇が生じるのである。これは，一般的には，コモンズ問題（commons dilemma）とよばれるが，いずれの例も，個人の利益と集団の利益が葛藤し，一人ひとりの個人が合理的に行動すると集団の合理性が損なわれ，その結果，すべての個人の合理性も損なわれるという社会的ジレンマ状況である。

囚人のジレンマでは，結果が出れば相手が協力したか裏切ったかが分かるが，

社会的ジレンマでは，多くの人々がかかわっているために，一人ひとりの匿名性が高くなり，誰が協力したか，誰が「ただ乗り（**フリーライダー**；free rider）」したかが分かりにくいという問題が生じる。誰からも見られなければ，そして，誰からも名指しで咎められなければ，人への迷惑も顧みずに，ごみのポイ捨て，水の垂れ流しなど自分勝手なことをしないのだろうか。集団が大きくなり，匿名性が高まると，たとえば，自分は税金を納めずに他のみんなが納めた税金の恩恵にあずかろうとするフリーライダーが増えるのである。地球温暖化などの環境問題，限られた資源とその資源をめぐる争いなどの資源問題など，地球という共有地が悲劇に見舞われないようにするにはどうすればよいのか，現代を生きる私たちが解決しなければならない課題は多い。

●練習問題

1. あなたが所属している集団を，できるだけ多くリストアップし，それぞれの集団について，あなたがその集団に所属している理由，その集団の規範，その集団の中の地位と社会的役割，その集団の凝集性，その集団が抱えているさまざまな問題について整理してみよう。
2. 最近，あなたが所属している集団で何かを「みんなで決めた」経験を思い出して，最初は意見が分かれていたが，最後には1つの決定がなされていった経緯について，集団が個人に及ぼす影響や集団意思決定の観点から解説してみよう。
3. 集団思考は，政府や会社など大きな組織だけで生じる問題ではない。あなたの身近な集団で生じた問題や，あなたと同じ大学生が集団で起こしてしまった事件などについて，図8.3の先行条件，症状，意思決定の問題としてリストアップされた各項目が，具体的にどのように現れていたかを分析して記述してみよう。
4. たとえば，地球温暖化について，地球という共有地が悲劇に陥らないようにするためには，どうしたらよいか考えてみよう。また，あなたの地域社会，あなたの学校など，もっと身近な集団での社会的ジレンマを取り上げて，それを記述し，その社会的ジレンマの解決方法を考えてみよう。

●参考図書

唐沢　穣・村本由紀子（編著）(2011)．展望　現代の社会心理学3　社会と個人の
　　ダイナミクス　誠信書房
　　個人と集団・社会とのダイナミックな関係について，比較的，専門的な解説がなされている。本章だけでなく，第9章「組織と人間」，第10章「集合行動」の参考図書としても十分である。

ショウ，M. E.　原岡一馬（訳）(1981)．小集団行動の心理　誠信書房
　　小集団のグループ・ダイナミックスに関する総合的な入門書である。とくに，小集団を対象にして実施された実験室実験の成果が詳細に述べられている。

末永俊郎（編）(1978)．講座　社会心理学2　集団行動　東京大学出版会
　　集団行動に関する現代の社会心理学的研究の基礎となった古典的研究が，専門的に詳細に紹介されている。

ブラウン，R.　黒川正流・橋口捷久・坂田桐子（訳）(1993)．グループ・プロセス
　　──集団内行動と集団間行動──　北大路書房
　　グループ・ダイナミックスに関する主要な理論的発展と実証的研究が，網羅的でありながら，専門的な用語でコンパクトに解説されている。

9

組織と人間

　組織とは人間が仕事をするための「仕組み（system）」である。本章では，その「仕組み」の中で働く人々の心理と行動について考える。まず，社会心理学での「組織と人間」というテーマでもっとも関心を集めてきた仕事の動機づけについて解説する。次に，組織のパフォーマンスを左右するリーダーシップについて社会心理学的な視点から言及する。最後に，昨今組織および組織構成員にとって大きな問題となっている職務ストレスとメンタルヘルスについて考える。

9.1 仕事の動機づけ

なぜ人は仕事をするのだろうか。第一の理由は，生活のための賃金を得るため，さらには今まで以上の報酬（賞与，報奨金など）を望むからだろう。もしそうであれば，人が仕事をするのは報酬を得るためで，報酬が多ければ多いほど人は仕事に精を出すのに違いない。だが，もう一つの理由は，仕事自体が楽しい，おもしろい，あるいは仕事をすることが生きがいである，といったことが考えられる。そうであれば，人は仕事自体にやりがいがあるために精を出しているのであろう。

9.1.1 科学的管理法

従業員の動機づけを高めるにはどうすればよいのだろうか。その「仕掛け」としてテイラー（Taylor, F. W., 1911 有賀訳 2009）が考案したのが**科学的管理法**だった。テイラーは，まず工場での作業を細分化し，作業手順と生産量を標準化しようとした（標準作業の設定）。そのために，作業の基本的動作に要する時間を精密に測定し（これは時間研究とよばれる），もっとも短時間で遂行できるムダのない動作を決めた（これを動作研究とよぶ）。これによって無駄な作業動作を排除した作業基準（「公正な1日作業量」）ができる。この作業基準を作業員に割り当てて，時間内に作業をこなすことができれば高い賃率を得ることができる。この作業基準をもとに，賃金出来高払い制度を策定すれば，もし作業基準を上回るだけのポテンシャルをもっている作業員ならば，もっと働けば賃率はますます上がるだろう。作業基準を下回っている作業員は，低い賃率を受け入れたくないので，できる限り作業標準に到達しようとして頑張るだろう。その結果すべての作業員は一生懸命働くに違いない，というのがテイラーの仮説である

9.1.2 内発的動機づけ・外発的動機づけ

心理学者のハーロウ（Harlow, H. F., 1950）は，あるときサルを用いた実験で，掛け金や留め金，蝶番などの一連の仕掛けによって構成されたパズルを檻

の中に置いてそこにサルを一匹ずつ入れた。すると，サルたちはこの機械的なパズルに大きな関心を示した。彼らはそのパズルの解き方を発見し，解いたパズルを元の状態に戻す方法まで見出した。しかも，彼らは何度もこの行為を繰り返した。実験では，パズルを解くことに対して報酬は与えられていなかった。けれどもその後もサルたちは熱心にパズルに取り組み，それを楽しんでいるようだった。ハーロウ（Harlow, 1950）はこのような現象を**内発的動機づけ**と名づけた。

これはヒトにもあてはまり，「活動することそれ自体がその活動の目的であるような行為の過程」が，内発的動機づけとして定義される（Deci, E. L., & Flaste, R., 1996）。それに対して，外部の働きかけ（たとえば「アメとムチ」）で学習者の意欲が高められる過程を**外発的動機づけ**とよぶ。

9.1.3 期待理論

期待理論では，動機づけは結果が得られるかどうかについての期待と，結果の誘因価（自分にとってどれくらい魅力や価値があるか）によって動機づけられると仮定される。ヴルーム（Vroom, V. H., 1964）の期待理論では，ある行動への動機づけの大きさ（F）は，行動によって結果がもたらされる期待の大きさ（E）と，その結果の魅力や好ましさ（誘因価：V）の積で表される。

$$F = E \times V$$

このモデルに対してポーターとローラー（Porter, L. W., & Lawler, III, E. E., 1968）は，動機づけの強さが期待と誘因価によって規定されることを前提に，どの程度努力（E）すれば業績（P）をあげられるかという期待と，業績が給与や賞与といった結果（O）にどれだけ結びつくかという期待とが考慮されるべきであると考えた。したがって，この考え方は，以下のように表される。

$$F = \sum [(E \rightarrow P) \times \sum \{(P \rightarrow O) \times V\}]$$

期待理論が示唆することは，たとえ努力しさえすれば上手くいく（おそらく成果を上げられる）仕事であっても，その仕事が従業員にとって少しも魅力的

でない（価値がない）ならば，仕事への動機づけは高まらないし，仕事にも身が入らないということだろう。

9.1.4 目標の設定

達成動機の高さと**目標設定**の関係によれば，達成動機の高い人は他の人がやや困難だと考える水準に目標を設定する傾向があり，そういう人は結果的により多くの仕事をし，多くの職務上の実績をあげることができる。ならば，逆に目標設定を平均的な業績よりも高い水準に設定することによって，従業員の動機づけが高められるのではないかと考えたのがロックとレイサム（Locke, E. A., & Latham, G. P., 1984, 1990）である。

もし自ら目標を設定することによって動機づけが起こるとするならば，どのような具体的な目標を設定するかが大きな問題となる。ロックとレイサム（Locke & Latham, 1984, 1990）は，抽象的な目標よりも具体的な数字で示された目標のほうが高い業績をもたらし，その効果は，目標達成度に関するフィードバックを与えたときにより高まることを示した。

9.1.5 モラール

これまで説明された動機づけは，個人の意欲とそれによって起こる行動を示す概念であったが，職場や組織全体の意欲を表す概念が**モラール**（morale）である。モラールとは「集団として積極的に仕事に向かおうとする態度，あるいは意欲」（古畑と岡，2002）と定義され，士気ともよばれる。

最近はあまり行われなくなったが，かつては職場のモラールを測定・評価するために，モラール・サーベイが行われていた。日本では社団法人日本労務研究会による「NRK 従業員意見調査」が有名である。この調査票は 1955 年に開発されて以来使われ続けており，現在では 5 分野（労働条件，人間関係，管理，行動，自我）・15 種目で構成されている。モラール・サーベイは，学術的な目的というよりも，調査結果によって職場の従業員に対して何らかの対処をすることでモラールの改善することを目的として行われる。

トピック9.1　目標による管理

目標による管理（management by objectives；**MBO**）は，目標管理制度ともよばれ，①企業全体の目標や部門の目標にもとづき，②初期に本人と上司が合意の上で1年あるいは半年の仕事の目標を定める，③その目標を基準として期中の職務の進捗を自己統制し（上司は部下に支援や助言を行い），④期末において本人，上司の双方で目標の達成度を評価する，⑤その結果を次期の活動や人事考課にも生かす制度といえる（三輪，2011）。目標による管理を一言でいえば，組織構成員のモチベーションを高めるための「仕掛け」である。ロックとレイサム（Locke, E. A., & Latham, G. P., 1984, 1990）の考え方が，目標による管理の理論的素地となっている。目標による管理が広く知られるようになったのは，ドラッカー（Drucker, P. F., 1954）の書籍に負うところが大きい。さらに，ドラッカーの名前が日本の若年層で有名になったのは，岩崎（2015）の書籍とその後のアニメドラマ化に負うところが大きい。

　ロジャースとハンター（Rodgers, R., & Hunter, J. E., 1991）によれば，ほとんどの事例で目標による管理による生産性の向上が確認され，目標による管理の効果が一貫していることが示された。だが，目標による管理を施行すれば企業で業績向上としての効果を実際に上げられるかどうかはまた別の問題であろう。日本の企業の多くが実施している目標による管理はかならずしも機能していないといわれている（たとえば，高橋，2004；城，2004）。ロジャースら（Rodgers, R. et al., 1993）によれば，目標による管理の成功は企業のCEO（経営執行役員）がいかに積極的にコミットしているかにかかっているとされるが，大げさにいえば目標による管理はその対象となった構成員全員がコミットしなければその成果を上げにくい。

　もう一つの大きな原因は，目標による管理が十分理解されずに，「成果主義」と名を変えた評価制度であると誤解されていることにある（今野，2005）。

9.2 管理者のリーダーシップ

著者がAmazon.co.jpで「リーダーシップ」を検索したところ（検索日時2016年8月19日14時25分），5,990件の書籍がヒットした。このように，リーダーシップに関する購入可能な日本語の書籍だけでも，これだけ多くの著者が多くの著作を世に出している。いかにリーダーシップが多くの人々の関心を集め続けているかということを示唆している。しかしあまりに多くの人がリーダーシップを論じているため，多くの書籍でリーダーシップの論点はあまりに広がりすぎて，しばしば私たち読者は混乱させられている。そこで本節では，心理学的視点からリーダーシップを4つの論点（特性アプローチ，行動アプローチ，状況適合的アプローチ，認知的アプローチ）に絞ることとする。

9.2.1 特性アプローチ

このアプローチでは，リーダーシップをとれる人はリーダーではない他の集団成員に比べて優れた資質を備えているという前提によって研究される。スタッジル（Stogdill, R. M., 1948）は，**特性アプローチ**にもとづいて行われた研究を総括し，優秀なリーダーは知能，素養，責任感，参加性，地位の点で他の成員より優れているものの，相矛盾する研究結果が多いことを指摘している。

だが，優れたリーダーの資質にはそれほど一貫性がないのだろうか。確かに，海外派遣部隊の隊長とシンフォニー・オーケストラの指揮者とのリーダーシップの間に質的な違いはあまりに多いが，それでもリーダーになれる・なれないに資質の問題は避けられないのではないだろうか。ロードら（Lord, R. G. et al., 1986）は，スタッジルの調査対象とした文献とそれ以降のリーダーシップに関する文献500件以上を再度精査した結果，優れたリーダーの資質のうち，「知的であること」「支配性」「男性性（―女性性）」の特性が優れたリーダーにはある程度の一貫性があると結論づけた。

9.2.2 行動アプローチ

行動アプローチでは，リーダーとなった人はどのような行動をとるかという

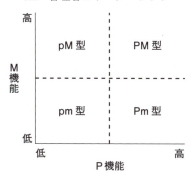

図 9.1　PM 理論によるリーダーシップ類型（三隅，1984）

視点からリーダーシップが考察される。

1. **PM 理 論**

　三隅（1986）は，**P 機能**（performance function；目標達成機能）と **M 機能**（maintenance function；集団維持機能）という 2 つのリーダーシップ機能の視点からリーダーシップ行動の類型化を試みる，**PM 理論**を提唱した。P 機能とは，集団の目標を達成するための計画を立案したり，成員に指示・命令を与えたりするリーダーの行動や機能を指す。M 機能は，集団自体のまとまりを維持・強化しようとするもので，成員の立場を理解し，集団内に友好的な雰囲気を作り出したりする行動や機能を指す。さらに P 機能と M 機能の高・低によってリーダーシップ・スタイルは，4 類型（pm 型，pM 型，Pm 型，PM 型）に区分される（図 9.1）。

　この 4 類型に関する数多くの研究結果によれば，部下の意欲や満足感は PM 型＞pM 型＞Pm 型＞pm 型の順になり，集団の生産性は PM 型＞Pm 型＞pM 型＞pm 型の順になった。いずれにしても，PM 型が集団にもっとも効果的なリーダーシップであることがわかる。こうした結果を，三隅（1984）は P 機能と M 機能とが互いに補完して相乗効果を生むためだと説明している。

2. **マネジリアル・グリッド**

　ブレイクとムートン（Blake, R. P., & Mouton, J. S., 1978）は，組織の管理者に必要とされる行動要件を「業績に対する関心」と「人間に対する関心」の 2 次元からとらえた。各々の次元を 9 段階に分けて作られた合計 81 個のグ

図9.2 マネジリアル・グリッド（Blake & Mouton, 1978 上野訳 1965）

リッドがマネジリアル・グリッドとよばれる。リーダーの行動はこのグリッドのどこかに位置づけられる。このマトリックスでは，5つのリーダーシップが基本型としてあげられる。それらは，9・9型，9・1型，5・5型，1・9型，1・1型である（図9.2）。

9・1型は，業績中心で人間関係には配慮しないリーダーである。1・9型は，業績向上よりも人間関係を良好にするよう働きかけるリーダーである。1・1型は，業績向上にも人間関係にも関心を向けないリーダーで，5・5型は，どちらにもある程度の関心を向けるリーダーである。そして9・9型は，業績向上と人間関係ともに関心をもち両者を調和させるリーダーであり，この5つの中では，もっとも理想的なリーダーシップであるとされる。

9.2.3 状況適合的アプローチ

状況適合的アプローチはコンティジェンシー・アプローチともいわれ，組織のおかれた状況が異なるとリーダーとして必要な役割が異なってくるという立場から，効果的なリーダーシップのあり方を明らかにしようとするものである。

1. フィードラーによるコンティジェンシー・モデル

フィードラー（Fiedler, F. E., 1967）は，職場の業績や生産性がリーダーシップ・スタイルとリーダーが職場を取り巻く状況をどの程度統制できるかという2つの要因によって決定されると考えた。そしてフィードラーはリーダーシ

ップ・スタイルを，LPC得点という独自の尺度で把握しようとした。**LPC**とは，Least Preferred Co-worker の頭文字であり，一緒に仕事をする上でもっとも苦手とする仲間のことである。LPC得点は，リーダーに今までの経験の中でLPCに該当する人を思い浮かべてもらい，その人物について評定させて得られた値である。LPC得点が低いリーダーは，仕事に自分の感情をもちこまない傾向が強いとして，**課題志向型**とみなされる。一方，LPC得点が高いリーダーは，メンバーを評価する際に感情的側面を重視する傾向があるとして，**関係志向型**とみなされる。

　この2つのリーダーシップ・スタイルは，職場状況の違いによって有効かそうでないかが決まるとされる。そして，職場状況は「リーダーとメンバーの関係の良さ」「課題の構造化（仕事の目標や職務遂行手続きの明確さ）」「リーダーの地位・勢力（どれだけ権限をもっているか）」の3つの要因で表される。これらの要因が満たされていない場合にはリーダーが集団を統制する上で好ましくない状況にあると考えられ，満たされている場合にはリーダーはリーダーの職場統制に好ましい状況にあると考えられる。

　従来の研究結果では，職場状況がリーダーにとって適度に好ましいときにはLPC得点と職場の業績は正の相関を示し，関係志向型のリーダーシップが有効であることが示された。それに対して，職場状況がリーダーにとって不利なときや有利なときには，LPC得点と職場の業績は負の相関を示し，課題志向型のリーダーシップが有効であることが示された。

2. ハーシーとブランチャードによる**ライフサイクル理論**

　ハーシーとブランチャード（Hersey, P., & Blanchard, K. H., 1977）は，組織や職場の構成員にとって効果的なリーダーシップは**レディネス**（構成員の仕事に対する成熟度）に応じて変化すると仮定した。ここでのレディネスとは，仕事に必要な能力・知識・経験の習得などを指している。たとえば，オーケストラのリハーサルを考えてみよう。もしオーケストラの楽団員が経験のほとんどない若手ばかりであるならば，おそらくオーケストラの指揮者は楽団員に演奏の細部にわたって指示し，分かりきっていると思われることでもいちいち演奏法を確認しなければならない。もちろん，指示しても楽団員が演奏できなけ

れば演奏法まで徹底して教えなければならない。しかし，別のオーケストラの楽団員は独奏者としても仕事ができて，みんな経験豊富で，自分の演奏する楽曲を知り尽くしている。そうなれば，指揮者はもはや楽団員に対してとくに指示する必要もなく各自に演奏を任せておけばよい。指揮者がすることといったら，せいぜい楽団員がやる気を損ねないように気を配るくらいであろう。

　ライフサイクル理論では，このような状況に応じた効果的なリーダーシップについて理論化した。すなわち，この理論では仕事に対するレディネスを4段階に区分し，それぞれの段階に効果的なリーダーシップが示された。ここでのリーダーシップは，協働的次元（構成員の仕事を支援する行動）と指示的次元（仕事を指示・教示する行動）の2つの次元によって表される（図9.3）。まずレディネスがかなり低い場合，構成員に積極的に仕事を指示し，構成員への仕事の支援を抑えたリーダーシップ（すなわち，教示的リーダーシップ）が効果的である。次に，レディネスがやや低い場合，構成員への仕事の指示や教示を少し減らして構成員への仕事の支援を徐々に増やしていくリーダーシップ（すなわち，説得的リーダーシップ）が効果的である。さらに，レディネスがある程度高い場合，構成員への仕事の指示や教示を抑えて構成員への仕事の支援を

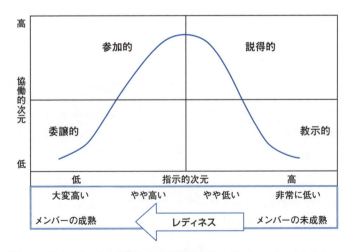

図9.3　ライフサイクル理論による効果的なリーダーシップ・スタイル
（Hersey & Blanchard, 1977　山本ら訳　1978をもとに著者が作成）

さかんに行うリーダーシップ(すなわち,参加的リーダーシップ)が効果的である。最後に,レディネスがかなり高い場合,協働的次元・指示的次元ともに抑えて成員の自主性を尊重したリーダーシップ(すなわち,委譲的リーダーシップ)が効果的となる。

9.2.4 認知的アプローチ

リーダーシップ研究は1980年代頃より社会心理学や認知心理学,さらには社会構成主義の影響を受け,リーダーそのものよりもリーダーを認知する側(すなわちフォロワーの立場)からの研究が行われるようになった。この立場ではリーダーが実際にどのような行動をとるかよりも,フォロワーが有能なリーダーとして認めるかどうかがリーダーシップにとって重要なこととなる。

1. 暗黙のリーダー像

「○○氏(さん)は優れたリーダーである」という評価は,客観的なデータからみて妥当なのだろうか。ロード(Lord, 1985)はこうした疑問にもとづき,リーダーの評価は客観的な行動で決まるのではなく,「△△という素晴らしい結果を残した人,○○という特徴を備えた人こそがリーダーである」というフォロワーが抱く**暗黙のリーダー像**に左右されると考えた。さらに,こうしたフォロワーのリーダー像には典型的な特徴(背が高く,顔立ちが良く,頭が切れ,ユーモアのセンスがあり,弁舌さわやかで,等々)があり,オファーマンら(Offermann, L. R. et al., 1994)はこうした特徴を**リーダー・プロトタイプ像**とよんだ。すなわち,優れたリーダーはその行動を評価されて出てくるのではなく,フォロワーの頭の中にある「典型的なリーダー像」に合っているかいないかで判断されるに過ぎないのである。

2. リーダーシップの幻想

1990年頃より認知的アプローチの考え方を推し進めたのがマインドル(Meindl, J. R., 1990)である。彼によれば,リーダーシップという概念そのものが組織に関連したさまざまな現象を意味づけるために使われる。そのため,もし私たちには因果関係を了解できない出来事や現象があったとき,それらを説明するのにしばしばリーダーシップを使ってもっともらしい説明をすること

がある。たしかに，客観的なデータをろくに精査もせずに経済的な不景気の原因を大統領や総理大臣のリーダーシップ欠如にもとめたり，逆に破産寸前の自治体，倒産寸前の企業が立ち直った場合に，すぐに新しい知事や社長に成功の原因をもとめて必要以上に褒めそやしたりすることがある。このように，組織成員や部外者は組織の業績の向上や低下の原因を，他の要因（組織成員のモチベーションの向上，景気や市場動向の急激な変化等）以上に組織のリーダーシップに求めることがよくある。マインドルはこのようなリーダーシップへの過剰な評価傾向を**リーダーシップの幻想**（romance of leadership）とよんだ。マインドル（Meindl, 1990）の考え方からすれば，リーダーシップとは現実のリーダーのありようではなく，フォロワーの心の中で構成された「心的世界の反映」に他ならない。

トピック9.2 多くの人が描く「リーダー像」の特徴とは？

本文の「1. 暗黙のリーダー像」でも述べられたように，優れたリーダーとは何かについて人はそれぞれ独自の「プロトタイプ」をもっているようである。それならば，大多数の人々が優れたリーダーとして思い描く「共通な」姿とはどんなものだろうか。アメリカの大学学部生および勤労者を対象としたオファーマンら（Offermann, L. R. et al., 1994）やエピトロパキとマーティン（Epitropaki, O., & Martin, R., 2004）の研究結果によれば，リーダーとしてふさわしい特徴として，感受性（理解のある，誠実な，助けになる），知性（知的な，判断力のある，教養のある，賢い），献身的な努力（やる気のある，献身的な，勤勉な），力強さ（精力的な，強硬な，ダイナミックな），専制性（支配的な，押しの強い，操作的な，口うるさい，高慢な，利己的な），男性性（男性，男性的な）が見出された。これらは，優れたリーダーの特徴についての「最大公約数」と解釈できる。

ただ，これらの結果はちょっと変である。アメリカ人が描く優れたリーダーは「献身的な努力」を行い「感受性」がありかつ「専制的」ということなのか？ 優れたリーダーはまったく違う特徴を同時に兼ね備えているということなのだろうか？ この結果が示唆することは，（少なくともア

メリカの大学生や勤労者にとっての）優れたリーダーが持ち合わせている特徴はかなり複雑で，矛盾に満ちているということである。皮肉めいた言い方になるが，アメリカ人にとっての「優れたリーダー」は，きわめて多面的で多くのことを求められているとも解釈できるだろう。だが，そもそもこうした特徴をすべて併せ持つ「リーダー」が実際にアメリカに何人いるのだろうか？

9.3 職務ストレスとメンタルヘルス

9.3.1 ストレスとは何か

物質に力を加えて歪んだ状態にすると，物質は歪んだ状態を補正して元に戻ろうとする（これを反発力という）が，ストレス（stress）とは元来このような物質が歪みに反発する状態を意味していた（今でも工学の分野ではこの意味で使われている）。工学領域の用語であった「ストレス」を心身の緊張状態に当てはめたのが，セリエ（Selye, H., 1956, 1976）であった。ストレスを原因と結果の観点で考えると，ストレスの原因，すなわち心身に課せられる要求はストレッサー（stressor），ストレスの結果，すなわち心身に引き起こされる緊張状態の諸症状はストレス反応（stress response, strain）とよばれている。

1. セリエのストレス学説

セリエによれば，ストレスとは「生物組織内に，非特異的に誘起された，あらゆる変化からなる特異な症候群の示す状態」である。彼は新種のホルモンを発見しようと，ある実験でラットに卵巣や胎盤の抽出物を注入したところ，副腎皮質の肥大，胸腺リンパ系の萎縮，胃壁の潰瘍という既知のホルモンでは説明できない3つの変化が生じた。それどころか他の臓器から抽出したエキスや，毒物の注入でも同じ結果を観察することになった。そこで彼は損傷に対する一定の反応のメカニズムを明らかにすることを目指し，同じ3つの変化がさまざまな状態でみられることを確かめ，生体へのあらゆる要求に対応しようとするこうした共通の反応を，汎適応症候群（general adaptation syndrome；GAS）と名づけた。

セリエは GAS を 3 つの期間からなるものと考えた。それはストレッサーに対して急性徴候を示す警告反応，それに続いてストレッサーに身体が適応し徴候が消失する抵抗期，抵抗を完全に失って生体が崩壊する疲憊期（あるいは疲弊期）である。通常のストレッサーは抵抗期の間に解決するが，もっとも激しいストレッサーにさらされたときには適応のためのエネルギーを失い，最終的には死に至る。

2. ラザルスの認知的ストレス理論

配偶者の死や失業のような事件は，おそらく人々の生活を大きく揺るがし，そのために健康を害することもあるだろう。しかし現実には，日常の小さな煩わしい出来事が積み重なることで，心身の健康が蝕まれることが多い。また大きな事件は，同時に日常の小さな問題を増やすことも多い（たとえば，配偶者の死によって家事の負担が増大するなど）。ラザルスはこうした日常的混乱（daily hassles）こそが，心理的ストレスの本質であると考えた。そして外部刺激に遭遇しても，個人がそれをどう受け止めるかが重要であるとして，「問題となっている」と感じる程度を 1 次的評価と名づけた。

さらにラザルスは，「問題になっている」と感じた事態にどう対処するかという感じ方や考え方を，2 次的評価とよんだ。遭遇した事態がどのような影響を及ぼすかは，1 次的評価と 2 次的評価の相互作用から決まるが，ラザルスはとくに後者の役割を重視した。さらに彼は，ストレス事態への何らかの対処に注目した。**コーピング**（coping）はストレッサーやストレッサーによって生起した情動を処理するためのもので，「個人の資源に重い負担をかけたり超えてしまうと評価される，特別な外的ないし内的な要求を適切に処理しようとする，絶えず変化していく認知的あるいは行動的努力」と定義されている（Lazarus, R. S., & Folkman, S., 1984）。

コーピングには大きく分けて，苦痛をもたらす問題を処理し，変化させていくという**問題中心型**（problem focused）**コーピング**と，苦痛をもたらす問題に対する情動的な反応を調節していく**情動中心型**（emotion focused）**コーピング**がある。たとえば，情報を集めたり，計画を立てたりすることは問題中心型コーピングであるが，問題について考えるのを避けたり，自分の気持ちをな

だめたりすることは情動中心型コーピングである。

一般的には，ストレス反応を引き起こす原因自体をなくすことを目指す問題中心型コーピングが推奨されているように思われる。しかし，解決不能な問題に遭遇したときは，それに取り組んで疲労するよりも，情動中心型コーピングの一つである情動の調整や，場合によっては逃避のほうが健康に好ましい影響を与えることも知られている（たとえば，Folkman & Lazarus, 1985）。

9.3.2 職務ストレッサーの諸要因

職場におけるストレスの原因，すなわちストレッサーのいくつかをもう少し詳しくみてみよう。

1. 労働環境

物理的な職場環境として，光や空気，温度や湿度が不快なものであるとストレスを感じやすくなるが，仕事の量が多すぎたり（量的負荷），難しすぎたり（質的負荷）しても疲労や緊張を増大させる。近年，スマートフォンなどの普及によって，就労時間外でも仕事から完全に解放されないという状況が生じるようになった。シフトワーカーとして位置づけられていない働き手にも，実質的に不規則で長時間の就業を強いるため，こうしたストレスの問題は今後さらに強まるものと思われる。

2. 職場の人間関係

厚生労働省による平成24年度「労働者健康状況調査」では，強い不安，悩み，ストレスの内容として，「職場の人間関係の問題」が41.3％に達し，「仕事の量の問題（30.3％）」や「仕事の質の問題（33.1％）」を退けてトップであった。職場はさまざまな年代，多様な役割や立場の異なる人間が集まることから，人間関係にまつわる葛藤が生じやすい。

3. 役割曖昧性と役割葛藤

ハウスとリゾ（House, R. J., & Rizzo, J. R., 1972）によれば，期待された役割に伴うストレッサーには，役割曖昧性（role ambiguity）と役割葛藤（role conflict）の2つがある。役割曖昧性とは期待される役割が明確でないことで，そのために自身の行為の結果やその予測がはっきりしなくなる。とくに

職場で生じた新しい職務は,従業員にとってどのような役割を果たすべきかについての経験が蓄積されていないため,曖昧になりやすい。

一方,役割葛藤とは職場における従業員の担う役割への期待が矛盾していたり,不一致であったりすることから生じる。これは,従業員が同時に複数の役割に従事し,それらの職務内容が両立しないような状況で起こり得る。

フォンタナ (Fontana, D., 1989) によれば,役割葛藤も役割曖昧性も共に二重拘束的な特徴をもつ。すなわち,自分の役割が不明確であると,自ら率先して行動できず,結果的に「あなたはどうしてその仕事をしなかったのか」と責められる。しかし逆に率先してやると「それはあなたの仕事ではない」などと非難される。この場合,どちらの行動をとるにしても結果はだめになるので,ストレッサーが生じるのである。

エレラ (Erera, P., 1992) が述べているように,組織構成員が自分の役割が曖昧だと感じると組織の成員はできるだけ責任から逃れようとする。職務の責任から逃れるようになると,周囲から非難・怒り・疑い・不信を招き,組織内の対人関係が悪化する。しかしながら,会議のような組織における決定機会に組織構成員が参加できるようになると,組織構成員は職場環境の変化に関われると感じるようになって役割葛藤が低下したり,自分の役割を他の構成員が理解しているかどうかがわかるようになって役割曖昧性が低くなったりする (Jackson, 1983)。単なる参加だけでなく,自分が周囲に受け入れられているとか,組織に貢献しているということが自覚できれば,役割にまつわるストレッサーはより低下するだろう。

9.3.3 ストレスの影響

ストレスが生活を乱したり,さまざまな疾病をもたらしたりすることが,一般にもよく知られるようになってきた。ここでは,身体,心理,行動の3つの側面から,職場におけるストレス反応について説明する。

1. 身体面への影響

ストレッサーを感じると,脳は自律神経系や内分泌系を通じて身体器官の活動を変化させる。内分泌系はストレッサーに対応するために,コルチゾルなど

のホルモンを血液に分泌して，免疫・筋肉機能など各器官の働きを促す。神経系は神経伝達物質によって迅速で短期の反応が生じるが，ホルモンの影響はそれより遅く達し，長期間作用する。心身の緊張が持続するとホルモンの分泌が過剰になり，高血圧，筋組織の損傷，糖尿病，不妊症，免疫系の低下などの悪影響を生体に及ぼす。

過剰なストレッサーによって，身体的な障害が生じるのが心身症である。心身症には，循環器系（本態性高血圧など），消化器系（消化性潰瘍など），呼吸器系（過呼吸症候群など），泌尿器系（頻尿など），皮膚系（アトピー性皮膚炎など）など，さまざまな部位の疾患が含まれる。心身症は体の病気であるが，心理・社会的な原因が絡んでいるため，心と体の両面への対応が必要である。

2. 心理面への影響

心理面としては恐怖，動揺，緊張，怒り，不安，抑うつなどの情動が生じる。また不安や抑うつが長期化して，日常生活に支障をきたすようになることもある。2014年度に労働基準監督署に出されたうつ病[i]などの精神疾患を理由とする労災補償の請求数は1,456件にのぼり，そのうち497件が労災認定された。この数は過去4年間にわたって漸増しており，組織におけるストレスによる精神疾患の増加をうかがわせる。

うつ病の特徴は，落ち込みや憂うつといった抑うつ気分，絶望感，悲哀感であるが，睡眠障害（入眠困難，中途覚醒，早朝覚醒），意欲や気力の低下，食欲不振もよく認められる。さらに，うつ病は自殺につながることがある。最近（2016年2月時点）でこそ漸減してはいるものの，1990年代後半から，日本では中高年の自殺者数が増加した。これは企業の倒産やリストラ，経済状況の悪化，過労などから，うつ病の発症が多くなったことと関係すると考えられている。

3. バーンアウト

マスラックとジャクソン（Maslach, C., & Jackson, S. E., 1981）は，バー

---

[i] 「うつ病」は（厳密には）通称で，精神疾患の診断名としては，大うつ病，双極型障害がある。

ンアウトを「人を相手に働く過程において，心的エネルギーを使い切ってしまい，相手に与えるものはもう何もないという情緒的な疲弊が生じ，クライエントに対して否定的な態度を示す」と定義し，バーンアウト測定尺度（Maslach Burnout Inventory；MBI）を開発した。このMBIでは，バーンアウトは3つの概念，すなわち情緒的消耗感（心身ともに疲れ果てて何もできないという感覚），非人格化（人を人とも思わなくなる気持ち），そして個人的達成感の衰退（仕事へのやりがいが低下する）で構成されている。当初は，バーンアウトはヒューマン・サービス（たとえば，看護師などの医療業務，教師などの教育事業）従事者に多発するとされていたが，最近ではより多くの業種で認められている。

4. 判断・行動への影響

過剰なストレッサーによって，食事や睡眠などの生活習慣が乱れることは多い。また，アルコールや喫煙の増加，ギャンブルへの耽溺がみられることもある。仕事関係では，意欲が低下する，遅刻や欠勤が多くなる，ミスが増えるなどがある。

トピック9.3　ストレスとパーソナリティ

ストレスといえば，健康を害する元凶ともみなされ，すぐに「悪玉」あつかいされがちである。しかし，誰もが「ストレッサー→心身の緊張→健康悪化」のような経緯を辿るわけではない。すなわち，ストレス反応には個人差が生じるのである。その個人差要因の一つにパーソナリティがある。このうちとくに有名なのが，タイプAである。循環器内科医であったフリードマンとローゼンマン（Friedman, M., & Rosenman, R. H., 1959）は，心臓に関わる病気（たとえば，冠状動脈性心疾患，虚血性心疾患）になる人の多くに以下のような特徴があることを報告した。①短時間にできるだけ多くのことをやろうと精力的に活動する，②競争心が強い，③短気で攻撃性をもつ，④自分への評価や承認・地位にこだわる。こうしたタイプAの特徴に該当する人ほどストレッサーに敏感で，心疾患にかかりやすいといわれる。また，心疾患患者に関してはタイプDパーソナリティという概念もある（ちなみに，タイプDの"D"は，distressの頭文字で

ある）。心疾患の再発率が高い人の特徴として，日常生活でネガティブな感情（不安や怒りなど）を経験しやすく，対人関係で緊張しやすく，引っ込み思案で，感情を表出しない等が見出された。デノレットら（Denollet, J. et al., 1996）はこれをタイプDと名づけた。

ところで，感受性の強い人は少しのストレッサーでも心身に応えて病気がちになったりするが，少々のストレッサーでも動じないタフな人は，病気どころか相変わらず元気に仕事を続けている。これはどうしてだろう。アントノフスキー（Antonovsky, A., 1987）は，さまざまな逆境や強烈なストレッサーにさらされながらも，なお心身ともに健康でいられる人に注目し，こうした人たちの特徴として，首尾一貫感覚（sense of coherence；SOC）を取り上げた。これは，自分が生きている世界は首尾一貫しているという感覚で，3つの感覚（把握可能性：自分のおかれている状況がある程度予測できる程度。処理可能性：何とかなる，何とかやっていけるという感覚。有意味感：日々の営みにやりがいや生きる意味が感じられる程度）から構成されている（山崎ら，2008）。

9.3.4 職場へのサポート

小川（2009）は，「組織におけるストレスに対して個々人へ対応するだけでは限界があり，むしろ組織的・集団的な支援が必要である」と述べている。ストレスが健康に大きな影響を与えることが知られるようになり，また労働者の精神障害や自殺に対して労災認定を求めるケースが増えたことから，企業でも人事管理の観点から対策を講じるようになってきた。ここでは予防という点からとくに重要な，**産業カウンセリング**と**EAP**（Employee Assistance Program）について取り上げる。

1. 産業カウンセリング

産業カウンセリングとは「就業者ならびに現在就業していないが就業意向のある者を対象として提供されるカウンセリング」（坂爪，2011）である。坂爪（2011）によれば，産業カウンセリングには2つの側面がある。一つは，職場の人々のメンタルヘルスの維持・向上を目的とするもの，もう一つは職場の人々のキャリア形成支援を目的とするものである。日本では最近キャリア支援を

中心にキャリア・カウンセリングが浸透しつつあるが，現時点（2018年6月12日）では産業カウンセリングといえばメンタルヘルス対応の機能が主流である。企業におけるメンタルヘルス対応は，第一次予防（発生の予防），第二次予防（早期発見・早期対応），第三次予防（再発の防止）の3つの枠組みでとらえられる。この枠組みの中で産業カウンセリングは，第二次・第三次予防に該当する。すなわち，職場における諸々の精神疾患の深刻化を事前に防ぎ，再発を防止することが産業カウンセリングの役割である。

2. EAP

EAPは日本では従業員支援プログラムともよばれ，以下の2つを援助するために作られた職場を基盤とした援助プログラムである。①職場組織が生産性に関連する問題を提議する。②社員であるクライアントが健康，結婚，家族，家計，アルコール，ドラッグ，法律，情緒，ストレス等の仕事上のパフォーマンスに影響を与えうる個人的問題を見つけ，解決する（日本EAP協会，1998）。

かつては従業員のアルコール依存や彼らの家族の問題などは個人的な問題で，そのプライバシーに企業や組織が関与する必要はないと考えられていた。しかしながら，諸々の問題を抱える従業員が多くいる職場では生産性が上がらず，モラールも低い。こうした事態は企業活動の観点からきわめて好ましくない。そこで，管理者が問題を抱える従業員を積極的に支援・援助することがアメリカの民間企業で始まった。

EAPには，内部EAPと外部EAPの2種類がある。内部EAPは企業内にEAP専門スタッフを配置して従業員の支援・援助に取り組むもので，企業外のEAP専門事業者に契約委託するのが外部EAPである。最近では，これらに加えて，複数の企業が共同出資してEAPの共同オフィスを設営する「コンソーシアムEAP」がある。

●練習問題

1. 大学受験を前にして,「自分が大学へ進学する意味が分からない」と言い出して学習意欲が低下している受験生がいる。この受験生の学習意欲低下は,期待理論の視点からみて何が問題なのか,説明してみよう。

2. あなたの身近にいるリーダー(あるいは,マンガや小説に登場するリーダー)を具体的に思い浮かべ,そのリーダーのリーダーシップについて,さまざまなアプローチ(特性アプローチ,行動アプローチ,状況適合的アプローチ,認知的アプローチ)を使って議論してみよう。

3. あなたが,日常,どのようなストレスを感じているか,リストアップしてみよう。それぞれのストレスのストレッサー,ストレス反応,コーピングについて議論してみよう。

●参考図書

角山 剛(2011).産業・組織 新曜社

「仕事と個人」「組織の中の人間」「人と組織の調和」の三部から構成され,実践的な内容を軸に,組織と人間の心理と行動について解説されている。

外島 裕(監修)田中堅一郎(編)(2019).産業・組織心理学エッセンシャルズ[第4版] ナカニシヤ出版

組織と人間の心理と行動について,より包括的に論じた概論書。研究の歴史的展開についても解説されている。

10

集合行動

　パニックや暴動のように，不特定多数の人々が集まって非日常的な（時に暴力な）行動を起こす現象は，集合行動と総称される。集合行動はその衝動的で被暗示性の高い群衆の姿から，はじめ集団病理的な現象と解釈された。しかし，社会運動や災害時の流言などさまざまな集合行動の発生要因を体系的にモデル化する系譜の中で，集合行動は必ずしも人間の非合理的な側面のみが表出されているのではなく，環境変化の中で人々が適応的な振る舞いを模索する過程で生じると考えられるようになった。本章では，国内外で発生した集合行動の事例や代表的な理論を概観し，集合行動の客観的理解を醸成したい。

10.1 集合行動の定義

10.1.1 集合行動とは

集合行動（collective behavior）は，広義には「多数の人々が非日常的な行動をとることで引き起こされる社会的事象の総称」と定義される（Locher, 2002）。ここで非日常的な行動とは，普段はその人々が決して行わないような行動という意味である。パニックや暴動というと実感がわかない読者もいるかもしれないが，たとえばサッカーのワールドカップ（W杯）などでは，国内でも試合後にサポーターが繁華街の路地や交差点に大挙し，応援コールや歓声をあげたり，見ず知らずの人同士でハイタッチや握手をし合ったりと大騒ぎしている。これらの人々の多くは，普段から街中で意味もなく大声を出したり交差点ですれ違う人とハイタッチをすることはなく，試合後の興奮さめやらぬ人々が居合わせた場の雰囲気の中で，普段では絶対に行わない振る舞いをしているのである。

10.1.2 集団行動との差異

集合行動は集団行動（group behavior）（第8章参照）とどのように異なるのだろうか？ 集団行動の定義をみると，集団行動は2人以上の人々によって形成され，①メンバー間で持続的に相互作用があり，②規範の形成がみられ，③メンバーに共通する目標とその達成のための協力関係が存在し，④地位や役割の分化とともに全体が統合されており，⑤外部との境界が意識され，⑥われわれ感情（we-feeling）や集団への愛着が存在する，といった諸特性を有するとされる（山口, 1999）。これに対し集合行動の参加者には，共有の目標や他の参加者との永続的な集団意識はなく，参加者間で何らかの相互作用があったとしてもその場限りであり，役割や地位の分化も明確でない。このことは，繁華街で大騒ぎするサポーターの群れに当てはめて考えるとわかりやすい。一方で，合法的なデモ行進など，ある程度組織化された社会運動を例として考えた場合には，集合行動と集団行動の境界はややわかりにくくなる。たとえば2011年の福島第一原子力発電所事故後に各地で行われた原発再稼働反対デモ

や安全保障関連法（2015年公布，2016年施行）に対する反対デモなどは比較的明確な目標があり，またメンバー間の役割分担など持続的な相互作用が生じているため，集合行動に含まれることに違和感を覚えるかもしれない．実際，安全保障関連法反対デモ等の一端を主催した学生団体 SEALDs（Students Emergency Action for Liberal Democracy-s）などは 2016 年 8 月に正式に「解散」を表明しており（朝日新聞 2016 年 8 月 13 日），それまで持続的で組織的な集団行動がなされていたことが逆説的にうかがえる．しかし，これらデモの主催者には一定の組織化があるとしても（そもそも国内でデモを行う際には自治体に事前申請が必要であり，主催者側は計画的・組織的な活動となりやすい），デモ行進の大多数を占める当日参加者までは共通の規範や役割分化が及びにくく，デモ全体を見る限りでは集合行動に含まれるといえる．国外の例では，2016 年 7 月，警官による黒人射殺事件が発生したアメリカにおいて各地で抗議デモが行われ，一部の参加者が火炎瓶や花火等を警察官に投げるなど暴徒化し，250 名以上が逮捕される騒動に発展した（CNN 2016 年 7 月 11 日）．

以上のように，集団行動との差異を明確にする上で集合行動を定義すると，「制度的な規範による統制をあまり受けず，比較的組織化されない集合体の示す社会的相互作用の総称」などとなる（三上，2002）．ただし，定義の中に「あまり」や「比較的」といった程度表現語が複数含まれていることからも，それぞれが多様な形態を含む集合行動と集団行動の境界を明示することは難しいこともうかがえる．

10.1.3 集合行動の分類

では，集合行動にはどのような形態があるのだろうか？ ここまでに述べた街角群衆，デモ（抗議運動），社会運動，パニック，暴動の他にも，流言・デマ，流行，野次馬，聴衆・観衆，祝祭群衆，行列，集団ヒステリー，テロリズム，リンチ，スケープゴートなどが含まれる．このような多種多様な集合行動の分類について，釘原（2011）は情動の種類とそれが向けられる対象による分類を試みている（図10.1）．それによると，集合行動は①敵意（怒りや嫌悪），②興味・娯楽・利益（喜），③恐怖・不安などの情動が心理的背景としてあり，

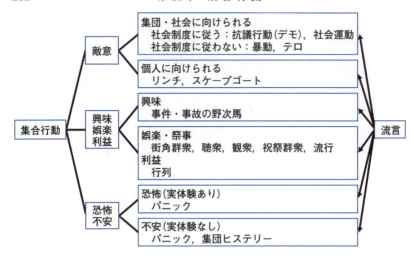

図 10.1 集合行動の分類（釘原，2011 より一部編集）

それらの肯定的または否定的情動が向けられる対象によって具体的に生起する集合行動が異なるとされる。

本章では集合行動研究を概観するために，まず 10.2 でいくつかの集合行動事例を紹介しつつ，10.3〜10.5 においてそれらの集合行動の発生要因を，①個人的要因，②状況的要因，③環境的要因の 3 つの側面に分類し（安藤，2007），各アプローチの代表的理論を紹介する。さらに 10.6 では現代の情報化社会が集合行動に及ぼす影響について概説する。これらを通じて集合行動の現象とメカニズムについて理解を深めたい。

10.2 集合行動の事例

本節では，実際の集合行動はどのようなものであるかを把握するために，主として国内で発生した集合行動の事件例をいくつか紹介する。前述のデモの例のように，現在の日本においては大規模なデモであっても参加者が暴徒化することはあまりなく，若年層の読者には集合行動が個人や社会に及ぼす影響の大きさを自らの経験や国民性に照らし合わせて想像するのがやや難しいかもしれ

ない．一方で，現実には国内でも大小さまざまな集合行動が実際に生じている．これらの現象を通じて広範な集合行動のすがたを把握するとともに，次節以降の集合行動論を理解するための一例としたい．

10.2.1 豊川信用金庫事件

これは，1973年に愛知県豊川市で発生した「豊川信用金庫があぶない」といった事実無根の流言により，多数の預金者が信用金庫におしかけてパニックに発展した事件である．事件後の警察の捜査により流言の発生源や伝達ルートが詳細に特定されたことから，集合行動のメカニズムを考察する上で重要な資料としてしばしば紹介されている．ここでは伊藤ら（1974a, b）を参考に事件の経緯をやや詳細に説明する．

1973年12月8日朝，女子高生3名が登校中の電車内で雑談していた．たまたま就職の話題となり，豊川信用金庫に内定していた女子高生（A）に対し，友人の一人が「信用金庫なんてあぶないわよ」とひやかすように言った．

女子高生（A）は授業後に豊川市国府にある寄宿先の叔母宅に帰り，友人の言を叔母（B）に話した．この叔母（B）は同日夜のうちに豊川信用金庫本店の近くに住む実兄の妻（C）に「うちの近所に豊川信用金庫が危ないという噂があるが本当かどうか調べてほしい」と問い合わせた．Cさんは「そんなこと聞いたこともないからデマでしょう」とその場で返事をしたとされる．

ここから話が女子高生（A）の親族の範囲を越えていく．翌12月9日の夜，Cさんは近所の美容院に行った際に，女主人（D）に上述の噂を伝えた．その翌12月10日には，Dさんが親類の女性（E）に噂を伝えた．その場に，隣町である宝飯郡小坂井町のクリーニング店主の男性（F）がたまたま居合わせており，この噂を聞いたFさんはその後帰宅して妻（G）に伝える．ただし，F，Gの2人とも内容については半信半疑であり，その時点で預金をおろしたりすることはなかった．

それから3日後の12月13日の午前，このクリーニング店に電話を借りに来た男性がおり，電話で相手（男性の家の者）に「豊川信用金庫に行ってすぐに120万円おろすように」と指示した．実際には，この男性は噂のことなど知ら

ずに自分の必要から預金をおろそうとしただけであったが，この電話を横で聞いたクリーニング店主の妻（G）は噂は真実であったと確信した．そして，外出中であった夫（F）を呼び戻し，自分たちの預金180万円を豊川信用金庫からおろした．さらに，友人や得意先など20軒に電話や直接訪問してこの話を伝えた．この話を聞いた一人にアマチュア無線家がおり，無線を通じて無線仲間に伝えたことでこの流言の範囲も一層拡大していった．

同日の正午頃から，豊川信用金庫小坂井支店では預金解約を求める客が増え始め，同日中に計59人が合計およそ5,000万円の預金を引き出した．翌12月14日には開店前から支店前に預金者の行列ができる事態になっていた．銀行側の対策（「当行の経営に何か不安があれば2階で理事から説明します」と銀行前に貼り紙をした）もかえって人々の不安を煽るのみとなり，パニックは一層エスカレートする．なお，この頃からもともとの流言である「豊川信金があぶない」という内容のみならず，「銀行の中に使い込みをした者がいるらしい」「理事長が自殺した」等といった2次的な流言が生じたとされる．

同12月14日の夕刊各紙において，これが「デマ騒ぎ」であることが報じられた（なお，この事件では情報発信者に悪意がないため，厳密にはデマではなく流言に相当すると考えられるが（デマと流言の区別は10.4.2参照），ここでは当時の記事における記載（伊藤ら，1974 a, b）に従ってデマと表記した）．翌12月15日の朝刊各紙においてもデマであることが大々的に報じられた．また，愛知県警察本部がデマのルートを調べ，多額の預金を引き出した人への調査等から，上述のクリーニング店に辿り着いた．そして16日の記者会見でこの流言の伝播経路を発表し，誰にも犯意や悪意がなかったものとして捜査を終了した．これらマスコミや警察をはじめとする関係機関の働きかけにより騒動は沈静化したが，13日から17日までの間にこの流言が原因と推定される預金引き出しは約20億円，のべ人数（口座数）は6,600人にのぼった．

10.2.2 サッカーW杯試合後における観衆の一部暴徒化

スポーツの場では，サポーターによる暴動などの集合行動が現れやすい（藤原，1980）．いわゆる欧米のフーリガン（hooligan）ほどの過激さは少ないに

せよ，わが国でもW杯の日本代表試合直後などには，興奮した観衆が集まりやすい街路において一部が暴動に発展するケースがある．とくに2002年の日韓共催W杯以降，渋谷などの繁華街において試合後に交差点ですれ違う人とハイタッチしたり，大声で歌う・叫ぶほか，赤信号にも関わらず交差点内に居続けたり，公共施設の屋根や停車中の車にのぼる，店舗の窓を割る，街路で花火をあげるなど，一部で度を越した騒ぎ方をする若者も出現するようになった（清，2016）．そのため近年では，日本代表の試合時には多数の警察官がスタジアム周辺のみならず繁華街の交通整理にも動員されている．なお，2013年には日本代表の試合後に渋谷交差点に殺到した群衆に対して，警視庁の機動隊員がユーモラスな呼びかけで安全通行を諭し，逮捕者や怪我人を出さずに交通誘導したことが話題となった（清，2016）．この機動隊員はDJポリスという愛称でよばれて親しまれ，その後も花火大会や祭事などの雑踏警備において同様のアプローチが普及するに至った（朝日新聞2016年8月10日）．

　なお，国外においてはより大きな暴動が起きるケースもある．たとえば，2012年エジプト・プレミアリーグにおけるサッカー試合後の暴動は記憶に新しい．試合後に勝者側のサポーターがピッチ内に乱入し，相手側の選手やサポーターを襲撃した．この暴動によりパニックとなった観客が競技場の出口に殺到し，多くの人々が狭い通路で圧死（窒息死）したとされる．この事件は観客や警備員に70名以上の死者，1,000人近い負傷者を出し，近年のサッカー関連暴動の中でも凄惨なものとなった（日本経済新聞2012年2月2日）．

　ここまでいくつかの集合行動例を紹介した．いずれも一般の（犯罪歴や精神疾患など報告されていないような）市民が集合行動を形づくり，時に個人や組織，社会に大きな損失を及ぼすような非日常的な振る舞いがなされている．それでは，このような集合行動はなぜ生じるのだろうか．次節から集合行動の発生メカニズムについて，①個人的要因，②状況的要因，③環境的要因の3つの側面に分けて概説する．

10.3 個人的要因

10.3.1 集合行動研究の黎明期

集合行動の研究史を簡潔にみてみると，まず先駆的研究として19世紀末にフランスの心理学者ル・ボンが著した『群衆心理（*Psychologie des foules*）』（Le Bon, G., 1885）があげられる。そこでは，群衆の中では人々は被暗示性が高まり，他者の思想や感情が急速に伝播して等質化しやすくなるという感情感染論や，良識ある一般人でもひとたび群衆に入ると「集合精神」が付与されて，本能的な衝動性や攻撃性が高まるといった群衆心理のメカニズムが論じられた。また，同時期にイタリアの社会学者シゲーレも『犯罪的群衆（*La folla delinquente*）』（Sighele, S., 1891）を著し，群衆心理を暴力的で非合理的な一種の精神病理として論じた。これら黎明期の理論に通じるのは，19世紀末西欧における政治的・社会的混乱の中で大きく台頭した労働者階級の民衆に対して知的・貴族的階級が抱く不気味さと警戒の念であり，野蛮な暴徒としての群衆を読み解くための精神病理的側面から解釈がなされていたといえる。

なお，ル・ボン以前に集合行動に焦点をあてた著作として，イギリスの詩人マッケイによる『常軌を逸した民衆の妄想と群衆の狂気（*Extraordinary popular delusions and the madness of crowds*）』（Mackay, C., 1841）がある。ただし，集合行動のメカニズムについての言及は少ないことから（Locher, 2002），集合行動研究の祖としてはル・ボンがあげられることが多い。

10.3.2 シカゴ学派の循環反応論

20世紀初頭になると，集合行動を社会学の観点からより客観的・体系的に理論化する動きが活発化した。その中心となったのがシカゴ大学社会学部を中心とする都市社会学者，いわゆる**シカゴ学派**の社会学者であった。シカゴは19世紀に運河や鉄道など交通の要衝，およびそのインフラを活用した農作物の集散地として大きく発展した都市である。シカゴ学派はこの大都市を1つの社会実験室にみたて，転換期における社会変化の過程を分析した。彼らは集合行動が生じる要因として，個々人の**相互作用**（reciprocal interaction）に着目

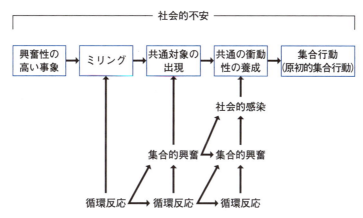

図 10.2 ブルーマーによる集合行動の発展段階図式（Blumer, 1939；McPhail, 1991 より一部編集）

した。たとえば，集合行動（collective behavior）という用語を創出したパーク（Park, R. E.）は，集合行動を相互作用の結果であり，集合的刺激の影響下にある個人の行動であると定義した（Park & Burgess, 1921）。そして，既成秩序を解体し新たな秩序を再構築するプロセスにおいて集合行動が生じると考えた。ル・ボンらが群衆行動を破壊的で集団病理的なものと解釈していたことを踏まえると，この点は大きなアプローチの転換であったといえる。

では，個々人の相互作用がどのように集合行動に発展するのだろうか？　パークの弟子であるブルーマー（Blumer, H. G.）は，パークらシカゴ学派が提唱した集合行動論を統合し，集合行動が形成・発展するプロセスを図 10.2 のような発展段階図式で説明した（Blumer, 1939；McPhail, 1991）。この図式によると，社会的不安が高まると，**循環反応**（circular reaction）というメカニズムによって個々人の間で相互作用が形成されていくとされる。その第 1 段階では，社会の中で不安や不満を抱いている人々は，周囲の人々の行動を参照して自らがどのように振る舞うべきかを判断するようになる。たとえば，はじめて海外旅行に行ったときなどは現地での勝手がわからず不安であることから，空港やレストランなどで，自分の前に並んでいる人や周囲の人の一挙手一投足をよく観察し真似しようとすることがあるだろう。これと同様に，社会的秩序

が動揺している社会においては，自らの過去経験にもとづく行動モデルが通用しなくなるため，他人の行動モデルを参照するようになるのである（安藤, 2007）。この状態はまるで牛の群れさながらに互いの間を動きまわるという意味で，**ミリング**（milling）とよばれる。次に第2段階では，循環的なミリングにより人々が互いの行動や興奮に対してより敏感になり，没個性的な興奮状態が高まっていくような暗示状態である**集合的興奮**（collective excitement）となるとされる。そして集合的興奮が広範囲の人々に伝播・拡散していくことで，第3段階である**社会的感染**（social contagion）となる。この社会的感染状態では，社会的秩序が保たれている状態では生じないような非日常的な行動，すなわち集合行動が発生すると考えた。なお，社会的感染により発生する集合行動はいわゆる街角群衆や暴動であり，ブルーマーはこれを**原初的集合行動**（elementary collective behavior）とよんだ（図10.2）。そして原初的集合行動がやがて討議や世論形成を通じて組織化されていくことで，社会運動などの**組織的集合行動**（routine collective behavior）に発展すると考えた（Blumer, 1939；伊藤, 2011）。

10.4 状況的要因

10.4.1 創発規範説

　パークやブルーマーらシカゴ学派の理論は，ル・ボンらの古典的理論にみられるような貴族主義的に偏った（貴族が勢いづく労働者を不気味な存在として見るような）視点をある程度払拭しつつ，集合行動に至る個々人の心理的相互作用をより客観的，体系的にモデル化したものであった。一方で，集合行動の発生メカニズムを心理学的循環反応にもとづく感情的感染に求める点においては，あくまでル・ボン説の延長線上といえ，感情感染により人々が非合理的で社会的規範から逸脱した行動をとることが集合行動であると考えられていた。

　それに対して，ターナーとキリアン（Turner, R. H., & Killian, L. M., 1957）は，集合行動に参加している人々にも**集団規範**（group norm）があると考えた。人々が場の状況に応じて通常とは異なる行動をとることは，社会心

理学における**同調行動**（confirmation behavior）の実験などにおいて示されてきた。たとえば，線分の長さを問うアッシュ（Ash, 1951）の線分比較実験においても，実験参加者の74％（34/50名）は周囲の回答に同調して少なくとも1回は誤答したとされる（詳細は第8章参照）。また，シェリフ（Sherif, 1935）は，知覚における自動運動現象を用いた実験により，人々の行動が集団規範に影響されることを示した。この実験では，実験参加者は暗室の中で小さな光点を凝視し，光点がどの程度動いたかを口頭で回答する課題を行った。通常，暗室で小さな光点を見つめるような観察条件においては，光点自体は静止していても錯視により動いて見える（自動運動）。この錯視量には個人差があるため，各実験参加者が1人で回答した場合には光点の移動距離は実験参加者間で大きくばらついた。一方で，2名あるいは3名の実験参加者で一緒に課題を行う条件においては，繰返し試行を行うことで次第に回答のばらつきが小さくなり，近似した移動距離を回答するようになった。この結果は複数名の実験参加者の中で回答に対する集団規範が形成され，各人がこの規範に従うようになったものと解釈される。

　このように，場の状況に応じて人々の間で行動のルール（規範）が形成され，人々はその状況で共有される規範に則って同じような行動をとる（同調）。同様に，非日常的な状況においては，その危機的状況の中で適応していくための非日常的な規範が生じ，人々はその規範に従って行動するようになると考えられる。このように，ターナーとキリアンは，集合行動を人々が感情感染により社会規範を逸脱した行動をとった結果としてではなく，異常事態の中で人々の間に模索され創出された規範，すなわち**創発規範**（emergent norm）に則って行動した結果と考えた。

10.4.2　災害時の流言にみる創発規範

　災害発生時の流言（rumor）を例として創発規範を考えてみよう。流言とは，「情報源が明確でなく，確証のない情報が無差別に人から人へ伝えられる社会的広がりをもったコミュニケーション」と定義される（釘原, 2011）。デマと混同されやすいが，デマはとくに発信・伝播者が悪意をもって情報を拡散する

表 10.1 東日本大震災時に発生した流言の例 (野村, 2011;日本データ通信協会, 2011; 荻上, 2011)

テーマ	流言の主旨	対応
石油コンビナート事故	コスモ石油千葉製油所の爆発により有害物質が雲などに付着し，雨とともに降ってくる。身体が雨に接触しないよう傘や雨カッパを持ち歩いてほしい。	2011年3月12日，コスモ石油がホームページ上で否定。タンクに貯蔵されていたのはLPガスで，燃焼により発生した大気が人体に及ぼす影響は非常に少ないとの見解を発表。
原発・放射性物質	福島原発から放射能がもれている。ヨウ素を含むうがい薬や，海藻類を摂取すると内部被ばくを防げる。	2011年3月14日，(独)放射線医学総合研究所がホームページ上で否定。うがい薬は内服薬でないため摂取は有害である可能性，海藻類の摂取も十分な効果はないとの見解を発表。
節電呼びかけ	関東の電力備蓄が底をつき，中部電力や関西電力からも送電するので，関西でも節電してほしい。	2011年3月12日，関西電力がホームページ上で否定。当社名で震災に関連したチェーンメールを送ることはないと発表。

ことを指す。たとえば2011年3月の東日本大震災や福島第一原子力発電所事故においては，震災直後から表10.1に示すような多数の流言が出現した（野村，2011；日本データ通信協会，2011；荻上，2011）。とくにツイッター（Twitter）やフェイスブック（Facebook）などのSNS（social network service）によって多くの流言が短時間の間に広範囲に拡散し，総務省が電気通信事業者等にあてて適切な対応をとるよう要請するにまで至った（総務省，2011）。読者の中にもこれらの流言をみた人もいるかもしれない。たとえ友人からの呼びかけとはいえ，内容も情報源も不確かな又聞き情報をそのまま他の友人・知人，あるいは不特定多数の潜在的閲覧者がいるSNS上に発信することは避けるべきであると，平常時の規範に則っていれば多くの人が考えるであろう。一方で，災害発生時には情報に対する需要が高まり，また直接被災していない地域では「被災者の役に立ちたい」「家族や友人への被害を防止したい」といった愛他的感情も発生しやすくなる。その結果，被災地支援や放射能汚染からの防御など善意にもとづく情報であれば拡散したほうが良いのではないかといった（野村，2011），平常時とは異なった規範が創発し共有されたものと考えられる。社会

学者のシブタニは，流言を「曖昧な状況にともに巻き込まれた人々が，自分たちの知識を寄せあつめることによって，その状況について意味のある解釈を行おうとするコミュニケーション」と解釈した（Shibutani, 1966）。未曾有の災害の中で，人々は自分が適切に行動するために状況を再定義する必要があり，そのための相互作用の中で流言が発生するととらえることができる。なお，災害時に繰り返される流言を抑止し社会的混乱を防ぐ上で，福田（2012）は行政や企業による正確な情報の早期発信，および平時からのメディア・リテラシー教育が重要であると指摘している。

10.5 環境的要因

10.5.1 価値付加モデル

創発規範説以降，集合行動を人々の合理的な行動の範疇から解釈するアプローチは広く普及した。中でも社会学者スメルサー（Smelser, N. J., 1962）は，集合行動発生時の状況のみならず，その背景にある社会的構造も含めた複層的な環境要因が人々の合理的な行動としての集合行動を引き起こすと考えた。スメルサーはこれら複層的な要因を6段階の条件としてまとめ，**価値付加モデル**（value-added model）を提唱した。6段階の条件とは，順に①構造的誘発性（structural conduciveness），②構造的ストレーン（structural strain），③一般化された信念の成長と波及（generalized belief），④きっかけ要因（precipitating factors），⑤行為への動員（mobilization for action），⑥社会的統制の作動（the actions or reactions of social control agents）である。集合行動はこれら①〜⑤の条件が段階的に付加され，かつ⑥による抑止に失敗した場合に生じるとされる。以降では，安藤（2007）にならい，豊川信用金庫事件（10.2.1参照）を主な例として6つの条件を紹介する。

1. 構造的誘発性

集合行動の誘発条件となる社会構造上の特性であり，文化や法制度を含むとされる。豊川信金事件などは，そもそも個人の財産所有が保障される資本主義社会でなければ生じ得ない。また，WEB上の炎上（10.6で後述）なども，自

分の書き込みについての匿名性が保障される情報環境に特有の現象といえよう。なお，構造的誘発性は必ずしも社会的構造のみにあるものではなく，物理的構造に規定される場合もある。たとえば，事件や災害が発生した際に建物内にいた人々が狭い出口に殺到して将棋倒しになるといったケースを考えると，もし出口が広ければこのようなパニックは生じない（釘原，2011）。この場合には出口に至る隘路（狭くて通行困難な通路）という建築物の物理的構造が誘発条件となる。

2. 構造的ストレーン

社会的行為の構成要素間の関係の摩擦・損傷や，その結果生じる不適切な構成要素の働き（社会的な緊張や不安）を指す。豊川信金事件に当てはめると，この地域では事件の約7年前に町の金融機関が倒産しており，女子高生の叔母（B）はその被害を被っていたとされる（伊藤ら，1974b）。このような地元の金融機関に対する不安が，流言をただの「取るに足らない噂」でとどめずに念のため親族に聞いてみるといった行動を助長したといえる。

3. 一般化された信念の成長と波及

社会的な不安が生じている要因について人々が信念を共有し，流言などによりその共有範囲が拡大されていくこと。豊川信金事件では，女子高生（A）からクリーニング店主（F）に至るまで，信金があぶないという話を聞いた者は直ちに他の者に真偽を確認し，結果的に噂がたちまち広まった。また，取り付け騒ぎが発生した当初に銀行が行った対策の多くが曲解されて裏目にでて，流言の拡大をさらに助長した（伊藤ら，1974a）。たとえば，短時間のうちにできるだけ多くの客の払い戻しに応じるため，払い戻しの金額を万円単位としたところ，「1万円以下は切り捨てになるそうだ」と噂され，雑踏整理のため派遣された警察官を見て「銀行の立入り捜査が行われている」などと解釈され，信金が倒産するという人々の信念は拡大していった。

4. きっかけ要因

人々の不安・緊張の高まりが具体的な集合行動を発動させる契機となる象徴的な事件。豊川信金事件ではクリーニング店主の妻が男性の電話を聞いたことで，預金をおろすという具体的なアクションに発展した。また，米軍基地問題

で緊張の高まっている沖縄において，2016年6月に米軍属による日本女性殺害事件が発生した際は，ここ20年で最大となる米軍基地反対デモに発展した（主催者発表によると約6万5,000人が参加；毎日新聞2016年6月19日）．

5. 行為への動員

きっかけ要因により発生した集合行動に人々が集まること．豊川信金事件ではクリーニング店主の妻が電話で知人や客に伝えまわったことで，取り付け騒動に発展した．近年，デモや社会運動はSNSを活用した呼びかけにより多くの参加者を動員している．

6. 社会的統制の作動

上述1～5の各プロセス，および結果的に発生した集合行動を阻止する行動．マスコミ報道，警察の介入などが相当する．この社会的統制が的確に機能すれば集合行動を未然に防止，あるいは発生後も最小化することができる．豊川信金事件においても，マスコミがデマであることを大きく報道することでパニックが沈静化した．また，東日本大震災時の流言も，内容に関わる地方自治体や企業，学術団体が事実無根である旨を公式発表することで徐々に沈静化した（野村，2011；**表10.1**参照）．

なお，1～5の各条件は決してランダムな順に生じるものではなく，一定の順序がある．スメルサー（Smelser, 1962）の例を借りると，鉄鉱石には複数の加工処理プロセスを経て自動車になる転換過程がある．具体的には，採鉱，精錬，鋳造，組み立て，塗装，小売業者への委託，販売という流れとなるが，この工程では必ず前段階の処理が完成してから次の段階での価値付加を行う必要がある．鋳造・整形されていない鉄鉱石にそのまま塗装しても自動車にはならない．同様に，いかなる種類の集合行動もその発生段階においては1～5の各条件を順番に満たしていく必要があり，その過程においてどのような集合行動が生じ得るかの可能性は次第に限定・特定化されていくとされる．

10.5.2 資源動員論

これまで説明した諸理論は，個人の不満や状況・環境などの機会から直接的に集合行動が導かれるとするものであった．一方で，社会学者オルソン（Olson, M.) は，合理的な個人 (rational individual) を前提とする限り，不満や機会のみから集合行動は生じ得ないことを論証した (Olson, 1965)。合理的な個人は，常に自分の利益を最大化する行動をとるはずである。社会インフラなどの公共財を得るための集合行動を仮定した場合，公共財は誰もが均等に恩恵を得られるため，合理的な個人はあえて自ら集合行動に加わるというコスト（時間や労働力など）を払わずに，他者によってなされた集合行動の結果もたらされる報酬のみを得ようとすると考えられる。このような行為者は**フリーライダー** (free rider) とよばれる。すなわち，合理的な個人が集合行動に参加するには，フリーライダーを特定し罰せる仕組みや，集合行動への貢献度に応じて選択的に付与される報酬（選択的誘因；selective incentive) が不可欠であり，それらがない限り合理的な個人は社会運動といった集合行動に参加しないと指摘した。オルソンが提起したこのフリーライダー問題 (free-rider problem) は，個人の不満や機会が直接的に集合行動に結びつくものではないことを論理的に示した。一方で，デモなど，公共材を得るための集合行動は現実に頻出していることから，この理論と現実の矛盾を踏まえた上でどのように集合行動を説明するかが以降の集合行動論の一つの焦点となった。

　マッカーシーとゾールド (McCarthy, J. D., & Zald, M. N., 1973) が包括的に理論化した**資源動員論** (resource mobilization theory) は，フリーライダー問題以降に提唱された代表的な社会運動論の一つである。資源動員論では，合理的な個人の行為として社会運動が生じることが論じられている。彼らはまず，個人の不満はどのような社会システムのもとにおいても恒常的に存在するものであり，それだけでは特定の社会運動の発生を予測する直接的要因にはならないと考えた。そして，社会運動が生起するには，不満をもつ人々を実際の集合行動に動員するだけの**資源** (resource) と，その資源を効果的に用いる専門的主体（指導者，活動家・組織）が不可欠であるとした (McCarthy & Zald, 1973；重冨，2005)。たとえば，1946年から1972年までのアメリカ農業労働者運動を調査したジェンキンズとペロウ (Jenkins, J. C., & Perrow, C., 1977) によると，農業労働者運動の成功時期と失敗時期を比較しても不満や構造的ストレーンの度合いに差はなく，外部エリートからの資源投入の増加が

1960年代の反乱の成功に寄与したと考察している。このように資源動員論では，個人の不満を社会運動に結びつける条件としての資源に着目する。社会運動における資源とは，資金，時間，労働力，情報などの物質的・経済的資源や，権威，道徳的責任，信頼，技術など必ずしも物質的でない資源の両者が含まれる。これらの資源が組織体によって効果的に動員されることで社会運動が引き起こされ，目標達成に向けて継続・発展していくという。つまり，「活動に十分な資金や時間があり，それが宣伝のために有効に使われれば，合理的な人々は運動に参加する」ということである（重冨，2005）。社会運動の参加者は，社会運動によって得られると期待される利益とコストを比較して利益がコストを上回る場合において資源を投入するものとされ，あくまで合理的な戦略として社会運動が展開されることが論じられた。資源動員論も，人々の不満を前提条件としつつ政治的な環境が集合行動を引き起こすトリガーとなっていると考える点で，環境的要因を重視する理論に含まれるといえる。

　ここまで概説してきたように，集合行動研究は19世紀末の群衆心理論を端緒としつつ，後続の社会学者，社会心理学者らによって多角的な理論展開がなされてきた。本章で取り上げた代表的理論の他にも，オルソン（Olson, 1965）の議論を踏まえ社会的ジレンマ（social dilemma）の枠組みから集合行動を説明するアプローチや（たとえば，Dawes, 1980），社会的アイデンティティ理論の適用（Reicher, 1984），計算論的アプローチ（たとえば，Read & Miller, 1998）などが展開されている。

10.6　インターネットと集合行動

10.6.1　インターネットが集合行動に及ぼす影響

　現代におけるインターネットやソーシャルメディアの発展と普及は集合行動にも大きな影響を及ぼしている。まず，個々人が情報の収集と発信を容易に行えるようになったことで，集合行動が促進されやすくなったといえる。前述のように，デモの参加呼びかけや流言などはメールやSNSを介することで短時間で広範囲に拡散されるようになった。ただし，流言については政府や企業が

適切な情報を発信するとその情報も直ちに拡散されるため，流言の収束も比較的速いといえるかもしれない。次に，インターネット上での人々のつながりに特有の集合行動も発生するようになった。その例として**フラッシュモブ** (flash mob) や**炎上** (flaming) をあげることができる。フラッシュモブとは，インターネットを通じて不特定多数の人に参加を募り，申し合わせた日時・場所に集まった人々が突如音楽演奏やダンスなどのパフォーマンスを行って解散する行為である（伊藤，2011）。多くの場合において政治的意図などはなく，釘原（2011）の分類に従えば興味・娯楽といった心理にもとづく祝祭群衆の亜種といえるであろう（図 10.1 参照）。一方で，炎上は敵意を特定の個人や組織に向けるタイプの集合行動であり，社会問題に発展する場合も多い。以降の項では炎上の事例やメカニズムについて概説する。なお，炎上は「フレーミング」と邦訳される場合もあるが（たとえば，Joinson, 2003），社会心理学においては意思決定におけるフレーミング（framing）（Tversky & Kahneman, 1981）と訳語が紛らわしいので，本章では一般的に用いられる用語として「炎上」という訳語をあてた。

10.6.2　インターネットにおける炎上の事例

インターネットにおける炎上という用語は，もともとコンピュータを介したコミュニケーション（computer-mediated communication；CMC）において絶え間なく続く会話や書き込みという意味で用いられていたが（Joinson, 2003），現在ではとくに「不適切と思われる発言や写真の投稿・公開をした個人・組織に対して，不特定多数のユーザから非難が殺到し，取拾がつかない状態」（荻上，2007；中橋，2014）を指す語として一般に定着している。SNS が普及する中で，炎上が発生しメディアで取り上げられる機会も増えるようになった（総務省，2015）。国内のインターネットユーザ約 2 万人を対象とした調査において，その約 90％が「炎上を知っている」（実際に現場を見たことはなくても聞いたことはある人を含む）と回答したという報告もあり（山口，2015），炎上は現在広く知られた集合行動の一つであるといえよう。

SNS の普及により，著名人や企業のみならず一般人もが炎上の対象となる

ようになった。とくに近年では，一般の若者が悪ふざけでスーパーマーケットやコンビニのアイスケースに入ったり，飲食店の従業員が食器洗浄機や冷蔵庫に入るなどし，それらの写真を投稿したことで個人や店舗・企業に批判が殺到し炎上するような事例が多発した（久保田と小梶，2014；小林，2014）。また別のケースでは，2011年2月にある男子学生が，同じ大学に通う学生らが起こした準強姦事件を擁護したともとらえられるような表現のコメントをツイッターに投稿したことで炎上した（小林，2011）。この事例では，当該記事投稿後間もなくして男子学生のツイッターや他のSNSアカウントに批判が殺到したが，次第に当該コメントに対する批判にとどまらず，アカウント情報や他の投稿記事などから男子学生の氏名や写真，大学名や就職内定先までが特定・拡散された。そして特定のネットユーザの間で内定先に電話等で抗議し内定取り消しを求めることが呼びかけられ，それらの問い合わせを受けた企業側も「当該学生が当社に入社する予定はない」と返答するなどの対応をすることとなった。この事例のように，現在発生している炎上の多くは，単に不適切な発言や行為そのものに対する批判的コメントが殺到することのみで完結するものではなく，投稿者の個人情報を特定して不特定多数のユーザが閲覧できる状態にしたり，本人の所属先・関係者にも多くの人々が抗議の連絡を行うなど，対象者の実生活にも不利益が及ぶような行為にまで発展する場合が多い。

　これらの行為は「ネット私刑（リンチ）」などとよばれるように，私的制裁を目的として集団で特定個人を貶める点において，既存の集合行動におけるリンチ（lynch）の亜種ととらえることもできる（安田，2015）。ただし，従来のリンチが主として身体的な暴力的行為を伴うことに対し，炎上では家族構成や友人関係，過去の投稿記事なども含む個人情報の不特定多数への公開や，ターゲットの所属・関係機関にまで及ぶメール・電話等での批判行為により，ターゲットを社会的，精神的な面で追い詰める形がとられやすいのが特徴といえる。

10.6.3　炎上のメカニズム

　炎上のメカニズムの一つとして，**サイバーカスケード**（cyber cascade）があげられる（荻上，2007；Sunstein，2001）。サイバーカスケードとは，インタ

ーネット上のコミュニケーションにおいて，ある思想や言説が共感を集め，人々の間での議論・行動が極端な方向に発展することとされる（Sunstein, 2001）。集団討議において，初期に優勢だった態度が次第により極端なものになっていく**集団分極化**（group polarization）という現象があるが，匿名を基本とするインターネット上のコミュニケーションにおいても同様あるいはより極端な分極化が生じるものと考えられる。サイバーカスケードはインターネットを通じた大規模な援助行動に結びつく場合もあるが，「悪者は罰せられるべき」といった態度が優勢である場合には炎上など攻撃的な集合行動の要因にもなる（荻上，2007）。インターネットの特性として，地理的な制約を越えて類似した興味・態度を有する者同士が集まりやすい**接近可能性**（accessibility）や，**匿名性**（anonymity）があげられるが（Joinson, 2003），これらの環境的要因がサイバーカスケード，およびリンチの発生要因の一つ（Mullen, 1986）とされる行為者の**没個性化**（deindividuation）を促進し，当事者が予想しなかったような大規模な集合行動に発展するものと考えられる。

● **練 習 問 題**

1. 最近 5 年以内に国内外で発生した集合行動の事件例を 1 つあげ，その経緯や社会的背景についてできるだけ詳細に調べてみよう。
2. 都道府県警察等が公表している雑踏警備についてのマニュアルを調べ（たとえば，兵庫県警察，2002），現在，雑踏事故を防ぐためにどのような工夫が取り入れられているか述べてみよう。
3. 集合行動の観点からインターネット上の炎上を考察し，その加害者・被害者にならないようにするためにはどのような情報モラル教育が必要か議論してみよう。

● **参 考 図 書**

安藤清志（監修）田中　淳（指導）(2007)．ビジュアル社会心理学入門10　集合行動　サン・エデュケーショナル

　社会心理学の初学者用 DVD 教材シリーズのうち，集合行動をテーマとした一巻。本章でも取り上げた諸理論について平易な表現と映像を交えた例でわかりやすく説明

されている。

釘原直樹 (2011). グループ・ダイナミックス――集団と群衆の心理学―― 有斐閣

集合行動に関する社会心理学研究を多数行ってきた著者による集団・集合心理学の概説書。パニックやスケープゴート，テロ等に関する研究例が多数紹介されている。説明も平易で初学者にもわかりやすい。

ル・ボン，G. 桜井成夫（訳）(1993). 群衆心理 講談社

集合行動研究の端緒とされるル・ボンの著作。本章で概説した集合行動観の変遷を理解した上で改めてル・ボンの説を追うことで，より客観的な見方ができるのではないだろうか。

フィッシャー，L. 松浦俊輔（訳）(2012). 群れはなぜ同じ方向を目指すのか？――群知能と意思決定の科学―― 白揚社

著者は物理学者で，昆虫などの群れのメカニズムを複雑系から読み解き，人間の集合行動・集団行動に実用的な示唆を提起している。集合行動に対する近年の多彩なアプローチを把握する上で有益な一冊。

コラム1 文　化

　心の仕組みは文化によって異なるのだろうか。心理学者は従来，人間の心は文化を越えて普遍的なものであるという立場をとってきた。しかし近年では，文化心理学という新たな分野として，文化が心に及ぼす影響について研究が行われるようになってきた。ここでは，文化心理学の代表的な理論として，東アジア文化圏と欧米文化圏における世界観および自己観の違い，そして自己評価のあり方の違いとその違いを生み出す心理メカニズムについて紹介する。

1. 世界観の文化差

　ニズベットら（Nisbett, R. E. et al., 2001）は，世界観，すなわち世界を認識するための思考様式に着目し，東アジア文化圏において一般的な思考様式を「**包括的思考様式**（holistic mode of thought）」，欧米文化圏のそれを「**分析的思考様式**（analytic mode of thought）」と定義した。「包括的思考様式」は，儒教や仏教，老荘思想の影響を受けた考え方で，世の中は複雑であり，物事の本質を理解するためには，関連したさまざまな要因が複雑に絡まりあっているありよう，つまり物事の全体像を把握する必要があるとされる。こうした世界観が主流の文化に生まれ落ちた人々にとっては，「木を見て森を見ず」といわれるように，自分を取り巻く世界を理解するには，局所的な見方にとらわれずに全体を俯瞰することが重要になってくる。これに対して，「分析的思考様式」は，アリストテレスに端を発する考え方であり，世の中のあらゆる事物は最小の要素にまで分割可能であり，それぞれの要素の作用を理解すれば事物の本質を理解できるという考え方である。この考え方に従うと，ある事象に関連する情報を些末なものまで考慮に入れることは，むしろ，その事象を理解するための明晰な思考の妨げになるとみなされる。

2. 自己観の文化差

　マーカスと北山（Markus, H. R., & Kitayama, S., 1991）は，「人とは何か」ということを「自己観」として定義し，自己観が文化によって異なるとした。東アジア文化圏では「**相互協調的自己観**（interdependent construal of self）」が共有されており，自己は他者と根源的に結びついており，社会的関係の中で重要な役割を果たすことにより自己が形成されていく。こうした文化において一人前とみなされるためには，他者の気持ちを汲み取り，自己を周囲に合わせながら，期待される役割

を果たすことが求められる。「出る杭は打たれる」のである。他方で，欧米文化圏では「**相互独立的自己観**（dependent construal of self）」が共有されており，自己は他者と切り離されており，自己の中に確固とした属性を見出し，それを外に向かって表現することで自己が形成されていく。こうした文化においては，ユニークで他者に誇れる特性を身につけ，それを周囲にアピールできてこそ一人前と認められる。

3. 自己評価のあり方と子育ての文化差

まず，自己評価に関連する概念として，自尊感情について考えてみたい。自尊感情とは，「自分自身を肯定的に評価する気持ち」とされているが，この自尊感情のあり方が文化圏によって異なることが分かっている。従来の北米の社会心理学では，多くの研究によって，人は一般的に自尊感情を高く保とうとするものであり，肯定的な自己評価ができないときには自己評価を高く保つための自己防衛的な手段をとるとされてきた。

たとえば，欧米文化圏においては「**ポジティブ・イリュージョン**（positive illusions）」が普遍的に見出される。健康な人々の大部分が，自分のことを平均以上に優れていると考え，自分の将来を平均以上にポジティブなものと予測し，自分の周囲の環境に対する統制力を平均以上に高いものと見積もるのである（Taylor & Brown, 1988）。この現象は，大部分の人が平均以上ということは統計上有り得ないことから，「イリュージョン」と名づけられている。

また，ある事象が生じたときにその原因が何であるかを考える心の働きを「**原因帰属**（causal attribution）」というが，自分が成功したり失敗したりした際，欧米文化圏の人々は，成功は自分の内的要因に，失敗は外的要因に帰属しやすいことが分かっている。つまり，欧米文化圏の人々は，何かに成功した場合はそれを自分の能力のおかげだと考えがちだが，他方で，失敗した場合には，たまたま今回は運が悪かった，もしくは課題が難しかったせいだと考えやすいのである。こうした原因帰属を通じて，人は，成功したときには自己評価を高め，失敗したときには自己評価の低下を防衛していると考えられる。

このように，自尊感情にとって肯定的な意味をもつようにさまざまな事象を解釈し，そのような意味をもつ情報を収集しようとする個人の傾向を「**自己高揚傾向**

(self-enhancing tendency)」といい，先述したように，欧米文化圏の人々にはごく一般的に認められるものである。しかし，東アジア文化圏においては，こうした自己高揚傾向はあまり認められず，むしろ，それとは反対の「**自己卑下傾向**（self-effacing tendency）」あるいは「**自己批判傾向**（self-criticizing tendency）」が見出されることが多い。さらに，自尊感情そのものの高さに文化圏によって違いがあるかどうかを検討した研究では，東アジア文化圏の人々のほうが欧米文化圏の人々よりも自尊感情の高さの平均値が低いことが示されている（Campbell et al., 1996 ; Diener & Diener, 1995）。

東アジア文化圏の人々における自己卑下，自己批判傾向としては，先述した「ポジティブ・イリュージョン」が，欧米文化圏ほど強固には示されなかったり，まったく認められなかったり，あるいは，反対方向の現象が見出されたりする。たとえば，ハイネとリーマン（Heine, S. J., & Lehman, D. R., 1999）の研究では，さまざまな性格特性について，ヨーロッパ系のカナダ人の学生は自分が平均的な学生よりも優れていると見なしているのに対して，日本人学生は自分のことを平均的な学生と同程度と見なしていることが示されている。また，マーカスと北山（1991）の研究においても，アメリカ人学生はほとんどの能力について自分が平均的な大学生よりも優れていると考えていたのに対して，日本人学生はそのような自己高揚傾向を示さなかった。

「ポジティブ・イリュージョン」のうち，自分が将来どのような出来事を経験するかという推測についても，欧米文化圏の人々と東アジア文化圏の人々の間に違いがみられることが分かっている。多くの研究により，欧米文化圏の人々は，自分には将来「長生きをする」「幸せな結婚生活を送る」といったポジティブな出来事が他の人々よりも起こりやすく，「癌にかかる」「離婚する」といったネガティブな出来事は他の人々よりも起こりづらいと推測することが明らかにされている。これに対して，外山と桜井（2001）は日本人大学生を対象として研究を行い，ポジティブな出来事については，自分のほうが他人よりも経験しやすいと推測する出来事と経験しにくいと推測する出来事の両方があることを，ネガティブな出来事については，すべての出来事を自分のほうが他人よりも経験しづらいと推測することを明らかにした。ただし，自分が他人よりもポジティブな出来事を経験しやすいと考える傾向

も，ネガティブな出来事を経験しにくいと考える傾向も，欧米文化圏の人々に見出される同様の傾向よりも弱いものであった。この結果から，将来の出来事の推測についても，日本人は欧米文化圏の人々に比べて自己高揚傾向をあまり示さず，むしろ自己卑下，自己批判傾向を示す場合もあることが分かる。

「原因帰属」についても，東アジア文化圏の人々は，自己卑下，自己批判的な帰属を行いやすいことが明らかにされている。北山（1998）は，過去約20年間に日本で行われた原因帰属に関する研究を概観し，日本人は自身の成功を外的要因に，失敗を内的要因に帰属しやすいと結論づけた。すなわち，日本人は，自分が何かに成功した場合は，課題が易しかったから，運や状況が良かったからだと考えやすく，他方で，自分が失敗した場合には，自分の努力不足や能力の欠如が原因だと考える傾向にあるのである。これは，欧米文化圏の人々にみられる自己高揚傾向とは正反対の結果であり，東アジア文化圏における自己卑下，自己批判傾向を顕著に示すものである。

ところで，ここまで述べてきたような，欧米文化圏における自己高揚傾向と東アジア文化圏における自己卑下，自己批判傾向は，どのような心理メカニズムによって生じているのだろうか。このことについては，冒頭で述べた，2つの文化圏における自己観の違いという観点からの説明が可能である。欧米文化圏においては，人々の間に相互独立的自己観が共有されており，自らのポジティブな特性を明らかにし大勢の中で目立つことが重要であり，それが達成されると自尊感情も高められる。そのため，自らのポジティブな特性に常日頃から注意を向け，さらにそれらについてより深くまた広く考えをめぐらすといった心理的習慣が身についていると考えられる。実際に，欧米文化圏では，両親をはじめとする養育者が「あなたは特別だから，できるはず」と子どもを称賛し，自らのポジティブな特性に目を向けさせる子育てがごく一般的なものとなっている。

他方で，東アジア文化圏においては，人々の間に相互依存的自己観が共有されており，和を乱すことなく人並みであることが重要であるとされている。そのため，自らのネガティブな特性に常日頃から注意を向け，さらにそれらについてより深くまた広く考えをめぐらすといった心理的習慣が身についていると考えられる。そして，このような，自らの望ましくない特性への注目が，周囲からの期待や規範に合

わせてその特性を改善していくことにつながり，自己向上をもたらすとされている。実際に，日本では「他人様に迷惑をかけないように」という子育てが主流である。また，日本語では誉め言葉よりも叱り言葉のほうが種類が多く，これはアメリカ英語における誉め言葉の豊富さとは対照的である。

コラム2　進　化

　ヒトの高度な知性と社会性はいったいどこからきたものなのか，またなぜ獲得される必要があったのか。このような問いはさまざまな観点から回答し得るが，その回答を得るための手段，あるいはそれに回答し得る一つの体系として，**進化心理学**があげられる。進化心理学とは，（進化）生物学の知識・原理を，人間の心の構造を研究するために用いるという生物学・心理学のアプローチの一つであり，その目的をヒトの心のデザインを探求・理解することとする心理学の一分野である（Cosmides & Tooby, 1997）。より具体的には，ヒトの「心」を，**自然淘汰**によって形成された情報処理のメカニズムととらえ，生物学および心理学の諸分野を方法論のベースとするという考え方である。本コラムでは，人間の社会性に関して，進化心理学における主要なトピックを紹介しながら，ヒトの社会性の起源について考えてみたい。

1. ティンバーゲンの4つの問いと自然淘汰論

　「なぜヒトには社会性があるのか」というのはいくぶん大きすぎる問いではある。しかし，「なぜ他人の手助けをするのか」というように，「なぜそのような行動をとるのか」というふうに言い換えてみると，この問いは大きく分けて4つのレベルに分解できるという（Tinbergen, N., 1963）。

(1) 機能的（survival value）……何のためのものなのか？
(2) 発達的（ontogeny）……個体の中でどのように発達するのか？
(3) 進化的（evolution）……種の歴史の中でどのように進化してきたのか？
(4) 直接的（causation）……どのように働くのか？

　ティンバーゲン自身はこの4つの問いを動物行動について投げかけたが，この問いは生物だけでなく，非生物にも当てはまる。わかりやすい例として，信号機についていえば，①どのように交通事故の防止に貢献するのか，②個々の信号機はどのように組み立てられるのか，③歴史の中でどのようにデザインが変化し，そして④どのように（電気的な回路等が）働くのか，といったふうである（Bateson & Laland, 2013）。中でも，機能的レベルの問いがもつ意味は大きい（平石，2000）。生物のもつ機能的特徴（たとえば，鳥の羽毛は何のためのものなのか）を考える際に，その環境における個体の生存に適しているか，繁殖上有利であるか，という

ことがしばしば議論される。こうした考え方はダーウィンの自然淘汰論にもとづいており，その環境で生き残るための形質を備えたものが子孫を残し，その結果，当該の形質がその集団において優位な形質になると考えられている。このような形質は，「進化的に適応的である」と表現され，個体の生存率と繁殖率から定義される「適応度」を高めるように働くと仮定される。

2. 社会的知性仮説と心の理論

ここでヒトの生物学的な特徴は何かというと，大きな脳とそれに伴う複雑な認知機能があげられるだろう。ヒトの脳の大型化とそれに伴う知性の発達は，社会性の獲得とともに生じたとする説がある。すなわち，ヒトの知性は，社会的な場面で発揮される知性を高度化することによって獲得されたとする考え方である（Whiten & Bryen, 1997）。この考え方はとくに，社会的交換場面における「駆け引き」の能力が，個体の適応度に影響を与える（時として，他個体を操作し利己的に振る舞うものが生き残る）と仮定するため，「マキャベリ的知性仮説」ともよばれる。この仮説にもとづけば，社会的交換の中でより「賢く」行動できる個体が生き残り，それが結果として脳の大型化につながったと推測できるだろう。

この「駆け引き」の背景となる認知機能の一つとして，他者の心の状態を推測する能力，すなわち「心の理論」というものが注目されている。たとえば，ヒトは，一緒に食事をしている友人が急に席を立ったら，「トイレに行きたくなったのかな」などとその行動の意図を推測することができる。ヒトは一般に，「心」をもった存在に対しては，心の状態にもとづいて，その行動を理解，予測，説明できる（鈴木, 2002）。このような他者の心的状態を推察する能力を一般に，「心の理論」をもっている，と表現する。ある個体が心の理論を有するかどうかをテストする手段としては，一連の誤信念課題とよばれる手法が用いられる。たとえば，もっとも初期に用いられた「マクシ課題」（Wimmer & Perner, 1983）とよばれるものは，以下のような状況設定でテストを行う。マクシ少年がチョコレートを緑の戸棚にしまった後，外出した。その後，母親がチョコレートを別の戸棚（青い戸棚）に移してしまった。このような状況で，帰宅したマクシ少年は，チョコレートを最初にどこに取りに行くだろうか？と問うものである。むろん，答えは「緑の戸棚」である。しかし，もし「青い戸棚」と回答した場合には，マクシ少年の心的状態（母親がチョコレート

を別の戸棚に移したことを知らない)を推測できていないものと考えられる。ヒトの場合，4歳前後からこの課題に正答できるようになるといわれており，個体発達に従って，心の理論が獲得されていくと考えられている。誤信念課題には，他にもサリー・アン課題（Baron-Cohen et al., 1985）などのバリエーションがある。これらの課題は発達心理学の分野で研究され，とくに自閉スペクトラム症児は，定型発達児と比較して誤信念課題を苦手とするとされる。このことから，自閉スペクトラム症にみられる社会的能力の問題は，心の理論の問題であるとする見方もある。

またこの「心の理論」は，欺き行動の基礎であるとも考えられている。たとえば，ある個体Aが，見つけた餌を独占したいと考えるとき，他個体を餌とは別の場所に誘導し，後でその餌を独りで楽しもうとするかもしれない。このときAは，他個体が「餌のことを知らないであろう」という心の理論をもって行動しているのである。つまり，他者を欺くとき，自分の行動によって他者の信念や知識を操作することができる，という前提をもっていなければならない。このような「相手を出し抜く」という行動は，ヒトだけでなくチンパンジーにおいてもみられることから，チンパンジーにおいても，相手の知識を利用した駆け引きを行うことができるとされる（板倉，1999）。

3. 協力行動の進化と裏切り者検出

むろん，ヒトの社会はすべて欺きによって構成されているわけではなく，おそらくはそれ以上の協力によって成り立っている。**協力行動**あるいは**利他行動**（コストを支払って他個体を助ける）の進化に関するもっとも有力な仮説の一つに，血縁淘汰説があげられる（Hamilton, 1964）。これは，自らの遺伝子を残すために，血縁関係にある他個体を手助けするというものである。親が子を養育するという行動は，さまざまな生物種でみられるが，これは血縁関係による利他行動の好例であるといえるだろう。

しかし人間の社会においては，血縁的には無関係な個体間でも，協力行動が頻繁に観察される。トリヴァースは，そのような非血縁者間での協力行動を議論するにあたり，互恵的利他行動という考え方を提案した（Trivers, R. L., 1971）。互恵的利他行動の理論においては，同一の個体間で「繰返し」協力が行われることが，協力行動の進化のカギとなるとされており，実際にしっぺ返し戦略（相手が協力すれ

ば協力し，相手が裏切れば裏切りを選択する）に関する理論的研究によっても検証されている。このような互恵的利他行動は，個体が生き残る上で長期的に有利に働くものの，利益だけを受け取りコストを支払わない，いわゆるフリーライダーに対して脆弱なシステムである。なぜなら，そのような「裏切り者」が存在する場合には，協力的な個体が，非協力的な個体に一方的に搾取され，淘汰されてしまうからである。したがって，互恵的利他行動を進化させるためには，裏切り者を検出し排除することが必要となる。

「裏切り者検出」に関する興味深い研究として，「4枚カード問題」を用いた一連の実験があげられる。この実験では，まず数字とアルファベットが書かれた4つのカードが呈示される（例：「4」「7」「A」「T」）。ついで，裏面にも同様に数字かアルファベットが印刷されていることが説明され，「もし片面が『4』ならば裏面は『A』である」という命題を検証するためには，どのカードを裏返して確認すればよいかが問われる。この問題の論理学的な正解は，「4」と「T」をめくるというものであるが，一般的には正答率は非常に低い。ところが面白いことに，「PならばQである」という論理構造を維持したまま，課題の文脈をより具体的な社会的交換の場面に置き換えるだけで（例：勤続10年以上であれば，年金の受給資格がある），正答率がずっと高くなるということが知られている。つまり，ルールが守られているか否かを確かめる（この例で考えるならば，勤続10年に満たないのに年金を受給しているかどうか）という文脈で，より正確な判断ができるようになるということを意味している（長谷川，2001）。このことは，ヒトが，互恵的利他行動に必要な，裏切り者を検出する能力を進化によって獲得した結果であると考えられている（平石，2000）。

4. 進化心理学への批判

ここまで見てきたように，進化心理学はヒトの「人間らしい」行動の起源について非常に魅力的な解答をもたらしてくれる。一方で，ある特定の行動や生物学的特徴を，それが本当に進化の産物であると断定するのはきわめて難しい。悲観的な研究者は，人間の協力行動を，個体の発達における学習の結果である（もっといえば親や他個体の行動をまねているだけ）と主張するかもしれない。その理論的・科学的な妥当性については今後も議論の対象となると思われるが，人間の社会的行動を

考える上で，進化的アプローチは一つの興味深い考え方であることにはかわりはないだろう。

●参考図書

長谷川寿一・長谷川真理子（2000）．進化と人間行動　東京大学出版会
　進化心理学と行動生態学の基礎を学ぶことができる。大学の講義等でもよく用いられている。

平田　聡（2013）．仲間とかかわる心の進化——チンパンジーの社会的知性——　岩波書店

大槻　久（2014）．協力と罰の生物学　岩波書店
　上記2冊は一般向けの書籍であるが，進化生物学・比較認知科学の要点と最新の知見を知ることができる。

コラム3　健　康

　わが国では社会心理学と健康との関連，とりわけ心の健康との関連について論じられることはあまり多くないが，海外では1983年から'*Journal of Social and Clinical Psychology*'という学術雑誌が刊行されるなど，おもに心の健康を取り扱う臨床心理学と社会心理学の知見をリンクさせて論じる立場がみられる。このことは，とくに心の健康を阻害する要因や対処方法を考える上で社会心理学の諸理論が助けになることを表しているといえよう。そこで本コラムでは，ごく基本的な社会心理学の理論を3つほど取り上げて，それらが心の健康の理解にどのような形で役立っているのかを示したい。

1. 認知的不協和（cognitive dissonance）

　ある出来事に対して，自分の中で矛盾した考えを抱くなどの不協和が生じた際にその不協和を解消しようとする傾向があることを示した，フェスティンガー（Festinger, L., 1957）が提唱した理論である。この理論は，多くの悩みを抱える相談者の行動原理を説明する上で大変参考になる。たとえば，子どもが言うことを聞かず，強く叱ってしまい後で後悔すると訴える母親の悩みを考えてみよう。この母親は，「子どもは出かける前に早めに準備をしておくべき」という考えを抱いている。しかし，当の子どもは親の思いに反していつも時間ぎりぎりまで何も準備をしようとしない。そういう状況に直面すると，母親は自らの「子どもは早めに準備をしておくべき」という考えと，子どもの「何も準備をしない」という事実との間に不協和をきたすのである。

　さて，この母親はどうすべきか？　認知的不協和の理論にもとづいて考えれば，母親は子どもを叱ることなどを通じて無理やりにでも子どもが時間前に準備を始めるように促す場合が多い（これを「しつけ」「教育」とよぶことが一般的であろう）。しかし，大抵の子どもは親の思う通りには動いてくれない。よって，母親の中で不協和が続き，時にはイライラ，落ち込みといった健康上の不調をきたす場合がある。

　このような状況において，認知的不協和の理論に即して考えてみた場合，不協和を解消するもう一つの方法があることに気がつく。それは，母親が子どもに対する「早めの準備を心がけるべし」との考えを変えることで協和的な状況を作る方法で

ある。たとえば，「早めの準備ができないなら，もっと準備時間をとるようにする」「遅刻したことはないからバタバタしてもしょうがない」など物理的な時間を多く確保するか，母親自身の子どもへの期待を修正するのである。ちなみにこの相談事例では，別のきっかけ（学校の先生にひどく怒られた，子ども自身が時間に遅れたくないと思うように成長した，など）で子どもが時間通りに支度をするように変化することも考えられる。そのため，親の立場からすれば「状況の変化や子どもの成長を待つ」ことも協和的な状況を作るための一つの手段になるだろう（こちらは親にとってやや気の長い作業にはなるが……）。

2. 自己効力感（self-efficacy）

バンデューラ（Bandura, A., 1977）によって提唱された，ある状況下で適切な行動を成し遂げられるか否かに関する予測や確信度のことであり，人がある行動をとる際のやる気や意欲に影響を与える。筆者が行った研究では，この自己効力感がパニック障害や社交不安障害といった「不安」にまつわる心の健康問題と関連が深いことが分かった（松浦，2014）。つまり，不安が高い人は，先の見通しがもてない状況下で「この先どうなってしまうのか」と将来を恐れ，適切な行動がとれないと予測してしまうため，不安が高まるのである。

臨床心理学の領域では高すぎる不安を軽減させる手法として，あえて不安を感じる場面に向かうことで不安に慣れていく「曝露療法」というアプローチが開発されており，一定の効果を上げている。ただ，実際の相談においては，クライエントが不安を感じる場面に向かうまでの勇気がもてないことが多く，治療が難渋する場合がある。さて，どうしたらよいか？　そのためにはクライエントの自己効力感を高めて「不安を感じる場面でも何とかなる」という気持ちをもってもらうように促すのである。バンデューラ（Bandura, 1977）は，自己効力感を上げるためには「成功体験をもつ」「成功している人の様子をまねる」「言語的な説得を受ける」「気持ちが鎮まる」という4つの方法を提唱している。この考え方に即して考えると，「まずは一度だけでも火の中に飛び込む覚悟で不安を感じる場面に出向き，何とかなるという経験を得る」「グループでのカウンセリングを用いて，治った人の成功体験を聞く場を設ける」「カウンセラーから不安が鎮まる仕組みを説明し（「心理教育」という），対象者に納得してもらう」「リラクセーションを促す技法を取り入れ

る」などの方法が考えられる。このように，自己効力感の理論を知っていれば不安が軽減される仕組みを説明できるようになる上，治療方法の工夫もできるのである。

3. 社会的促進・社会的抑制（social facilitation, social inhibition）

　自分のそばに他者がいるだけで作業効率が上がる，あるいは下がるという現象を説明した理論である。ザイアンス（Zajonc, R. B., 1965）の研究に端を発し，理論が確立されていった。

　昨今，企業におけるメンタルヘルス不調者の増加やそれに伴う離職の問題などが社会的に注目されており，2015年12月より従業員の健康状態の把握と職場環境改善を目的とした「ストレスチェック制度」が法律により施行された。このような職場のメンタルヘルス問題の発生要因を理解する際に，社会的促進・社会的抑制理論が助けになる。つまり，この理論に即して考えた場合，ある職場において皆が残業を惜しまない，あるいは全力で仕事に向き合う姿勢を推奨する雰囲気が蔓延している場合，その雰囲気はその職場のスタッフ全員に影響を与え，全力で作業せざるを得ない雰囲気が意図せずとも作られてしまうのである。それはまた逆もしかりである。すなわち，皆がやる気をもてず，職場や上司への不満が飛び交うような雰囲気が蔓延しており日々の業務が停滞気味な場合，その職場のスタッフは相互に影響を与え合い，意識せずとも仕事への意欲が減退するような雰囲気が作られていくのである。このような影響によって「仕事がきついけどとても休めるような雰囲気ではない」「こんな堕落した雰囲気の職場に勤めていると自分がダメになる」といった思いが募っていき，過労に伴ううつ病や，労働意欲の喪失による退職希望などに発展する場合がある。しかし，社会的促進・社会的抑制理論に即して考えた場合，従業員一人だけの力で職場の雰囲気に変革を及ぼすことは難しいことが示唆される。そのため，職場環境改善のためには組織の長や管理職等の役職者が率先して音頭をとり，職場の構成員全員で話し合いをもちながら全体的な取組みを一斉に進めていくことが必要になると考えられるのである。

　以上に，大学の学部レベルで必ず学ぶであろう主要な社会心理学理論を用いて心の健康との関連を論じてみた。心の健康について心理学的に検討する際，多くは心の悩みが生じる仕組みと対応を専門とする臨床心理学の理論を参照することが多い

ように思われる。しかし，臨床心理学の理論は優れた臨床家が自らの臨床経験にもとづいて組み立てたものも多く，必ずしも実証化された理論ではない上，そこで使用される言葉も独特な場合がある。そのため，相談に訪れる来談者に対して問題の成り立ちを説明する際に説得力に欠けてしまう場合や，限定された問題に対する理解しかできない場合がある。そのような場合に，本コラムで示したように社会心理学の理論に即して検討することのメリットは大きい。なぜなら，社会心理学の諸理論の多くは**実験研究**や**調査研究**を通して実証化された理論であるため，人々の行動パターンの一般的傾向を示しており，ある心の問題に対して多くの人々に適用可能な問題の成り立ちに関する説明および対応方法を検討しやすい。よって，社会心理学の理論を用いることで，説明する側が説明しやすく，かつ新たな視点で心の問題に対応するための手がかりが得やすくなるのである。

　これから社会心理学を学ぼうとする皆さんには，本コラムで述べたような視点，すなわち社会心理学の理論を身近な日常生活の出来事に照らし合わせながら考えを深めてもらい，「このストレスを感じる出来事は，どの理論を使うとどのように説明できるだろうか」と知恵をひねってみてほしい。皆さんにこうした視点をもってもらうことで，社会心理学の理論を踏まえた心の健康への理解と対応に関する知恵が社会に反映されることを期待したい。

引用文献

第1章

Markus, H. R., & Kitayama, S.(1991). Culture and the self : Implications for cognition, emotion, and motivation. *Psychological Review*, **98**, 224-253.

坂本真士・丹野義彦・安藤清志(編)(2007). 臨床社会心理学　東京大学出版会

桜井茂男(1995).「無気力」の教育社会心理学——無気力が発生するメカニズムを探る——　風間書房

高田利武(2004).「日本人らしさ」の発達社会心理学——自己・社会的比較・文化——　ナカニシヤ出版

吉森　護(2002). アナトミア社会心理学——社会心理学のこれまでとこれから——　北大路書房

第2章

Baumgardner, A.(1991). Claiming depressive symptoms as a self-handicap : A protective self-presentation strategy. *Basic and Applied Social Psychology*, **12**, 97-113.

藤山直樹(2012). 落語の国の精神分析　みすず書房

Hill, M. G., Weary, G., & Williams, J.(1986). Depression : A self-presentation formulation. In R. F. Baumeister(Ed.). *Public self and private self*(pp.213-239). New York : Springer-Verlag.

James, W.(1892). *Psychology : The briefer course.* New York : Henry Holt & Co.
(ジェームズ, W.　今田　寛(訳)(1993). 心理学(上・下)　岩波書店)

Jones, E. E., & Pittman, T. S.(1982). Toward a general theory of strategic self-presentation. In J. Suls(Ed.), *Psychological perspectives on the self*(Vol.1, pp.231-262). Hillsdale, NJ : Erlbaum.

坂本真士(1997). 自己注目と抑うつの社会心理学　東京大学出版会

Sakamoto, S.(1998). The Preoccupation Scale : Its development and relationship with depression scales. *Journal of Clinical Psychology*, **54**, 645-654.

菅原健介(1984). 自意識尺度(self-consciousness scale)日本語版作成の試み　心理学研究, **55**, 184-188.

丹野義彦・坂本真士(2001). 自分のこころからよむ臨床心理学入門　東京大学出版会

第3章

Asch, S. E.(1946). Forming impressions of personality. *The Journal of Abnormal and Social Psychology*, **41**(3), 258-290.

Beilock, S. L., Rydell, R. J., & McConnell, A. R.(2007). Stereotype threat and working memory : Mechanisms, alleviation, and spillover. *Journal of Experimental Psychology : General*, **136**(2), 256-276.

Blair, I. V., & Banaji, M. R.(1996). Automatic and controlled processes in stereotype priming. *Journal of Personality and Social Psychology*, **70**(6), 1142-1163.

Bruner, J. S., & Goodman, C. C.(1947). Value and need as organizing factors in perception. *Journal of Abnormal and Social Psychology*, **42**, 33-44.

Darley, J. M., & Gross, P. H.(1983). A hypothesis-confirming bias in labeling effects. *Journal of Personality and Social Psychology*, **44**(1), 20-33.

Fiske, S. T.(1998). Stereotyping, prejudice, and discrimination. In D. T. Gilbert, S. T.

Fiske, & G. Lindzey (Eds.), *The handbook of social psychology*, Vols.1 and 2 (4th ed.). (pp.357-411). New York, NY: McGraw-Hill.

Fiske, S. T., Cuddy, A. J. C., & Glick, P. (2007). Universal dimensions of social perception: Warmth and competence. *Trends in Cognitive Science*, **11**, 77-83.

Gilbert, D. T., & Hixon, J. G. (1991). The trouble of thinking: Activation and application of stereotypic beliefs. *Journal of Personality and Social Psychology*, **60**, 509-517.

Gilbert, D. T., & Malone, P. S. (1995). The correspondence bias. *Psychological Bulletin*, **117**, 21-38.

Greenwald, A. G., McGhee, D. E., & Schwartz, J. K. L. (1998). Measuring individual differences in implicit cognition: The Implicit Association Test. *Journal of Personality and Social Psychology*, **74**, 1464-1480.

Heider, F. (1958). *The psychology of interpersonal relations*. New York: John Wiley & Sons. (ハイダー, F. 大橋正夫 (訳) (1979). 対人関係の心理学 誠信書房)

Hewstone, M., & Jaspars, J. (1987). Covariation and causal attribution: A logical model of the intuitive analysis of variance. *Journal of Personality and Social Psychology*, **53** (4), 63-672.

Jones, E. E. (1990). *Interpersonal perception*. New York: Macmillan.

Jones, E. E., & Davis, K. E. (1965). From acts to dispositions: The attribution process in person perception. In L. Berkowitz (Ed.), *Advances in experimental social psychology* (Vol.2, pp.219-266.). New York: Academic Press.

Jones, E. E., & Harris, V. A. (1967). The attribution of attitudes. *Journal of Experimental Social Psychology*, **3**, 1-24.

Jones, E. E., & Nisbett, R. E. (1972). The actor and the observer: Divergent perceptions of the causes of behavior. In E. E. Jones, D. E. Kanouse, H. H. Kelly, R. E. Nisbett, S. Valins, & B. Weiner (Eds.), *Attribution: Perceiving the causes of behavior* (pp.79-94). Morristown, NJ: General Learning Press.

Kelley, H. H. (1950). The warm-cold variable in first impressions of persons. *Journal of Personality*, **18**, 431-439.

Kelley, H. H. (1967). Attribution theory in social psychology. In D. Levine (Ed.), *Nebraska Symposium on Motivation* (Vol.15, pp.192-238). Lincoln: University of Nebraska Press.

Kelley, H. H. (1972). Causal schemata and the attribution process. In E. E. Jones, D. E. Kanouse, H. H. Kelley, R. E. Nisbett, S. Valins, & B. Weiner (Eds.). *Attribution: Perceiving the causes of behavior* (pp.151-174). Hillsdale, NJ: Lawrence Erlbaum Associates.

Kelley, H. H. (1973). The process of causal attribution. *American Psychologist*, **28** (2), 107-128.

Macrae, C. N., Bodenhausen, G. V., Milne, A. B., & Jetten, J. (1994). Out of mind but back in sight: Stereotypes on the rebound. *Journal of Personality and Social Psychology*, **67** (5), 808-817.

Morris, M. W., & Peng, K. (1994). Culture and cause: American and Chinese attributions for social and physical events. *Journal of Personality and Social Psychology*, **67**, 949-971.

Miyamoto, Y., & Kitayama, S. (2002). Cultural variation in correspondence bias: The critical role of attitude diagnosticity of socially constrained behavior. *Journal of Personality and Social Psychology*, **83** (5), 1239-1248.

Rosenberg, S., Nelson, C., & Vivekanathan, P. S. (1968). A multidimensional approach to

the structure of personality impressions. *Journal of Personality and Social Psychology*, **9**, 283-294.
Ross, L. (1977). The intuitive psychologist and his shortcomings : Distortions in the attribution process. In L. Berkowitz (Ed.), *Advances in experimental social psychology* (Vol.10, pp.173-219.). New York : Academic Press.
Ross, L., Amabile, T. M., & Steinmetz, J. L. (1977). Social roles, social control, and biases in social-perception processes. *Journal of Personality and Social Psychology*, **35** (7), 485-494.
Ross, L., & Nisbett, R. E. (1991). *The person and the situation : Perspectives of social psychology*. New York : McGraw-Hill.
Singh, R., Onglatco, M. L. U., Sriram, N., & Tay, A. B. G. (1997). The warm-cold variable in impression formation : Evidence for the positive-negative asymmetry. *British Journal of Social Psychology*, **36** (4), 457-477.
Steele, C. M. (1997). A threat in the air : How stereotypes shape intellectual identity and performance. *American Psychologist*, **52** (6), 613-629.
Tajfel, H., Billig, M., Bundy, R. P., & Flament, C. (1971). Social categorization and intergroup behaviour. *European Journal of Social Psychology*, **1** (2), 149-178.
Tajfel, H., & Turner, J. C. (1979). An integrative theory of intergroup conflict. In W. G. Austin, & S. Worchel (Eds.), *The social psychology of intergroup relations*. Monterey, CA : Brooks-Cole.
Tversky, A., & Kahneman, D. (1973). Availability : A heuristic for judging frequency and probability. *Cognitive Psychology*, **5**, 207-232.
Van Boven, L., Kamada, A., & Gilovich, T. (1999). The perceiver as perceived : Everyday intuitions about the correspondence bias. *Journal of Personality and Social Psychology*, **77** (6), 1188-1199.
Wilder, D. A. (1986). Social categorization : Implications for creation and reduction of intergroup bias. In L. Berkowitz (Ed.), *Advances in experimental social psychology* (Vol.19, pp.293-355). New York : Academic Press.

第4章

Apsler, R., & Sears, D.O. (1968). Warning, personal involvement, and attitude change. *Journal of Personality and Social Psychology*, **9**, 162-166.
Brehm, J. W., & Brehm, S. S. (1981). *Psychological reactance : A theory of freedom and control*. San Diego, CA : Academic Press.
Burnkrant, R. E., & Howard, D. J. (1984). Effects of the use of introductory rhetorical questions versus statements on information processing. *Journal of Personality and Social Psychology*, **47**, 1218-1230.
Chaiken, S. (1980). Heuristic versus systematic information processing and the use of source versus message cues in persuasion. *Journal of Personality and Social Psychology*, **39**, 752-766.
Chaiken, S., Liberman, A., & Eagly, A. H. (1989). Heuristic and systematic information processing within and beyond the persuasion context. In J. S. Uleman, & J. A. Bargh (Eds.), *Unintended thought* (pp. 212-252). New York : Guilford Press.
Cialdini, R. B., Vincent, J. E., Lewis, S. K., Catalan, J., Wheeler, D., & Darby, B. L. (1975). Reciprocal concessions procedure for inducing compliance : The door-in-the-face technique. *Journal of Personality and Social Psychology*, **31**, 206-215.

引用文献

Darley, J. M., & Latané, B. (1968). Bystander intervention in emergencies: Diffusion of responsibility. *Journal of Personality and Social Psychology*, **8**, 377-383.
Freedman, J. L., & Fraser, S. C. (1966). Compliance without pressure: The foot-in-the-door technique. *Journal of Personality and Social Psychology*, **4**, 195-202.
Freedman, J. L., & Sears, D. O. (1965). Warning, distraction, and resistance to influence. *Journal of Personality and Social Psychology*, **1**, 262-266.
深田博己 (1988). 態度と態度変容——恐怖喚起コミュニケーション研究—— 北大路書房
Gabrenya, W. K., Wang, Y. E., & Latané, B. (1985). Social loafing on an optimizing task: Crosscultural differences among Chinese and Americans. *Journal of Cross-Cultural Psychology*, **16**, 223-242.
Gleicher, F., & Petty, R. E. (1992). Expectations of reassurance influence the nature of fear-stimulated attitude change. *Journal of Experimental and Social Psychology*, **28**, 86-100.
Hovland, C. I., & Weiss, W. (1951). The influence of source credibility on communication effectiveness. *Public Opinion Quarterly*, **15**, 635-650.
Howard, D. (1990). Rhetorical question effects on message processing and persuasion: The role of information availability and the elicitation of judgment. *Journal of Experimental Social Psychology*, **26**, 217-239.
Hunt, P. J., & Hillery, J. M. (1973). Social facilitation in a coaction setting: An examination of the effect over learning trials. *Journal of Experimental Social Psychology*, **9**, 563-571.
池上知子 (2008). 態度 池上知子・遠藤由美 グラフィック社会心理学 第2版 サイエンス社
今井芳昭 (2011). 社会心理学における対人的影響研究の動向と今後の課題 哲学（慶應義塾大学三田哲學會），**125**, 33-74.
今井芳昭 (2006). 依頼と説得の心理学——人は他者にどう影響を与えるか—— サイエンス社
Ingham, A. G., Levinger, G., Graves, J., & Packham, V. (1974). The Ringelmann effect: Studies of group size and group performance. *Journal of Experimental Psychology*, **10**, 371-384.
Janis, I. L., & Feshbach, S. (1953). Effects of feararousing communications. *Journal of Abnormal and Social Psychology*, **48**, 78-92.
Latané, B., Williams, K., & Harkins, S. (1979). Many hands make light the worker: The causes and consequences of social loafing. *Journal of Personality and Social Psychology*, **37**, 822-832.
Mackie, D., & Worth, L. T. (1989). Processing deficits and the mediation of positive affect in persuasion. *Journal of Personality and Social Psychology*, **57**, 27-40.
McGuire, W. J. (1964). Inducing resistance to persuasion: Some contemporary approaches. In L. Berkowitz (Ed.), *Advances in experimental social psychology* (Vol.1, pp.191-229). New York, NY: Academic Press.
McGuire, W. J., & Papageorgis, D. (1961). The relative efficacy of various types of prior beliefdefense in producing immunity against persuasion. *Journal of Abnormal Social Psychology*, **62**, 327-337.
McGuire, W. J., & Papageorgis, D. (1962). Effectiveness of forewarning in developing resistance to persuasion. *Public Opinion Quarterly*, **26**, 24-34.
Milgram, S., Bickman, L., & Berkowitz, L. (1969). Note on the drawing power of crowds

of different size. *Journal of Personality and Social Psychology*, **34**, 837-845.
Petty, R. E., & Cacioppo, J. T. (1977). Forewarning, cognitive responding, and resistance to persuasion. *Journal of Personality and Social Psychology*, **35**, 645-655.
Petty, R. E., & Cacioppo, J. T. (1986). *Communication and persuasion : Central and peripheral routes to attitude change*. New York : Springer-Verlag.
Petty, R. E., & Cacioppo, J. T. (1990). Involvement and persuasion : Tradition versus integration. *Psychological Bulletin*, **107**, 367-374.
Petty, R. E., Cacioppo, J. T., & Goldman, R. (1981). Personal involvement as a determinant of argument-based persuasion. *Journal of Personality and Social Psychology*, **41**, 847-855.
Petty, R. E., Wells, G. L., & Brock, T. C. (1976). Distraction can enhance or reduce yielding to propaganda : Thoughtful disruption versus effort justification. *Journal of Personality and Social Psychology*, **34**, 874-884.
Schwarz, N., Bless, H., & Bohner, G. (1991). Mood and persuasion : Affective states influence the processing of persuasive communications. In M. Zanna (Ed.), *Advances in experimental social psychology* (Vol.24, pp.161-199). San Diego, CA : Academic Press.
Sherif, M., & Cantril, H. (1947). *The psychology of ego involvements : Social attitudes and identifications*. New York : Wiley.
Triplett, N. (1898). The dynamogenic factors in pacemaking and competition. *The American Journal of Psychology*, **9**, 507-533.
上野徳美 (1983). 説得的コミュニケーションにおける予告の効果に関する研究　実験社会心理学研究, **22**, 157-166.
上野徳美 (1989). 説得への抵抗と心理的リアクタンス　安藤清志・大坊郁夫・池田謙一 (編) 社会心理学パースペクティブ 1——個人から他者へ—— (pp.250-267) 誠信書房
上野徳美・小川一夫 (1993). 自由の脅威と意見表明が説得への抵抗に及ぼす効果——反復説得事態におけるリアクタンス効果について—— 心理学研究, **54**, 300-306.
Walster, E., & Festinger, L. (1962). The effectiveness of "overheard" persuasive communications. *Journal of Abnormal and Social Psychology*, **65**, 395-402.
Wood, W., Kallgreen, C. A., & Preisler, R. M. (1985). Access to attitude-relevant information in memory as a determinant of persuasion : The role of message attributes. *Journal of Experimental Social Psychology*, **21**, 73-85.
Worchel, S., & Brehm, J. W. (1970). Effect of threats to attitudinal freedom as a function of agreement with the communicator. *Journal of Personality and Social Psychology*, **14**, 18-22.
Worth, L. T., & Mackie, D. (1987). Cognitive mediation of positive affect in persuasion. *Social Cognition*, **5**, 76-94.
Wu, C., & Shaffer, D. R. (1987). Susceptibility to persuasive appeals as a function of source credibility and prior experience with the attitude object. *Journal of Personality and Social Psychology*, **52**, 677-688.
Zajonc, R. B. (1965). Social facilitation. *Science*, **149**, 269-274.

第 5 章

Adams, J. S. (1965). Inequity in social exchange. In L. Berkowitz (Ed.), *Advances in experimental social psychology* (Vol.2, pp.267-299). New York : Academic Press.
Altman, I., & Taylor, D. A. (1973). *Social penetration : The development of interpersonal relationships*. New York : Holt, Rinehart and Winston.

Anderson, N. H. (1968). Likableness ratings of 555 personality-trait words. *Journal of Personality and Social Psychology*, **9**, 272-279.
青木孝悦 (1971). 性格表現用語の心理辞典的研究——455語の選択, 分類, および望ましさの評定—— 心理学研究, **42**, 258-290.
Aron, A., Aron, E. N., Tudor, M., & Nelson, G. (1991). Close relationships as including other in the self. *Journal of Personality and Social Psychology*, **60**, 241-253.
Aron, A., Paris, M., & Aron, E. N. (1995). Falling in love: Prospective studies of self-concept change. *Journal of Personality and Social Psychology*, **69**, 1102-1112.
Aronson, E., & Linder, D. (1965). Gain and loss of esteem as determinants of interpersonal attractiveness. *Journal of Experimental Social Psychology*, **1**, 156-171.
Backman, C. W., & Secord, P. F. (1959). The effect of perceived liking on interpersonal attractiveness. *Human Relations*, **12**, 379-384.
Baumeister, R. F., Wotman, S. R., & Stillwell, A. M. (1993). Unrequited love: On heartbreak, anger, guilt, scriptlessness and humiliation. *Journal of Personality and Social Psychology*, **64**, 377-394.
Berg, J. H., & Clark, M. S. (1986). Differences in social exchange between intimate and other relationships: Gradually evolving or quickly apparent? In V. J. Derlega, & B. A. Winstead (Eds.), *Friendship and social interaction* (pp.101-128). New York: Springer-Verlag.
Berscheid, E., & Walster, E. (1974). Physical attractiveness. *Advanced in Experimental Social Psychology*, **7**, 157-215.
Braiker, H. B., & Kelley, H. H. (1979). Conflict in the development of close relationships. In R. L. Burgess, & T. L. Huston (Eds.), *Social exchange in developing relationships* (pp.135-168). New York: Academic Press.
Byrne, D., & Nelson, D. (1965). Attraction as a linear function of proportion of positive reinforcements. *Journal of Personality and Social Psychology*, **1**, 659-663.
Clark, M. S., & Mills, J. (1979). Interpersonal attraction in exchange and communal relationships. *Journal of Personality and Social Psychology*, **37**, 12-24.
Collins, N. L., & Miller, L. C. (1994). Self-disclosure and liking: A meta-analytic review. *Psychological Bulletin*, **116**, 457-475.
Curtis, R. C., & Miller, K. (1986). Believing another likes of dislikes you: Behavior making the beliefs come true. *Journal of Personality and Social Psychology*, **51**, 284-290.
Davidson, B. (1984). A test of equity theory for marital adjustment. *Social Psychology Quarterly*, **47**, 36-42.
Davis, K. E. (1985). Near and dear: Friendship and love compared. *Psychology Today*, **19**, 22-30.
Dion, K., Berscheid, E., & Walster, E. (1972). What is beautiful is good. *Journal of Personality and Social Psychology*, **24**, 285-290.
Duck, S. W. (1982). A topography of relationship disengagement and dissolution. In S. W. Duck (Ed.), *Personal relationships 4: Dissolving personal relationships* (pp.1-30). New York: Academic Press.
Dutton, D. G., & Aron, A. P. (1974). Some evidence for heightened sexual attraction under conditions of high anxiety. *Journal of Personality and Social Psychology*, **30**, 510-517.
Festinger, L., Schachter, S., & Back, K. (1950). *Social pressures in informal groups: A study of human factors in housing*. New York: Harper.

Gottman, J. M. (1979). *Marital interaction: Experimenatal investigations*. Academic Press.
Gouldner, A. (1960). The norm of reciprocity: A preliminary statement. *American Sociological Review*, **25**, 161-178.
Harvey, J. H. (2002). *Perspectives on loss and trauma: As-saults on the self*. Thousand Oaks, CA: Sage.
(ハーヴェイ，J. H. 和田　実・増田匡裕（編訳）(2003). 喪失体験とトラウマ――喪失心理学入門――　北大路書房）
Hendrick, C., & Brown, S. R. (1971). Introversion extroversion, and interpersonal attraction. *Journal of Personality and Social Psychology*, **20**, 31-36.
飛田　操（1992）．親密な関係の崩壊時の行動特徴について　日本心理学会第56回大会発表論文集，231.
堀毛一也（1994）．恋愛関係の発展・崩壊と社会的スキル　実験社会心理学研究，**34**, 116-128.
加藤　司（2005）．失恋ストレスコーピングと精神的健康との関連性の検証　社会心理学研究，**20**, 171-180.
Kelley, H. H. (1979). *Personal relationships: Their structure and process*. Lawrence Erlbaum.
(ケリー, H. H.　黒川正流・藤原武弘（訳）(1989). 親密な二人についての社会心理学――パーソナル・リレーションシップ――　ナカニシヤ出版）
Kerckhoff, A. C., & Davis, K. E. (1962). Value consensus and need complementarity in mate selection. *American Sociological Review*, **27**, 295-303.
小口孝司・安藤清志（1989）．自己開示　大坊郁夫・安藤清志・池田謙一（編）社会心理学パースペクティブ1――個人から他者へ――（pp.163-172）　誠信書房
La Gaipa, J. J. (1977). Testing a multidimentional approach to friendship. In S. Duck (Ed.), *Theory and practice in interpersonal attraction*. Academic Press.
Levinger, G., & Snoek, J. D. (1972). *Attraction in relationship: A new look at interpersonal attraction*. Morristown, NJ: General Learning Press.
松井　豊（1993）．恋ごころの科学　サイエンス社
宮下一博・臼井永和・内藤みゆき（1991）．失恋経験が青年に及ぼす影響　千葉大学教育学部研究紀要，第1部，**39**, 117-126.
Murstein, B. I. (1977). The stimulus-value-role (SVR) theory of dyadic relationships. In S. Duck (Ed.), *Theory and practice in interpersonal attraction* (pp.105-127). London: Academic Press.
中村雅彦（1990）．大学生の友人関係の発展過程に関する研究――関係関与度を予測する社会的交換モデルの比較検討――　社会心理学研究，**5**, 29-40.
中村雅彦（1991）．大学生の異性関係における愛情と関係評価の規定因に関する研究　実験社会心理学研究，**31**, 132-146.
中里　浩・井上　徹・田中國夫（1975）．人格類似性と対人魅力――向性と欲求の次元――　心理学研究，**46**, 109-117.
奥田秀宇（1994）．恋愛関係における社会的交換過程――公平，投資，および互恵モデルの検討――　実験社会心理学研究，**34**, 82-91.
奥田秀宇（1996）．生物的・社会的・心理視座から見た対人関係　大坊郁夫・奥田秀宇（編）親密な対人関係の科学（pp.4-21）　誠信書房
Orvis, B. R., Kelley, H. H., & Butler, D. (1976). Attributional conflict in young couples. In J. H. Harvey, W. Ickes, & R. F. Kidd (Eds.), *New directions in attribution research* (Vol.1, pp.353-386). Lawrence Erlbaum.
Perlman, D., & Oskamp, S. (1971). The effects of picture content and exposure frequency on evaluations of negroes and whites. *Journal of Experimental Social Psychology*, **7**,

503-514.
Peterson, D. R. (1983). Conflict. In H. H. Kelley, E. Berscheid, A. Christensen, J. H. Harvey, T. L. Huston, G. Levinger, E. McClintock, L. A. Peplau, & D. R. Peterson (Eds.), *Close relationships* (pp.360-396). New York : Freeman.
Rubin, Z. (1970). Measurement of romantic love. *Journal of Personality and Social Psychology*, **16**, 265-273.
Rusbult, C. E. (1980). Commitment and satisfaction in romantic associations : A test of the investment model. *Journal of Experimental Social Psychology*, **16**, 172-186.
Rusbult, C. E. (1983). A longitudinal test of the investment model : The development (and deterioration) of satisfaction and commitment in heterosexual involvements. *Journal of Personality and Social Psychology*, **45**, 101-117.
Rusbult, C. E. (1987). Responses to dissatisfaction in close relationships : The exit-voice-loyalty-neglect model. In D. Perlman, & S. Duck (Eds.), *Intimate relationships : Development, dynamics, and deterioration* (pp.209-237). Newbury Park : Sage.
Schachter, S. (1959). *The psychology of affliation : Experimental studies of the sources of gregariousness*. Stanford University Press.
下斗米 淳 (1990). 対人関係の親密化に伴う自己開示と類似・異質性認知の変化 学習院大学文学部研究年報, **37**, 269-287.
Sigall, H., & Landy, D. (1973). Radiating beauty : Effects of having a physicially attractive partner. *Journal of Personality and Social Psychology*, **28**, 218-224.
Simpson, J. A. (1987). The dissolution of romantic relationships : Factors involved in relationships stability and emotional distress. *Journal of Personality and Social Psychology*, **53**, 683-692.
Tashiro, T., & Frazier, P. (2003). "I'll never be in a relationship like that again" : Personal growth following romantic relationship breakups. *Personal Relationships*, **10** (1), 113-128.
Thibaut, J. W., & Kelley, H. H. (1959). *The social psychology of groups*. Wiley.
和田 実・山口雅敏 (1999). 恋愛関係における社会的交換モデルの比較——カップル単位の分析—— 社会心理学研究, **15**, 125-136.
Walster, E. (1965). The effect of self-esteem on romantic liking. *Journal of Experimental Social Psychology*, **1**, 184-197.
Walster, E., Aronson, V., Abrahams, D., & Rottman, L. (1966). Importance of physical attractiveness in dating behavior. *Journal of Personality and Social Psychology*, **4**, 508-516.
山中一英 (1994). 対人関係の親密化過程における関係性の初期分化現象に関する検討 実験社会心理学研究, **34**, 105-115.
山中一英・廣岡秀一 (1994). 大学生の対人関係の親密化過程に関する研究 (4) 日本社会心理学会第35回大会発表論文集, 306-307.
Zajonc, R. B. (1968). Attitudinal effects of mere exposure. *Journal of Personality and Social Psychology. Monograph Supplement*, **9**, 1-27.

第6章
相川 充 (1987). 被援助者の行動と援助 中村陽吉・高木 修 (編)「他者を助ける行動」の心理学 (pp.136-145) 光生館
相川 充 (1989). 援助行動 大坊郁夫・安藤清志・池田謙一 (編) 社会心理学パースペクティブ1——個人から他者へ—— (pp.291-311) 誠信書房
相川 充 (1998a). 援助行動 中島義明・安藤清志・子安増生・坂野雄二・繁桝算男・立花政

夫・箱田裕司（編）心理学辞典（p.74-75） 有斐閣
相川　充（1998b）. 共感性　中島義明・安藤清志・子安増生・坂野雄二・繁桝算男・立花政夫・箱田裕司（編）心理学辞典（p.183） 有斐閣
安藤清志・大坊郁夫・池田謙一（1995）. 社会心理学　岩波書店
Bar-Tal, D., Sharabany, R., & Raviv, A. (1982). Cognitive basis of the development of altruistic behavior. In V. J. Derlega, & J. Grezelak (Eds.). *Cooperation and helping behavior: Theories and research* (pp.377-396). New York: Academic Press.
Bartlett, M. Y., & DeSteno, D. (2006). Gratitude and prosocial behavior: Helping when it costs you. *Psychological Science*, **17**, 319-325.
Batson, C. D. (1991). *The altruism question: Toward a social-psychological answer.* Hillsdale: Lawrence Erlbaum Associates.
Batson, C. D., Duncan, B. D., Ackerman, P., Buckley, T., & Birch, K. (1981). Is empathic emotion a source of altruistic motivation? *Journal of Personality and Social Psychology*, **40**, 290-302.
Bierhoff, H. W. (2002). *Prosocial behavior.* Hove: Psychology Press.
Caplan, G. (1974). *Support systems and community mental health.* New York: Behavioral Publications.
（カプラン．G.　近藤喬一・増子　肇・宮田洋三（訳）(1979). 地域ぐるみの精神衛生　星和書店）
Cialdini, R. B., Schaller, M., Houlihan, D., Arps, K., Fultz, J., & Beaman, A. L. (1987). Empathy-based helping: Is it selflessly or selfishly motivated? *Journal of Personality and Social Psychology*, **52**, 749-758.
Cohen, S., Underwood, L. G., & Gottlieb, B. H. (Eds.) (2000). *Social support measurement and intervention: A guide for health and social scientists.* New York: Oxford University Press.
Cohen, S., & Wills, T. A. (1985). Stress, social support, and the buffering hypothesis. *Psychological Bulletin*, **98**, 310-357.
Coke, J. S., Batson, C. D., & McDavis, K. (1978). Empathic mediation of helping: A two-stage model. *Journal of Personality and Social Psychology*, **36**, 752-766.
Darley, J. M., & Latané, B. (1968). Bystander intervention in emergencies: Diffusion of responsibility. *Journal of Personality and Social Psychology*, **8**, 377-383.
Davis, M. H. (1983). Measuring individual differences in empathy: Evidence for a multidimensional approach. *Journal of Personality and Social Psychology*, **44**, 113-126.
Fisher, J. D., Nadler, A., & Whitcher-Alagna, S. (1982). Recipient reactions to aid. *Psychological Bulletin*, **91**, 27-54.
福岡欣治（2004）. 人を助け，支えること――援助行動とソーシャル・サポート―― 坂本真士・佐藤健二（編）はじめての臨床社会心理学（pp.201-222）有斐閣
Grant, A. M., & Gino, F. (2010). A little thanks goes a long way: Explaining why gratitude expressions motivate prosocial behavior. *Journal of Personality and Social Psychology*, **98**, 946-955.
Greenberg, M. S. (1980). A theory of indebtedness. In K. J. Gergen, M. S. Greenberg, & R. H. Willis (Eds.), *Social exchange: Advances in theory and research* (pp.3-26). New York: Plenum Press.
Greenberg, M. S., & Shapiro, S. P. (1971). Indebtedness: An adverse aspect of asking for and receiving help. *Sociometry*, **34**, 290-301.
Greenberg, M. S., & Westcott, D. R. (1983). Indebtedness as a mediator of reactions to

aid. In J. D. Fisher, A. Nadler, & B. M. DePaulo (Eds.), *New directions in helping*. Vol.1 : Recipient reactions to aid (pp.85-112). New York : Academic Press.

橋本　剛（2005）．ストレスと対人関係　ナカニシヤ出版

橋本　剛（2017）．援助要請の社会心理学　水野治久（監修）永井　智・本田真大・飯田敏晴・木村真人（編）援助要請と被援助志向性の心理学――困っていても助けを求められない人の理解と援助――（pp.174-189）　金子書房

平石　界（2014）．進化心理学　下山晴彦（編集代表）大塚雄作・遠藤利彦・齋木　潤・中村知靖（幹事編集委員）誠信心理学辞典　新版（pp.756-757）　誠信書房

Hoffman, M. L. (1982). The measurement of empathy. In C. E. Izard (Ed.), *Measuring emotions in infants and children* (Vol.1, pp.279-297). Cambridge : Cambridge University Press.

本多明生（2010）．進化心理学とポジティブ感情――感謝の適応的意味――　堀毛一也（編）現代のエスプリ512　ポジティブ心理学の展開（pp.37-47）　至文堂

本田真大（2015）．援助要請のカウンセリング――「助けて」と言えない子どもと親への援助――　金子書房

本田真大・新井邦二郎・石隈利紀（2010）．援助要請スキル尺度の作成　学校心理学研究, **10**, 33-40.

厚生労働省社会・援護局地域福祉課（2007）．ボランティアについて（第5回これからの地域福祉のあり方に関する研究会資料）〈http://www.mhlw.go.jp/shingi/2007/12/s1203-5.html〉（2017年8月31日確認）

Latané, B., & Darley, J. M. (1970). *The unresponsive bystander : Why doesn't he help?* Englewood Cliffs, NJ : Prentice-Hall.
　（ラタネ，B.・ダーリー，J. M.　竹村研一・杉崎和子（訳）（1997）．冷淡な傍観者――思いやりの社会心理学――　新装版　ブレーン出版）

Levine, M., & Manning, R. (2015). Prosocial behavior. In M. Hewstone, W. Stroebe, & K. Jonas (Eds.), *An introduction to social psychology* (6th ed., pp.309-345). Chichester : British Psychological Society and John Wiley.

Libet, J. M., & Lewinsohn, P. M. (1973). Concept of social skill with special reference to the behavior of depressed persons. *Journal of Consulting and Clinical Psychology*, **40**, 304-312.

松井　豊（1998）．援助行動の意思決定過程モデル　松井　豊・浦　光博（編）人を支える心の科学（pp.79-113）　誠信書房

松井　豊・浦　光博（編）（1998）．人を支える心の科学　誠信書房

Midlarsky, E. (1991). Helping as coping. In M. S. Clark (Ed.), *Prosocial behavior* (pp.238-264). Newbury Park, CA : Sage.

溝曽路哲也・河内清彦（2014）．聴覚障害学生支援活動における支援学生の行動意図の規定因　障害科学研究, **38**, 45-53.

Nadler, A. (2015). The other side of helping : Seeking and receiving help. In D. A. Schroeder, W. G. Graziano (Eds.), *The Oxford handbook of prosocial behavior* (pp.307-328). Oxford : Oxford University Press.

永井　智・木村真人・飯田敏晴・本田真大・水野治久（2017）．今後の援助要請研究における理論的課題と実践的課題　水野治久（監修）永井　智・本田真大・飯田敏晴・木村真人（編）援助要請と被援助志向性の心理学――困っていても助けを求められない人の理解と援助――（pp.195-205）　金子書房

内閣府市民活動促進担当（2014）．ボランティア関係参考資料　平成26年6月
　〈https://www.npo-homepage.go.jp/uploads/report33_ikenkoukan_3_6.pdf〉（2017年9月

1日確認)
西川正之(編)(2000).援助とサポートの社会心理学——助けあう人間のこころと行動——北大路書房
齊藤 勇(2011).援助行動 齊藤 勇(編著)図説社会心理学入門(pp.155-167) 誠信書房
桜井茂男(1988).大学生における共感と援助行動の関係——多次元共感測定尺度を用いて—— 奈良教育大学紀要(人文・社会科学), **37**, 149-154.
妹尾香織(2001).援助行動における援助者の心理的効果——研究の社会的背景と理論的枠組み—— 関西大学大学院人間科学:社会学・心理学研究, **55**, 181-194.
妹尾香織(2007).援助成果が援助要請行動の動機づけに及ぼす影響 花園大学社会福祉学部研究紀要, **15**, 103-107.
妹尾香織・高木 修(2003).援助行動経験が援助者自身に与える効果——地域で活動するボランティアに見られる援助成果—— 社会心理学研究, **18**, 106-118.
Stefl, M. E., & Prosperi, D. C. (1985). Barriers to mental health service utilization. *Community Mental Health Journal*, **21**, 167-178.
高木 修(1982).順社会的行動のクラスターと行動特性 年報社会心理学, **23**, 137-156.
高木 修(1997).援助行動の生起過程に関するモデルの提案 関西大学社会学部紀要, **29**, 1-21.
高木 修(1998).人を助ける心——援助行動の社会心理学—— サイエンス社
高木 修・妹尾香織(2006).援助授与行動と援助要請・受容行動の間の関連性——行動経験が援助者および被援助者に及ぼす内的・心理的影響の研究—— 関西大学社会学部紀要, **38**, 25-38.
玉木和歌子(2000).ボランティア活動の動機と成果 西川正之(編)援助とサポートの社会心理学——助けあう人間のこころと行動——(pp.82-93) 北大路書房
田中 淳(2009).ボランティア 日本社会心理学会(編)社会心理学事典(pp.372-373) 有斐閣
田中 優(2004).三宅島噴火災害における未就学児とその母親が抱えた問題について 人間関係学研究:社会学社会心理学人間福祉学:大妻女子大学人間関係学部紀要, **5**, 15-24.
Taylor, S. E., Peplau, L. A., & Sears, D. O. (2006). *Social psychology* (12th ed.). Upper Saddle River, NJ : Prentice Hall.
外山みどり(1998).帰属理論 中島義明・安藤清志・子安増生・坂野雄二・繁桝算男・立花政夫・箱田裕司(編)心理学辞典(p.162-163) 有斐閣
Trivers, R. L. (1971). The evolution of reciprocal altruism. *The Quarterly Review of Biology*, **46**, 35-57.
脇本竜太郎(2008).自尊心の高低と不安定性が被援助志向性・援助要請に及ぼす影響 実験社会心理学研究, **47**, 160-168.
脇本竜太郎(2014).対人行動 脇本竜太郎(編著)基礎からまなぶ社会心理学(pp.95-112) サイエンス社

第7章

American Psychological Association (1993). *Violence and youth : Psychology's response*. Washington DC : Author.
Anderson, C. A., & Anderson, K. B. (1998). Temperature and aggression : Paradox, controversy, and a (fairly) clear picture. In G. G. Russell, & D. Edward (Eds.), *Human aggression, theories, research, and implications for social policy* (pp. 247-298). San Diego : Academic Press.
Anderson, C. A., Anderson, K. B., Dorr, N., DeNeve, K. M., & Flanagan, M. (2000). Tem-

perature and aggression. In M. Zanna (Ed.), *Advances in experimental social psychology* (Vol.32, pp.63-133). San Diego : Academic Press.
Archer, J. (1988). *The behavioural biology of aggression*. Cambridge, England : Cambridge University Press.
Archer, J. (2004). Sex differences in aggression in real-world settings : A meta-analytic review. *Review of General Psychology*, **8** (4), 291-322.
Archer, J. (2006). Testosterone and human aggression : An evaluation of the challenge hypothesis. *Neuroscience and Biobehavioral Reviews*, **30** (3), 319-345.
Averill, J. R. (1979). Anger. In H. Howe, & R. Dienstbier (Eds.), *Nebraska Symposium on Motivation* (Vol.26, pp.1-80). Lincoln : University of Nebraska Press.
Barnard, G. W., Holzer, C., & Vera, H. (1979). A comparison of alcoholics and nonalcoholics charged with rape. *Bulletin of the American Academy of Psychiatry and the Law*, **7** (4), 432-440.
Baron, R. A. (1972). Aggression as a function of ambient temperature and prior anger arousal. *Journal of Personality and Social Psychology*, **21** (2), 183-189.
Baron, R. A., & Bell, P. A. (1976). Aggression and heat : The influence of ambient temperature, negative affect, and a cooling drink on physical aggression. *Journal of Personality and Social Psychology*, **33** (3), 245-255.
Baron, R. A., & Richardson, D. R. (1994). *Human aggression* (2nd ed.). New York : Pleun.
Bell, P. A., & Baron, R. A. (1976). Aggression and heat : The mediating role of negative affect. *Journal of Applied Social Psychology*, **6** (1), 18-30.
Berkowitz, L. (1965). Some aspects of observed aggression. *Journal of Personality and Social Psychology*, **2** (3), 359-369.
Bettencourt, B., Talley, A., Benjamin, A. J., & Valentine, J. (2006). Personality and aggressive behavior under provoking and neutral conditions : A meta-analytic review. *Psychological Bulletin*, **132** (5), 751-777.
Bjorkqvist, K., Lagerspetz, K. M., & Kaukiainen, A. (1992). Do girls manipulate and boys fight? Developmental trends in regard to direct and indirect aggression. *Aggressive Behavior*, **18** (2), 117-127.
Bushman, B. J. (1995). Moderating role of trait aggressiveness in the effects of violent media on aggression. *Journal of Personality and Social Psychology*, **69** (5), 950-960.
Bushman, B. J., & Cooper, H. M. (1990). Effects of alcohol on human aggression : An integrative research review. *Psychological Bulletin*, **107** (3), 341-354.
Buss, A. H. (1961). *The psychology of aggression*. New York : Wiley.
Buss, A. H., & Durkee, A. (1957). An inventory for assessing different kinds of hostility. *Journal of Consulting Psychology*, **21** (4), 343-349.
Buss, A. H., Durkee, A., & Baer, M. B. (1956). The measurement of hostility in clinical situations. *The Journal of Abnormal and Social Psychology*, **52** (1), 84-86.
Buss, A. H., & Perry, M. (1992). The aggression questionnaire. *Journal of Personality and Social Psychology*, **63** (3), 452-459.
Cannon, W. (1929). *Bodily changes in pain, hunger, fear, and rage*. New York : Appleton.
Card, N. A., Stucky, B. D., Sawalani, G. M., & Little, T. D. (2008). Direct and indirect aggression during childhood and adolescence : A meta-analytic review of gender differences, intercorrelations, and relations to maladjustment. *Child Development*, **79** (5), 1185-1229.
Carlson, M., Marcus-Newhall, A., & Miller, N. (1990). Effects of situational aggression

cues: A quantitative review. *Journal of Personality and Social Psychology*, **58** (4), 622–633.
Crick, N. C., & Dodge, K. A. (1996). Social information-processing deficits in reactive and proactive aggression. *Child Development*, **67**, 993–1002.
Donnerstein, E., & Wilson, D. W. (1976). Effects of noise and perceived control on ongoing and subsequent aggressive behavior. *Journal of Personality and Social Psychology*, **34** (5), 774–781.
Eagly, A. H., & Wood, W. (1999). The origins of sex differences in human behavior: Evolved dispositions versus social roles. *American Psychologist*, **54** (6), 408–423.
Fagot, B. I., & Hagan, R. (1985). Aggression in toddlers: Responses to the assertive acts of boys and girls. *Sex Roles*, **12** (3–4), 341–351.
Foran, H. M., & O'Leary, K. D. (2008). Alcohol and intimate partner violence: A meta-analytic review. *Clinical Psychology Review*, **28** (7), 1222–1234.
Freedman, J. L., Levy, A. S., Buchanan, R. W., & Price, J. (1972). Crowding and human aggressiveness. *Journal of Experimental Social Psychology*, **8** (6), 528–548.
Friedman, M., & Rosenman, R. H. (1959). Association of specific overt behavior pattern with blood and cardiovascular findings: Blood cholesterol level, blood clotting time, incidence of arcus senilis, and clinical coronary artery disease. *Journal of the American Medical Association*, **169** (12), 1286–1296.
Frodi, A., Macaulay, J., & Thome, P. R. (1977). Are women always less aggressive than men? A review of the experimental literature. *Psychological Bulletin*, **84** (4), 634–660.
Geen, R. G. (1990). *Human aggression*. Milton Keynes: Open University Press.
(ジーン, R. G. 神田信彦・酒井久実代・杉山 成 (訳) (2005). なぜ攻撃してしまうのか――人間の攻撃性―― ブレーン出版)
Geen, R. G., & Berkowitz, L. (1967). Some conditions facilitating the occurrence of aggression after the observation of violence1. *Journal of Personality*, **35** (4), 666–676.
Geen, R. G., & O'Neal, E. C. (1969). Activation of cue-elicited aggression by general arousal. *Journal of Personality and Social Psychology*, **11** (3), 289–292.
Glass, D. C. (1977). Stress, behavior patterns, and coronary disease. *American Scientist*, **65** (2), 177–187.
Greenfeld, L. A. (1998). *Alcohol and crime: An analysis of national data on the prevalence of alcohol involvement in crime*. Washington, DC: US Department of Justice.
Hawley, P. H. (1999). The ontogenesis of social dominance: A strategy-based evolutionary perspective. *Developmental Review*, **19** (1), 97–132.
Hawley, P. H. (2007). Social dominance in childhood and adolescence: Why social competence and aggression may go hand in hand. In P. H. Hawley, & T. D. Little, & P. C. Rodkin (Eds.), *Aggression and adaptation: The bright side to bad behavior* (pp.1–29). New Jersey: Lawrence Erlbaum Associates.
Ito, T. A., Miller, N., & Pollock, V. E. (1996). Alcohol and aggression: A meta-analysis on the moderating effects of inhibitory cues, triggering events, and self-focused attention. *Psychological Bulletin*, **120** (1), 60–82.
Johnson, S. D., Gibson, L., & Linden, R. (1978). Alcohol and rape in Winnipeg, 1966–1975. *Journal of Studies on Alcohol*, **39** (11), 1887–1894.
Jones, J. W., & Bogat, G. A. (1978). Air pollution and human aggression. *Psychological Reports*, **43** (3), 721–722.
Josephson, W. L. (1987). Television violence and children's aggression: Testing the prim-

ing, social script, and disinhibition predictions. *Journal of Personality and Social Psychology*, **53**（5）, 882-890.
Kay, N., & Erkip, F.（1999）. Invasion of personal space under the condition of short-term crowding : A case study on an automatic teller machine. *Journal of Environmental Psychology*, **19**（2）, 183-189.
Krahé, B.（2001）. *The social psychology of aggression*. Hove, UK : Psychology Press.
（クラーエ，B. 秦 一士・湯川進太郎（編訳）（2004）. 攻撃の心理学 北大路書房）
Kreibig, S. D.（2010）. Automatic nervous system activity in emotion : A review. *Biological Psychology*, **84**, 394-421.
Lagerspetz, K. M., Björkqvist, K., & Peltonen, T.（1988）. Is indirect aggression typical of females? Gender differences in aggressiveness in 11-to 12 year old children. *Aggressive Behavior*, **14**（6）, 403-414.
Marcus-Newhall, A., Pedersen, W. C., Carlson, M., & Miller, N.（2000）. Displaced aggression is alive and well : A meta-analytic review. *Journal of Personality and Social Psychology*, **78**（4）, 670-689.
Markowitz, S.（2005）. Alcohol, drugs and violent crime. *International Review of Law and Economics*, **25**（1）, 20-44.
Morrow, J., & Nolen-Hoeksema, S.（1990）. Effects of responses to depression on the remediation of depressive affect. *Journal of Personality and Social Psychology*, **58**, 519-527.
中島義明・安藤清志・子安増生・坂野雄二・繁桝算男・立花政夫・箱田裕司（編）（1999）. 心理学辞典 有斐閣
Nolen-Hoeksema, S., & Morrow, J.（1991）. A prospective study of depression and posttraumatic stress symptoms after a natural disaster : The 1989 Loma Prieta earthquake. *Journal of Personality and Social Psychology*, **61**, 115-121.
大渕憲一（1996）. 攻撃性と対人葛藤 大渕憲一・堀毛一也（編）パーソナリティと対人行動（pp.101-148） 誠信書房
大渕憲一・小倉左知男（1985）. 怒りの動機——その構造と要因及び反応との関係—— 心理学研究，**56**（4），200-207.
大野 裕（2014）. うつ病と認知行動療法入門——日常診療に役立つうつ病の知識—— 総合病院精神医学，**26**（3），239-244.
Plomin, R., Nitz, K., & Rowe, D. C.（1990）. Behavioral genetics and aggressive behavior in childhood. In M. Lewis, & S. Miller（Eds.）, *Handbook of developmental psychopathology*（pp.119-133）. New York : Plenum.
Quigley, B. M., & Leonard, K. E.（2000）. Alcohol, drugs, and violence. In V. B. Van Hasselt, & M. Hersen（Eds.）, *Aggression and violence : An introductory text*（pp.259-283）. Needham Heights, MA : Allyn & Bacon.
Quigley, B. M., & Leonard, K. E.（2006）. Alcohol expectancies and intoxicated aggression. *Aggression and Violent Behavior*, **11**（5）, 484-496.
Rada, R. T.（1975）. Alcoholism and forcible rape. *American Journal of Psychiatry*, **132**（4）, 444-446.
Ray, R. D., Wilhelm, F. H., & Gross, J. J.（2008）. All in the mind's eye? Anger rumination and reappraisal. *Journal of Personality and Social Psychology*, **94**（1）, 133-145.
Rule, B. G.（1978）. The hostile and instrumental functions of human aggression. In W. W. Hartup, & J. de Wit（Eds.）, *Origins of aggression*（pp.121-141）. Hague : Mounton.
Spielberger, C. D., Jacobs, G., Russell, S., & Crane, R.（1983）. Assessment of anger : The

State-Trait Anger Scale. In J. N. Butcher, & C. D. Spielberger (Eds.), *Advance in personality assessment* (Vol.2, pp.159-187). Hillsdale, NJ : LEA.
Stenberg, C., & Campos, J. (1990). The development of anger expressions in infancy. In N. Stein, T. Trabasso, & B. Leventhal (Eds.), *Psychological and biological approaches to emotion* (pp.247-282). New Jersey : Lawrence Erlbaum Associates.
淡野将太 (2010). 置き換えられた攻撃研究の変遷　教育心理学研究, **58**, 108-120.
Vandenbos, G. R. (Ed.) (2007). *APA dictionary of psychology.* Washington, D. C. : American Psychological Association.
　（ファンデンボス, G. R. (監修) 繁桝算男・四本裕子 (監訳) (2013). APA心理学大辞典　培風館）
湯川進太郎 (2005). バイオレンス——攻撃と怒りの臨床社会心理学——　北大路書房

第8章

Asch, S. E. (1951). Effects of group pressure upon the modification and distortion of judgments. In H. Guetzkow (Ed.), *Groups, leadership and men* (pp.177-190). Pittsburgh : Carnegie Press.
Asch, S. E. (1955). Opinions and social pressure. *Scientific American*, **193** (5), 31-35.
Axelrod, R. (1984). *The evolution of cooperation.* Basic Books.
　（アクセルロッド, R.　松田裕之 (訳) (1998). つきあい方の科学——バクテリアから国際関係まで——　ミネルヴァ書房）
Davis, D. D., & Harless, D. W. (1996). Group versus individual performance in a price-searching experiment. *Organizational Behavior and Human Decision Processes*, **66**, 215-227.
Haney, C., Banks, C., & Zimbardo, P. (1973). Interpersonal dynamics in a simulated prison. *International Journal of Criminology and Penology*, **1**, 69-97.
Hardin, G. (1968). The tragedy of the commons. *Science*, **162**, 1243-1248.
Jackson, J. M., & Williams, K. D. (1985). Social loafing on difficult tasks : Working collectively can improve performance. *Journal of Personality and Social Psychology*, **49**, 937-942.
Janis, I. L. (1972). *Victims of groupthink.* Boston : Houghton Mifflin.
Janis, I. L. (1982). *Groupthink : Psychological studies of policy decisions and fiascoes* (2nd ed.). Boston : Houghton Mifflin.
Kogan, N., & Wallach, M. (1964). *Risk taking : A study in cognition and perception.* Holt, Rinehart and Winston.
Milgram, S. (1974). *Obedience to authority : An experimental view.* Harper & Row.
　（ミルグラム, S.　岸田　秀 (訳) (1980). 服従の心理——アイヒマン実験——　河出書房新社）
Moscovici, S., Lage, E., & Naffrechoux, M. (1969). Influence of a consistent minority on the responses of a majority in a color perception task. *Sociometry*, **32**, 365-380.
Moscovici, S., & Zavalloni, M. (1969). The group as a polarizer of attitudes. *Journal of Personality and Social Psychology*, **12**, 125-135.
Rehm, J., Steinleitner, M., & Lilli, W. (1987). Wearing uniforms and aggression : A field experiment. *European Journal of Social Psychology*, **17**, 357-360.
Sherif, M. (1935). A study of some social factors in perception. *Archives of Psychology*, No.187.
Sherif, M., Harvey, O. J., White, B. J., Hood, W. R., & Sherif, C. W. (1961). *Intergroup*

conflict and corporation : The Robber's Cave experiment. University of Oklahoma Book Exchange.
Sherif, M., & Sherif, C. W. (1969). *Social psychology*. Harper & Row.
Stasser, G., & Titus, W. (1985). Pooling of unshared information in group decision making : Biased information sampling during discussion. *Journal of Personality and Social Psychology*, **48**, 1467-1478.
Steiner, I. D. (1972). *Group process and productivity*. New York : Academic Press.
Stoner, J. A. F. (1961). *A comparison of individual and group decision involving risk*. Unpublished master's thesis, Massachusetts Institute of Technology, Cambridge, MA.
Tajfel, H., Billig, M. G., Bundy, R. P., & Flament, C. (1971). Social categorization and intergroup behaviour. *European Journal of Social Psychology*, **1**, 149-178.
Tajfel, H., & Turner, J. C. (1979). An integrative theory of intergroup conflict. In W. G. Austin, & S. Worchel (Eds.), *Social psychology of interpersonal relations* (pp.33-47). California : Cole.
Wallach, M. A., Kogan, N., & Bem, D. J. (1962). Group influence on individual risk taking. *Journal of Abnormal and Social Psychology*, **65**, 75-86.
Zimbardo, P. G., Haney, C., Banks, W. C., & Jaffe, D. (1977). The psychology of imprisonment : Privation, power and pathology. In J. C. Brigham, & L. S. Wrightman (Eds.), *Contemporary issues in social psychology* (3rd ed., pp.38-60). California : Cole.

第9章

Antonovsky, A. (1987). *Unraveling the mystery of health : How people manage stress and stay well*. San Francisco : Jossey-Bass Publishers.
　　(アントノフスキー，A. 山崎喜比古・吉井清子（訳）(2001). 健康の謎を解く――ストレス対処と健康保持のメカニズム―― 有信堂)
Blake, R. P., & Mouton, J. S. (1964). *The managerial grid*. Houston, TX : Gulf Publishing.
　　(ブレーク，R. P.・ムートン，J. S. 上野一郎（訳）(1965). 期待される管理者像 産業能率短期大学出版部)
Deci, E. L., & Flaste, R. (1996). *Why we do what we do : Understanding self-motivation*. Penguin Books.
　　(デシ，E. L.・フラスト，R. 桜井茂男（監訳）(1999). 人を伸ばす力――内発と自律のすすめ―― 新曜社)
Denollet, J., Sys, S. U., Stroobant, N., Rombouts, H., Gillebert, T. C., & Brutsoert, D. L. (1996). Personality as independent predictor of long-term mortability in patients with coronary heart disease. *Lancet*, **347**, 417-421.
Drucker, P. F. (1954). *The practice of management*. New York : Harper and Row.
　　(ドラッカー，P. F. 上田惇生（訳）(2006). 現代の経営（上・下） ダイヤモンド社)
Epitropaki, O., & Martin, R. (2004). Implicit leadership theories in applied settings : Factor structure, generalizability, and stability over time. *Journal of Applied Psychology*, **89**, 293-310.
Erera, P. (1992). Social support under conditions of organizational ambiguity. *Human Relations*, **45**, 247-264.
Fiedler, F. E. (1967). *A theory of leadership effectiveness*. McGraw-Hill.
　　(フィードラー，F. E. 山田雄一（監訳）(1970). 新しい管理者像の探究 産業能率短期大学出版部)
Folkman, S., & Lazarus, R. S. (1985). If it changes it must be a process : Study of emo-

tion and coping during three stages of a college examination. *Journal of Personality and Social Psychology*, **48**, 150-170.
Fontana, D. (1989). *Managing stress: Problems in practice*. The British Psychological Society and Routledge.
（フォンタナ，D. 高山　巌・岡安孝弘（訳）(1996). 実践ストレスマネジメント　金剛出版）
Friedman, M., & Rosenman, R. H. (1959). Association of specific overt behavior pattern with blood and cardiovascular findings. *Journal of the American Medical Association*, **169**, 1286-1296.
古畑和孝・岡　隆（編）(2002). 社会心理学小辞典　増補版　有斐閣
Harlow, H. F. (1950). Learning motivated by a manipulation drive. *Journal of Experimental Psychology*, **40**, 228-234.
Hersey, P., & Blanchard, K. H. (1977). *Management of organizational behavior* (3rd ed.). Englewood Cliffs, NJ: Prentice Hall.
（ハーシー，P.・ブランチャード，K. H.　山本成二・水野　基・成田　攻（訳）(1978). 行動科学の展開――人的資源の活用――　生産性出版）
House, R. J., & Rizzo, J. R. (1972). Role conflict and ambiguity as critical variables in a model of organizational behavior. *Organizational Behavior and Human Performance*, **7**, 467-505.
岩崎夏海（2015). もし高校野球の女子マネージャーがドラッカーの『マネジメント』を読んだら　新潮社
Jackson, S. E. (1983). Participation in decision making as a strategy for reducing job-related strain. *Journal of Applied Psychology*, **68**, 3-19.
城　繁幸（2004). 内側から見た富士通――「成果主義」の崩壊――　光文社
今野能志（2005). 目標による管理（MBO）――「目標管理」を根本から見直す――　生産性出版
Lazarus, R. S., & Folkman, S. (1984). *Stress, appraisal and coping*. New York: Springer.
（ラザルス，R. S.・フォルクマン，S.　本明　寛・春木　豊・織田正美（監訳）(1991). ストレスの心理学――認知的評価と対処の研究――　実務教育出版）
Locke, E. A., & Latham, G. P. (1984). *Goal setting*. NJ: Prentice-Hall.
（ロック，E. A.・ラザム，G. P.　松井賚夫・角山　剛（訳）(1984). 目標が人を動かす――効果的な意欲づけの技法――　ダイヤモンド社）
Locke, E. A., & Latham, G. P. (1990). *A theory of goal setting and task performance*. NJ: Prentice-Hall.
Lord, R. G. (1985). An information approach to social perceptions, leadership and behavioral measurement in organization. In L. L. Cummings, & B. M. Staw (Eds.), *Research in organizational behavior* (Vol.7, pp.87-128). Greenwich, CT: JAI Press.
Lord, R. G., DeVader, C. L., & Allinger, G. M. (1986). A meta-analysis of the relation between personality traits and leadership perceptions: An application of validity generalization procedures. *Journal of Applied Psychology*, **71**, 402-410.
Maslach, C., & Jackson, S. E. (1981). The measurement of experienced burnout. *Journal of Occupational Behaviour*, **2**, 99-113.
Meindl, J. R. (1990). On leadership: An alternative to the conventional wisdom. In B. M. Staw, & L. L. Cummings (Eds.), *Research in organizational behavior* (Vol.12, pp.159-203). Greenwich, CT: JAI Press.
三隅二不二（1984). リーダーシップ行動の科学　改訂版　有斐閣

三隅二不二（1986）．リーダーシップの科学――指導力の科学的診断法―― 講談社
三輪卓己（2011）．目標管理制度 経営行動科学学会（編）経営行動科学ハンドブック（pp.479-484） 中央経済社
日本 EAP 協会（1998）．国際 EAP 学会（EAPA）による EAP の定義 〈retrieved from http://eapaj.umin.ac.jp/coretech.html〉（2016 年 2 月 17 日）
Offermann, L. R., Kennedy, C. T., & Wirtz, P. W. (1994). Implicit leadership theories: Content, structure, and generalizabilitity. *The Leadership Quarterly*, **5**, 43-58.
小川邦治（2009）．職場のメンタルヘルス対策の現状と課題――組織介入の視点と「組織の健康」研究への展望―― 日本大学大学院総合社会情報研究科紀要，**10**，73-81.
Porter, L. W., & Lawler, III, E. E. (1968). *Management attitude and performance*. Homewood, IL: Dorsey.
Rodgers, R., & Hunter, J. E. (1991). Impact of management by objectives on organizational productivity. *Journal of Applied Psychology*, **78**, 151-155.
Rodgers, R., Hunter, J. E., & Rodgers, D. L. (1993). Influence of top management commitment on management program success. *Journal of Applied Psychology*, **76**, 322-336.
坂爪洋美（2011）．産業カウンセリング 経営行動科学学会（編）経営行動科学ハンドブック（pp.638-644） 中央経済社
Selye, H. (1956, 1976). *The stress of life* (revised edition). New York: McGraw-Hill.
（セリエ，H. 杉靖三郎・田多井吉之助・藤井尚治・竹宮 隆（訳）（1988）．現代社会とストレス 原書改訂版 法政大学出版局）
Stogdill, R. M. (1948). Personal factors associated with leadership: A survey of the literature. *Journal of Psychology*, **25**, 35-71.
高橋伸夫（2004）．虚妄の成果主義――日本型年功制復活のススメ―― 日経 BP 社
Taylor, F. W. (1911). *The principles of scientific management*. Haper & Brothers.
（テイラー，F. W. 有賀裕子（訳）（2009）．［新訳］科学的管理法――マネジメントの原点―― ダイヤモンド社）
Vroom, V. H. (1964). *Work and motivation*. New York: Wiley.
（ヴルーム，V. H. 坂下昭宣・榊原清則・小松陽一・城戸康彰（訳）（1982）．仕事とモチベーション 千倉書房）
山崎喜比古・戸ヶ里泰典・坂野純子（編）（2008）．ストレス対処能力 SOC 有信堂

第 10 章
安藤清志（監修）田中 淳（指導）（2007）．ビジュアル社会心理学入門 10 集合行動 サン・エデュケーショナル
Ash, S. E. (1951). Effects of group pressure upon the modification and distortion of judgments. In H. Guetzkow (Ed.), *Groups, leadership and men: Research in human relations* (pp.177-190). Pittsburgh: Carnegie Press.
Blumer, H. (1939). Collective behavior. In R. E. Park (Ed.), *An outline of the principles of sociology* (pp.219-280). New York, NY: Barnes & Noble.
Dawes, R. M. (1980). Social dilemmas. *Annual Review of Psychology*, **31**, 169-193.
Fisher, L. (2009). *The perfect swarm: The science of complexity in everyday life*. New York: Basic Books.
（フィッシャー，L. 松浦俊輔（訳）（2012）．群れはなぜ同じ方向を目指すのか？――群知能と意思決定の科学―― 白揚社）
藤原健固（1980）．スポーツの場における集合行動の決定要素に関する一考察 中京体育学研究，**20**，1-11.

福田　充（編著）(2012). 大震災とメディア——東日本大震災の教訓——　北樹出版
兵庫県警察 (2002). 雑踏警備の手引き〈http://www.police.pref.hyogo.lg.jp/sonota/zattou.htm〉(2016年8月時点)
伊藤昌亮 (2011). フラッシュモブズ——儀礼と運動の交わるところ——　NTT出版
伊藤陽一・小川浩一・榊　博文 (1974a). デマの研究——愛知県豊川信用金庫"取り付け"騒ぎの現地調査（I 諸事実）——　総合ジャーナリズム研究, **11** (3), 70-80.
伊藤陽一・小川浩一・榊　博文 (1974b). デマの研究——愛知県豊川信用金庫"取り付け"騒ぎの現地調査（II 考察）——　総合ジャーナリズム研究, **11** (4), 100-111.
Jenkins, J. C., & Perrow, C. (1977). Insurgency of the powerless: Farm worker movements (1946-1972). *American Sociological Review*, **42** (2), 249-268.
Joinson, A. N. (2003). *Understanding the psychology of internet behavior: Virtual worlds, real lives*. Basingstoke, UK: Palgrave Macmillan.
　　（ジョインソン, A. N.　三浦麻子・畦地真太郎・田中　敦（訳）(2004). インターネットにおける行動と心理——バーチャルと現実のはざまで——　北大路書房）
小林直樹 (2011). ソーシャルメディア炎上事件簿　日経BP社
小林直樹 (2014). わが子のスマホ・LINEデビュー安心安全ガイド　日経BP社
久保田裕・小梶さとみ (2014). 人生を棒に振るスマホ・ネットトラブル　双葉社
釘原直樹 (2011). グループ・ダイナミックス——集団と群衆の心理学——　有斐閣
Le Bon, G. (1885/1960). *The crowd: A study of the popular mind*. New York: Viking Press.
　　（ル・ボン, G.　桜井成夫（訳）(1993). 群衆心理　講談社）
Locher, D. A. (2002). *Collective behavior*. Upper Saddle River, NJ: Pearson Education.
Mackay, C. (1841/1980). *Extraordinary popular delusions and the madness of crowds*. New York: Harmony Press.
McCarthy, J. D., & Zald, M. N. (1973). *The trend of social movements in America: Professionalization and resource mobilization*. Morristown, NJ: General Learning Press.
三上俊治 (2002). 集合行動　古畑和孝・岡　隆（編）社会心理学小辞典　増補版 (pp.110-111)　有斐閣
McPhail, C. (1991). *The myth of the madding crowd*. New York: Aldine de Gruyter.
Mullen, B. (1986). Atrocity as a function of lynch mob composition: A self-attention perspective. *Personality and Social Psychology Bulletin*, **12**, 187-197.
中橋　雄 (2014). メディア・リテラシー論——ソーシャルメディア時代のメディア教育——　北樹出版
日本データ通信協会 (2011). 東日本大震災に関連したチェーンメールや悪質なメール等分析結果〈http://www.dekyo.or.jp/soudan/eq/20110608.html〉(2016年8月時点)
野村幸代 (2011). 災害時のデマと流言——ソーシャルメディア発達の背景の下で——　TRC EYE, 274.
荻上チキ (2007). ウェブ炎上——ネット群集の暴走と可能性——　筑摩書房
荻上チキ (2011). 検証　東日本大震災の流言・デマ　光文社
Olson, M. (1965). *The logic of collective action: Public goods and the theory of groups*. Cambridge, MA: Harvard University Press.
Park, R. E., & Burgess, E. (1921). *Introduction to the science of sociology*. Chicago: University of Chicago Press.
Read, S. J., & Miller, L. C. (Eds.) (1998). *Connectionist models of social reasoning and social behavior*. Mahwah, NJ: Lawrence Erlbaum Associates.
Reicher, S. D. (1984). The St. Paul's riot: An explanation of the limits of crowd action in terms of a social identity model. *European Journal of Social Psychology*, **14**, 1-21.

清　義明（2016）．サッカーと愛国　イースト・プレス
Sherif, M.（1935）. A study of some social factors in perception. *Archives of Psychology*, **27**, 1–60.
Shibutani, T.（1966）. *Improvised news : A sociological study of rumor*. Indianapolis : Bobbs-Merrill.
　　（シブタニ，T. 広井　脩・橋元良明・後藤将之（訳）（1985）．流言と社会　東京創元社）
重冨真一（2005）．制度変革と社会運動――理論的枠組みと途上国研究の課題――　アジア経済研究所調査研究課題報告書
　　〈http://www.ide.go.jp/Japanese/Publish/Download/Other/2005_shigetomi.html〉（2016年8月時点）
Sighele, S.（1891）. *La folla delinquente*. Torino : Fratelli Bocca.
Smelser, N. J.（1962）. *Theory of collective behavior*. New York : Free Press.
　　（スメルサー，N. J. 会田　彰・木原　孝（訳）（1973）．集合行動の理論　誠信書房）
総務省（2011）．東日本大震災に係るインターネット上の流言飛語への適切な対応に関する電気通信事業者関係団体に対する要請
　　〈http://www.soumu.go.jp/menu_news/s-news/01kiban 08_01000023.html〉（2016年8月時点）
総務省（2015）．平成27年版情報通信白書
　　〈http://www.soumu.go.jp/johotsusintokei/whitepaper/ja/h27/pdf/index.html〉（2016年8月時点）
Sunstein, C.（2001）. *Republic.com*. Princeton, NJ : Princeton University Press.
Turner, R. H., & Killian, L. M.（1957）. *Collective behavior*. Englewood Cliffs, NJ : Prentice Hall.
Tversky, A., & Kahneman, D.（1981）. The framing of decisions and the psychology of choice. *Science*, **211**, 453–458.
山口真一（2015）．ネット炎上の実態と政策的対応の考察――実証分析から見る社会的影響と名誉毀損罪・制限的本人確認制度・インターネットリテラシー教育の在り方――　情報通信政策レビュー，**11**, 52–74.
山口裕幸（1999）．集団　中島義明・安藤清志・子安増生・坂野雄二・繁桝算男・立花政夫・箱田裕司（編）心理学辞典（p.385）　有斐閣
安田浩一（2015）．ネット私刑　扶桑社

コラム1

Campbell, J. D., Trapnell, P. D., Heine, S. J., Katz, I. M., Lavallee, L. F., & Lehman, D. R.（1996）. Self-concept clarity : Measurement, personality correlates, and cultural boundaries. *Journal of Personality and Social Psychology*, **70**, 141–156.
Diener, E., & Diener, M.（1995）. Cross-cultural correlates of life satisfaction and self-esteem. *Journal of Personality and Social Psychology*, **68**, 653–663.
Heine, S. J., & Lehman, D. R.（1999）. Culture, self-discrepancies, and self-satisfaction. *Personality and Social Psychology Bulletin*, **25**, 915–925.
北山　忍（1998）．自己と感情――文化心理学による問いかけ――　日本認知科学会（編）認知科学モノグラフ　共立出版
Markus, H. R., & Kitayama, S.（1991）. Culture and the self : Implications for cognition, emotion, and motivation. *Psychological Review*, **98**, 224–253.
Nisbett, R. E., Peng, K., Choi, I., & Norenzayan, A.（2001）. Culture and systems of thought : holistic versus analytic cognition. *Psychological Review*, **108**, 291–310.

Taylor, S. E., & Brown, J. D. (1988). Illusion and well-being : A social psychological perspective on mental health. *Psychological Bulletin*, **103**, 193-210.
外山美樹・桜井茂男（2001）．日本人におけるポジティブ・イリュージョン現象　心理学研究, **72**, 329-335.

コラム 2
Baron-Cohen, S., Leslie, A. M., & Frith, U. (1985). Does the autistic child have a 'theory of mind'? *Cognition*, **21**, 37-46.
Bateson, P., & Laland, K. N. (2013). Tinbergen's four questions : An appreciation and an update. *Trends in Ecology and Evolution*, **28**, 712-718.
Cosmides, L., & Tooby, J. (1997). *Evolutionary psychology : A primer*. 〈retrieved from http ://www.cep.ucsb.edu/primer.html〉（August 23, 2016）
Hamilton, W. D. (1964). The genetical evolution of social behaviour. I. *Journal of Theoretical Biology*, **7**, 1-16.
長谷川眞理子（2001）．進化心理学の展望　科学哲学, **34**, 11-23.
平石　界（2000）．進化心理学――理論と実証研究の紹介――　認知科学, **7**, 31-356.
板倉昭二（1999）．霊長類における「心の理論」研究の現在　霊長類研究, **15**, 231-242.
鈴木貴之（2002）．「心の理論」とは何か　科学哲学, **35**, 83-94.
Tinbergen, N. (1963). On aims and methods of ethology. *Zeitschrift für Tierpsycholgie*, **20**, 410-433.
Trivers, R. L. (1971). The evolution of reciprocal altruism. *The Quarterly Review of Biology*, **46**, 35-57.
Whiten, A., & Bryen, R. (Eds.) (1997). *Machiavellian Intelligence II : Extensions and Evaluations*. Cambridge : Cambridge University Press.
Wimmer, H., & Perner, J. (1983). Beliefs about beliefs : Representation and constraining function of wrong beliefs in young children's understanding of deception. *Cognition*, **13**, 103-128.

コラム 3
Bandura, A. (1977). Self-efficacy : Toward a unifying theory of behavioral change. *Psychological Review*, **84**, 191-215.
Festinger, L. (1957). *A theory of cognitive dissonance*. California : Stanford University Press.
松浦隆信（2014）．不安の発生要因と介入モデルに関する臨床社会心理学的検討　風間書房
Zajonc, R. B. (1965). Social facilitation. *Science*, **149**, 269-274.

人名索引

ア 行

アーチャー（Archer, J.）131
相川 充 117
アクセルロッド（Axelrod, R.）171, 172
アダムス（Adams, J. S.）96
アッシュ（Asch, S. E.）12, 36〜38, 156, 157, 209
アロン（Aron, A.）88
アロンソン（Aronson, E.）83
安藤清志 111, 211
アントノフスキー（Antonovsky, A.）195

イトウ（Ito, T. A.）142
伊藤陽一 203
今井芳昭 58
岩崎夏海 181

ウォラック（Wallach, M. A.）160
ウォルスター（Walster, E.）65, 66, 79, 85
ウッド（Wood, W.）69
ヴルーム（Vroom, V. H.）179

エピトロパキ（Epitropaki, O.）188
エレラ（Erera, P.）192

大渕憲一 145
小川邦治 195
オファーマン（Offermann, L. R.）187, 188
オルソン（Olson, M.）213, 215

カ 行

カーコフ（Kerckhoff, A. C.）86
カード（Card, N. A.）131
カーネマン（Kahneman, D.）55
カールソン（Carlson, M.）140
カヤ（Kay, N.）138

北山 忍 224

釘原直樹 201
グラス（Glass, D. C.）134
グリーンワルド（Greenwald, A. G.）51

ケリー（Kelley, H. H.）37, 42〜44, 93

コーク（Coke, J. S.）112
ゴットマン（Gottman, J. M.）93

サ 行

ザイアンス（Zajonc, R. B.）63, 78, 233
坂爪洋美 195

ジーン（Geen, R. G.）138, 140
ジェームズ（James, W.）19
シェリフ（Sherif, M.）72, 151, 168, 209
ジェンキンズ（Jenkins, J. C.）214
シゲーレ（Sighele, S.）206
シブタニ（Shibutani, T.）211
下斗米 淳 89
ジャクソン（Jackson, J. M.）158
ジャニス（Janis, I. L.）70, 164
ジョーンズ（Jones, E. E.）27, 40, 42, 45, 46
ジョーンズ（Jones, J. W.）140
シン（Singh, R.）38
ジンバルドー（Zimbardo, P. G.）154

人名索引

シンプソン（Simpson, J. A.） 100

菅原健介 22
スタイナー（Steiner, I. D.） 163
スタッジル（Stogdill, R. M.） 182
スタンバーグ（Stenberg, C.） 134
スティール（Steele, C. M.） 52
ステイサー（Stasser, G.） 163
ストーナー（Stoner, J. A. F.） 160
スメルサー（Smelser, N. J.） 211, 213

妹尾香織 121
セリエ（Selye, H.） 189

タ 行

ターナー（Turner, R. H.） 208, 209
ダーリー（Darley, J. M.） 50, 64, 65, 116
高木 修 104, 109
タジフェル（Tajfel, H.） 48, 166, 167
ダック（Duck, S. W.） 99
ダットン（Dutton, D. G.） 84
田中 優 121
玉木和歌子 111

チェイケン（Chaiken, S.） 68

デイヴィス（Davis, K. E.） 92
ティボー（Thibaut, J. W.） 96
テイラー（Taylor, F. W.） 178
ティンバーゲン（Tinbergen, N.） 226
デノレット（Denollet, J.） 195

外山美樹 223
ドラッカー（Drucker, P. F.） 181
トリヴァース（Trivers, R. L.） 228
トリプレット（Triplett, N.） 63
ドンナーシュタイン（Donnerstein, E.） 140

ナ 行

ニズベット（Nisbett, R. E.） 221

ハ 行

パーク（Park, R. E.） 207
ハーシー（Hersey, P.） 185
ハーディン（Hardin, G.） 173
ハーロウ（Harlow, H. F.） 178, 179
バーン（Byrne, D.） 82
ハイダー（Heider, F.） 40
ハイネ（Heine, S. J.） 223
バイロック（Beilock, S. L.） 52
ハウス（House, R. J.） 191
バス（Buss, A. H.） 127～129
バトソン（Batson, C. D.） 113
バロン（Baron, R. A.） 127, 136
バンデューラ（Bandura, A.） 232
ハント（Hunt, P. J.） 63

フィードラー（Fiedler, F. E.） 184
フィスク（Fisk, S. T.） 39
フェスティンガー（Festinger, L.） 231
フォーラン（Foran, H. M.） 141
フォンタナ（Fontana, D.） 192
福田 充 211
ブッシュマン（Bushman, B. J.） 142
フリードマン（Friedman, M.） 136, 137, 194
ブルーナー（Bruner, J. S.） 34
ブルーマー（Blumer, H. G.） 207, 208
ブレイカー（Braiker, H. B.） 95
ブレイク（Blake, R. P.） 183

ベッテンコート（Bettencourt, B.） 135
ペティ（Petty, R. E.） 68, 72, 73
ヘンドリック（Hendrick, C.） 81

ポーター（Porter, L. W.） 179

人名索引

マ 行

マーカス（Markus, H. R.） 221, 223
マーコウィッツ（Markowitz, S.） 142
マースタイン（Murstein, B. I.） 86
マインドル（Meindl, J. R.） 187, 188
マクガイアー（McGuire, W. J.） 74
マクレー（Macrae, C. N.） 54
マスラック（Maslach, C.） 193
マッカーシー（McCarthy, J. D.） 214
マッケイ（Mackay, C.） 206

三隅二不二 183
溝曽路哲也 110
ミドラルスキー（Midlarsky, E.） 109
ミルグラム（Milgram, S.） 67, 153, 154

モスコヴィッチ（Moscovici, S.） 157, 162

ヤ 行

山中一英 90, 91

湯川進太郎 144

ラ 行

ラ・ガイパ（La Gaipa, J. J.） 92
ラズバルト（Rusbult, C. E.） 98
ラタネ（Latané, B.） 62, 107〜109, 115, 117

リーム（Rehm, J.） 160

ルービン（Rubin, Z.） 92
ル・ボン（Le Bon, G.） 206

レヴィンジャー（Levinger, G.） 86

ローゼンバーグ（Rosenberg, S.） 38
ロード（Lord, R. G.） 182, 187
ロジャース（Rodgers, R.） 181
ロック（Locke, E. A.） 180, 181

ワ 行

脇本竜太郎 121

事項索引

ア 行

哀願　27
愛他的行動　106
与え手の目標　58
暗黙のリーダー像　187

威嚇　27
怒り　144
威光効果　80
意思決定　107
一貫性　42
意図　127
因果スキーマ　44
印象形成　35

影響手段　59
栄光浴現象　25
エピソード記憶　20
炎上　216
援助効果　109
援助行動　4, 104
援助成果　109
援助要請　117
援助要請スキル　119

応報戦略　172
置き換えられた攻撃　140

カ 行

外集団　49, 166
外的帰属　40
概念的定義　12
外発的動機づけ　179
科学的管理法　178

課題志向型　185
価値付加モデル　211
下方比較　25
関係志向型　185
関係性の初期分化現象　90
観察者効果　158
感謝　122
感情的構成要素　48
間接的攻撃　131

聞き漏れ効果　65
帰属過程　114
帰属的葛藤　94
期待　127
期待理論　179
キティー・ジェノビーズ事件　106
規範的影響　156
基本的帰属錯誤　45
客我　19
客体的自覚状態　21
共感　112
共感利他性仮説　113
凶器効果　140
共行為者効果　158
共変原理　42
共変モデル　42
共有地（コモンズ）の悲劇　173
協力行動　228

空気汚染　140
苦痛軽減モデル　113
クラウディング　136

ゲイン―ロス効果　84

原因帰属　39, 113, 222
言語的攻撃　128
言語的手がかり　35
顕在的態度　51
現実葛藤理論　168
原初的集合行動　208

行為者—観察者の非対称性　46
合意性　42
合意的妥当化　82
公共財問題　173
攻撃行動　126
攻撃性　134
攻撃手がかり　140
公的自己意識　21
公的自己意識特性　22
行動アプローチ　182
行動感染　67
行動的構成要素　48
光背効果　80
コーシャス・シフト　161
コーピング　190
互恵性　96
互恵的利他主義　121
心の理論　227
コモンズ問題　173
コンティジェンシー・モデル　184

サ　行

最小条件集団状況　166
サイバーカスケード　217
差別　47, 167
産業カウンセリング　195

自我関与　72
シカゴ学派　206
時間周期研究　136
資源　214

資源動員論　214
自己意識　18
自己意識特性　22
自己開示　88
自己概念　18, 19
自己カテゴリー化　48
自己高揚傾向　222
自己宣伝　27
自己呈示　18, 27
自己呈示の内在化現象　29
自己認知　3
自己卑下傾向　223
自己批判傾向　223
自己評価　18
システマティック処理　68
自然淘汰　226
自尊心　25
自尊心への脅威　120
実験群　10
実験研究　234
実験者効果　13
実験的研究　7
私的自己意識　21
私的自己意識特性　22
視点取得　112
示範　27
社会心理学　2
社会的アイデンティティ　48
社会的影響力　60
社会的カテゴリー　20
社会的カテゴリー化　48
社会的感染　208
社会的交換理論　95
社会的ジレンマ　173
社会的浸透理論　88
社会的促進　4, 63, 158
社会的知覚　35
社会的手抜き　4, 62, 158

事項索引

社会的比較　24, 162
社会的役割　152
社会的抑制　63, 158
集合行動　200
集合的興奮　208
囚人のジレンマ　170
従属変数　7
集団　150
集団意思決定　160
集団規範　151, 208
集団凝集性　155
集団思考　164
集団所属　150
集団分極化　5, 218
集団分極化現象　162
周辺ルート　68
主我　19
受動的環境　135
循環反応　207
準実験的研究　11
上位目標　169
状況適合的アプローチ　184
情動中心型　190
情報的影響　156
上方比較　25
初頭効果　36
進化心理学　105, 226
新近効果　36
身体的攻撃　128
信憑性　71
信頼性　71
心理的負債　119

随伴的測定研究　136
ステレオタイプ　47
ステレオタイプ脅威　52
ステレオタイプ的判断　3
ステレオタイプ内容モデル　39

ステレオタイプ抑制　53
ストレス　189
ストレス反応　189
ストレッサー　189
スリーパー効果　71

性格　20
責任の拡散　116, 159
接近可能性　218
接種理論　75
説得的議論　162
セルフ・ハンディキャッピング　26
潜在的態度　51
潜在連合テスト　51
専門性　71

騒音　138
相関的研究　7
相互依存性理論　79
相互協調的自己観　221
相互作用　206
相互独立的自己観　222
操作的定義　12
創発規範　209
ソシオメトリック・テスト　168
組織的集合行動　208

タ 行

対応推論理論　40
対応バイアス　46
対人葛藤　93
対人的影響　58
対人認知　3
対人魅力　4, 78
対比効果　48
代表性ヒューリスティック　55
タイプＡ行動パターン　134
タイプＡパーソナリティ　134

多元的無知　64, 116
達成動機　180
段階理論　90
単純接触効果　78
単純存在効果　158

地位　152
中心ルート　68
調査研究　234
聴衆抑制　64, 116
直接的攻撃　130
地理的地域研究　136

ディセプション　13
敵意　128
敵意的攻撃　129
デブリーフィング　13

ドア・イン・ザ・フェイス法　60
同意追求　164
同化効果　48
道具的攻撃　129
同質性　155
投資モデル　96
統制可能性　114
統制群　10
同調　4, 156
同調行動　209
特性アプローチ　182
匿名性　159, 218
独立変数　7
取り入り　27

ナ　行

内集団　49, 166
内集団バイアス　49, 166
内集団ひいき　166
内的帰属　40

内発的動機づけ　179

認知再構成法　146
認知資源　50
認知的構成要素　48
認知的評価過程　144

能動的環境　135
望ましさ効果　81

ハ　行

バーンアウト　193
発達段階　133
パニック　5
ハロー効果　80
反社会的行動　126
汎適応症候群　189

非共通性効果　41
非言語的手がかり　36
美人ステレオタイプ　80
ヒューリスティック　54
ヒューリスティック処理　68
評価懸念　158

フィルタリング理論　86
服従　153
複数十分原因のスキーマ　44
複数必要原因のスキーマ　44
フット・イン・ザ・ドア法　60
フラッシュモブ　216
フリーライダー　174, 214
プロセス・ロス　163
分析的思考様式　221

偏見　47
弁別性　42

包括的思考様式　221
傍観者効果　4, 64, 115, 116
暴力映像　143
暴力的メディア　142
ポジティブ・イリュージョン　222
没個性化　159, 218

マ　行
マインドガード　165
マネジリアル・グリッド　184

ミリング　208

無作為配置　11

目標設定　180
目標による管理　181
モラール　180
問題中心型　190

ヤ　行
要求特性　13
予告　73

ラ　行
ライフサイクル理論　185

リアクタンス　70
リーダーシップの幻想　188

リーダー・プロトタイプ像　187
リスキー・シフト　161
利他行動　228
リバウンド効果　53
流言　5
流行　5
利用可能性ヒューリスティック　54

類似性魅力仮説　82
ルージュテスト　18

レディネス　185

ワ　行
割引原理　44
割増原理　44

英　字
EAP　195
GAS　189
IAT　51
LPC　185
MBO　181
M 機能　183
PM 理論　183
P 機能　183
SVR 理論　86
Who am I（フーアムアイ）テスト　19

執筆者紹介

【編者略歴】

岡　隆(おか　たかし)（まえがき，第 8 章執筆）

1983 年　東京大学文学部卒業
1988 年　東京大学大学院社会学研究科博士課程単位取得満期退学
現　在　日本大学文理学部心理学科教授　博士（社会学）（東京大学）

主要編著書・訳書
『心理学研究法［補訂版］──心を見つめる科学のまなざし──』（共編）（有斐閣，2017）
『社会心理学概論』（分担執筆）（ナカニシヤ出版，2016）
ウォラック，L.・ウォラック，M.『心の七つの見方』（訳）（新曜社，2016）
アロンソン，E.『ザ・ソーシャル・アニマル［第 11 版］──人と世界を読み解く社会心理学への招待──』（訳）（サイエンス社，2014）
『心理学研究法 5　社会』（編著）（誠信書房，2012）

坂本　真士(さかもと　しんじ)（第 1 章執筆）

1990 年　東京大学教養学部卒業
1995 年　東京大学大学院社会学研究科博士課程修了
現　在　日本大学文理学部心理学科教授　博士（社会心理学）（東京大学）

主要編著書
『対人的かかわりからみた心の健康』（共編著）（北樹出版，2015）
『心理学論文道場──基礎から始める英語論文執筆──』（共編）（世界思想社，2013）
『臨床に活かす基礎心理学』（共編）（東京大学出版会，2010）
『抑うつと自殺の心理学──臨床社会心理学的アプローチ──』（金剛出版，2010）
『ネガティブ・マインド──なぜ「うつ」になる，どう予防する──』（中央公論新社，2009）

【執筆者】名前のあとの括弧内は執筆担当章を表す。

勝谷　紀子（第2章）東京大学先端科学技術研究センター特任助教

鎌田　晶子（第3章）文教大学人間科学部教授

山本　真菜（第4章）日本大学商学部准教授

亀山　晶子（第5章）国際医療福祉大学赤坂心理・医療福祉マネジメント学部講師

福岡　欣治（第6章）川崎医療福祉大学医療福祉学部教授

山川　樹（第7章）東北文化学園大学現代社会学部准教授

田中　堅一郎（第9章）日本大学大学院総合社会情報研究科教授

木村　敦（第10章）日本大学危機管理学部教授

伊澤　冬子（コラム1）日本大学文理学部人文科学研究所研究員

高野　慶輔（コラム2）ミュンヘン大学研究員

松浦　隆信（コラム3）日本大学文理学部教授

テキストライブラリ 心理学のポテンシャル=6
ポテンシャル社会心理学

2018年10月25日 Ⓒ　　　初版発行
2024年3月10日　　　　　初版第5刷発行

編者　岡　　　隆　　　発行者　森平敏孝
　　　坂本真士　　　　印刷者　加藤文男

発行所　株式会社　サイエンス社
〒151-0051　東京都渋谷区千駄ヶ谷1丁目3番25号
営業 ☎(03)5474-8500(代)　　振替 00170-7-2387
編集 ☎(03)5474-8700(代)
FAX ☎(03)5474-8900

印刷・製本　加藤文明社
《検印省略》

本書の内容を無断で複写複製することは，著作者および出版者の権利を侵害することがありますので，その場合にはあらかじめ小社あて許諾をお求め下さい。

サイエンス社のホームページのご案内
https://www.saiensu.co.jp
ご意見・ご要望は
jinbun@saiensu.co.jp まで．

ISBN978-4-7819-1431-2

PRINTED IN JAPAN

セレクション社会心理学 29

自分の中の隠された心
非意識的態度の社会心理学

潮村公弘 著

四六判・168 ページ・本体 1,600 円（税抜き）

私たちは，自身の思考や判断，行動などを自分で考えたうえで意識的・主体的に行っていると考えがちです．しかしながら，古くからフロイトなどにより，私たちが意識的に認識していること以外に，「無意識」という意識できていない心のはたらきがあることが指摘されてきました．本書では，そのような概念を「非意識」としてとらえ直し，その測定方法や研究による成果について解説します．長年日本とアメリカで非意識・無意識の研究に携わってきた著者が，進展する研究の熱気を伝えます．

【主要目次】
1　非意識の世界
2　ＩＡＴ（潜在的連合テスト）
3　ＩＡＴを用いたステレオタイプ関連研究
4　非意識に関わる研究の広がり
5　非意識的態度で新たに予測できること
6　非意識的態度研究の今後

サイエンス社

セレクション社会心理学30

ルールを守る心
逸脱と迷惑の社会心理学

北折充隆 著

四六判・256 ページ・本体 1,800 円（税抜き）

私たちは，生まれてから死ぬまで，ずっとルールに従って生きています．しかしながら，ルールを守る，破るとはどういうことなのか，社会規範から逸脱するとはどういうことなのか，迷惑行為を抑止するためにはどうしたらよいのか……といったことについては突き詰めるとよく分かっていないのが実情ではないでしょうか．本書では，そのような問題について社会心理学の立場から長年研究を重ねてきた著者が，概念の混乱を整理しながら，これまでに行われてきた研究を分かりやすく紹介します．さらに，それらの知見を踏まえて，「考える」ことの大切さも強調しています．

【主要目次】
1　社会的迷惑とは何か
2　逸脱行為とは何か
3　正しいを考える
4　迷惑行為・ルール違反の抑止策
5　ルール研究の今後
6　ルールを突き詰める

サイエンス社

ザ・ソーシャル・アニマル
［第11版］
人と世界を読み解く社会心理学への招待

E. アロンソン 著／岡　隆 訳
A5判・528ページ・本体 3,800 円（税抜き）

本書は，1972 年の初版刊行から今日まで読み継がれる名著の新訳版である．社会心理学のエッセンスを解説する大枠はそのままに，最近の新しい研究知見や近年重要度の増したトピックの解説を盛り込み，事例として挙げるものには記憶に新しい事件や社会情勢，科学技術，文化，人物が追加されている．また，巻末には「用語集」を新設し基本的用語の整理ができるよう配慮されている．社会心理学を学ぶ大学生はもちろん，人間社会に生きているすべての人にとって必読の一冊である．

【主要目次】
第 1 章　社会心理学とは何か
第 2 章　同調
第 3 章　マスコミ，宣伝，説得
第 4 章　社会的認知
第 5 章　自己正当化
第 6 章　人間の攻撃
第 7 章　偏見
第 8 章　好意，愛，対人感受性
第 9 章　科学としての社会心理学

サイエンス社